이재명과
기본소득

BASIC INCOME

피할 수 없는 미래, 당신의 삶을 상상하라

이재명과 기본소득

최경준 지음

오마이북

추천사

"사상 최초로 정부가 국민에게 지원한 긴급재난지원금이 국민들께 큰 위로와 응원이 되고 있어 매우 기쁩니다. 경제 위축으로 허리띠를 졸라맸던 국민의 마음이 와닿아서 가슴이 뭉클합니다." 이 말은 문재인 대통령이 국무회의에서 긴급재난지원금에 대해 밝힌 소회다.

"국가는 국민 개인이 기본소득을 통해 안정적이고 자유로운 삶을 영위하도록 적극적으로 뒷받침하여 4차 산업혁명 시대를 대비한다." 2020년 9월 2일 국민의힘은 첫 번째 기본 정책으로 기본소득을 제시했다.

"군대의 침략은 막을 수 있지만 때를 만난 사상은 막을 수 없다." 프랑스의 작가 빅토르 위고 Victor Hugo가 남긴 격언이다.

우리 국민들이 조건 없이 모두에게 지급되는 현금을 경험했다. 대통령은 국민들이 만족하는 모습에 감격했고 제1야당도 기본소득을 기본 정책으로 채택했다. 이제 기본소득은 '때를 만난 사상'이 된 듯하다.

기본소득은 모든 국민에게 일정한 금액의 돈을 아무 조건 없이 지급하는 정책이다. 행정적으로 보면 너무나 단순하다.

예를 들어 1단계로 모든 개인소득에 대하여 동일한 세율로 기본소득 목적세를 부과한다. 2단계로 이렇게 마련한 재원을 모든 국민에게 동일한 금액으로 준다. 이렇게 두 단계를 거치면 끝이다. 그러나 경제학적으로 보면 매우 난해하고 역설로 가득 찬 정책이다. 그래서 이런 질문과 답변을 생각해볼 수 있다.

─ 부자까지 기본소득을 줄 필요가 있을까?
　부자까지 줄 때 부자의 순부담이 늘어난다.
─ 가난한 사람에게 집중해서 줘야 더 많이 받게 되지 않을까?
　모두에게 골고루 주면 가난한 사람이 더 많이 받는다.
─ 아무 조건 없이 기본소득을 주면 놀고먹지 않을까?
　조건 없이 기본소득을 주면 사람들은 더 많이 노동하게 된다.

　기본소득에 대한 여러 의문과 복잡한 의심이 가득한 이런 질문에 제대로 된 답변을 하기까지는 적지 않은 시간과 노력이 필요하다. 이 책은 그 과정을 쉽게 풀어준다. 독자들의 시간과 노력을 절약해주는 셈이다. 여러 권의 책과 관련 글을 읽어야 비로소 알 수 있는 내용들이 저자의 저널리스트적인 감각과 해석으로 친숙하게 정리되면서 자연스럽게 전달된다.
　특히 흥미로운 부분은 우리나라 최초로 기본소득을 도입한 이재명 경기도지사에 대한 분석이다. 그는 경상북도 안동

산골에서 화전민의 아들로 태어나 13세 때 소년공으로 일하다가 팔에 장애를 입었다. 대학 새내기 시절 유인물에서 5·18민주화운동의 진실과 마주했고, 공정한 세상에 대한 갈망을 키웠다. 사법고시 합격 후 연수원 시절 당시 인권변호사로 활동하던 노무현 전 대통령의 특강을 듣고 인권변호사의 삶을 결심했다. 성남시장으로 일하던 2014년 세월호 사건을 접하고 '국가란 무엇인가'라는 근본적인 질문을 끌어안고 살아가게 된다. 정치가의 정책은 그 자신의 삶과 뒤엉키고 뒤섞이며 만들어질 때 더욱 힘을 얻는 듯하다.

저자는 기본소득에 관한 복잡한 논쟁들까지 잘 정리해주었다. 독자들이 이 책을 통해서 기본소득이 왜 중요한지, 또 우리 사회에 필요한 기본소득은 무엇인지 제법 넓으면서도 꽤 깊은 내용까지 알게 되기를 기대한다.

2021년 1월
강남훈 한신대 교수, 기본소득한국네트워크 이사장

서문

보통 사람들을 위한 새로운 사회계약

영화 〈밀리언즈Millions〉 원작 소설의 한국어판 책 제목은 《하늘에서 돈이 내린다면》이다. 많은 사람들이 한 번쯤은 해봤음 직한 상상이다. 오늘도 '로또 명당, 1등 6번 당첨' 현수막이 내걸린 지하철역 앞 가판대에서 로또 한 장을 사 들고 상상을 한다. 당첨금을 받으면 뭘 할까? 집을 사고, 차를 바꾸고, 푸른 바다가 넘실거리는 해변에서 모히토 한잔을 할까?

즐거운 상상은 오래가지 못한다. 로또는 늘 '꽝'이고, 우리는 다시 냉혹한 현실에서 팍팍한 삶을 살아내야 한다. 그런데 코로나19로 우리의 삶이 더 고달파졌다. 야심 차게 차린 식당을 폐업하고 술로 밤을 지새우는 친구는 "사는 게 아니라 버티는 것"이라고 슬프게 읊조린다. 생활고에 허덕이다 끝내 극단적 선택을 한 일가족의 뉴스가 더는 낯설지 않다. 일자리를 찾아 헤매는 청년, 다니던 직장에서 쫓겨난 중년, 생계가 막막한 노년 모두 똑같이 고달픈 삶을 살아낸다. 최저임금 1만 원을 두고 치열하게 싸우는 모습을 비웃기라도 하듯 '어느 아파트는 사자마자 몇억이 올랐다'는 이야기는 극심한 박탈감과 좌절감을 안겨준다. 결코 행복하지 않은 삶을 우리는 살아내고 있다.

새로운 과학기술이 엄청난 부를 창출하는데, 왜 과학기술은 우리의 빈곤을 해결하지 못할까? 어디서부터 무엇이 잘못된 것일까? 어떻게 해야 불안에 떨지 않고 하고 싶은 일을 하면서 즐겁게 살 수 있을까? 내가 기본소득에 주목한 것은 바로 이러한 질문에 답을 찾고 싶었기 때문이다.

'도대체 기본소득이 뭐지?'라는 질문부터 '정말 가능하겠어?'라는 의문까지 기본소득을 향한 다양한 물음이 쏟아지지만 적어도 기본소득이라는 단어를 모르는 사람은 이제 없을 것이다. 말도 안 되는 허황된 이야기, 공상과학소설에나 나올 법한 이야기였던 기본소득이 어느새 우리 곁으로 바싹 다가왔다. 이제는 기본소득에 대해 잘 모른 채 살아갈 수 없게 되었다.

갑자기 닥쳐온 코로나19 위기가 기본소득의 필요성을 앞당겨 소환했다. 우리 국민은 처음으로 아무 조건 없이 나라에서 주는 돈을 받았다. 사람들을 만나면 서로 얼마를 받았는지 편하게 대화할 수 있었다. 시장에서 물건을 살 때도 재난지원금(지역화폐)으로 계산할 수 있냐고 당당하게 물어볼 수 있었다. 만약 부자는 주지 않고 가난한 사람만 줬다면 이런 일이 가능했을까?

가구 단위가 아니라 개인에게 지급한 경기도에서는 더 극적인 상황이 벌어졌다. 한 청년은 재난기본소득을 받고 부모님에게 처음으로 돼지갈비를 사드렸다며 뿌듯해했다. 우리는 좋든 싫든 이렇게 기본소득을 경험해버렸다. 낯선 제도일수록 한 번이라도 경험해본 것과 그렇지 않은 것은 그 제도를 받아들이는 데 엄청난 차이가 있다. 기본소득에 대해 정확히 잘 몰라도 가족들과 집 앞 작은 골목식당에서 구워 먹은 돼지갈비의 쫄깃한 맛은 잊지 못한다. 여론조사 결과로만 봤을 때도 기본소득에 대한 반응이 썩 나쁜 것 같지 않다. 2명 중 1명은 찬성하고 있으니 말이다.

  이 책은 과학기술의 발전을 통해 1%가 아닌 99%를 이롭게 하려면 인간을 중심에 둔 사고의 전환과 새로운 사회계약이 필요하다는 것을 생생히 기록한 현장 보고서다. 연구실이나 세미나에서 진행되는 학술적 논의에 끼어들 능력은 못 된다. 대신 거리에서, 시장 골목에서 맞닥뜨린 기본소득의 실체와 가능성을 취재한 20년 차 현장 기자의 실사구시적 탐사보도다. 우리 사회의 불평등과 경제적 양극화 문제가 얼마나 심각한지, 그 대안으로 주목받고 있는 기본소득이 실제 우리 삶에 어느 정도 다가와 있는지 등을 구체적인 사례를 들어 살펴봤다.

  첨단 과학기술의 발전으로 4차 산업혁명 시대가 도래했다. 지금까지 우리가 감히 꿈꿀 수도 없었던 엄청난 생산력을 자랑한다. 하지만 인공지능과 로봇으로 일자리가 대체되거나 불안정 노동이 증가하면서 불평등과 양극화는 오히려 심화하고 있다. 향상된 생산성에 따른 이득은 모두에게 공평하게 배분되는 것이 아니라 특정 소수에게 과도하게 집중된다. 가난과 무능을 입증해야 복지를 보장받는 20세기의 사회계약은 이제 생명을 다했다. 복지 사각지대에 갇혀 도저히 일어설 수 없는 이들이 존재한다. 그래서 새로운 사회계약이 필요하다.

아직도 사람들은 기본소득이 정말로 가능하냐고 묻는다. 우리 사회가 기본소득을 전면 도입하기까지는 많은 시간이 필요해 보인다. 하지만 우리는 이미 기본소득의 세상에 살고 있다. 당신이 아이를 낳으면 그 아이는 태어났다는 이유로 돈을 받는다. 아동수당이다. 그 아이를 낳은 엄마는 아이를 낳았다는 이유로 돈을 받는다. 산후조리비다. 아이가 커서 다양한 체험활동이 필요한 청소년이 되면 돈을 받는다. 청소년수당이다. 그 아이가 커서 만 24세 청년이 되면 돈을 받는다. 청년기본소득이다. 청년이 취업했다가 퇴사하면 실업수당을 받는다. 나이가 들어서 노인이 되면 기초연금을 받는다.

　기본소득 실험을 하고 있는 대표적인 지역이 바로 경기도다. 이재명 경기도지사는 성남시장 시절부터 청년수당을 도입해 기본소득을 실험했고, 경기도지사가 된 이후 경기도 전역에서 청년기본소득을 시행하고 있다. 그래서 이재명 지사의 기본소득 정책을 밀착 취재했고, 이 책을 통해 우리나라 기본소득의 현주소를 파악할 수 있는 단초를 제공하고자 했다. 우리가 지금 어느 정도까지 왔는지 알아야 앞으로 어떻게 나아갈지 고민해볼 수 있다. 무엇보다 기본소득의 최대 쟁점인 재원 마련에 관해 다양한 사례를 제시, 분석하며 대안을 만들어보고자 했다.

　코로나19로 모든 일상이 바뀌었다. 마스크를 언제쯤 벗을 수 있을까. 어쩌면 마스크를 벗을 수 없는 시대를 계속 살아가게 될지도 모른다. 코로나19가 먼 미래에나 있을 법한 일을 빠르게 현실로 당겨온 느낌이다. 기본소득도 마찬가지다. 오랜 시간이 필요할 것 같았지만 코로나19로 인해 기본소득이 우리 삶 깊숙이 파고들었다. 이 위기를 슬기롭게 극복하기 위해서라도 기본소득은 반드시 필요하다. 기본소득이 실현 가능한 정책 수단으로 자리 잡는 데 이 책이 작은 밑거름이라도 될 수 있기를 바라는 마음이다.

      한국 사회의 기본소득운동은 2009년 출범한 기본소득한국네트워크를 중심으로 진행되고 있다. 그들이 걸어온 지난 10년간의 역사가 없었다면 기본소득에 대해 무지했던 내가 감히 책을 쓸 용기를 내지 못했을 것이다. 미국의 사회과학자 허버트 알렉산더 사이먼Herbert Alexander Simon의 말대로 내가 쓴 것은 10%밖에 안 되고, 나머지 90%는 많은 기본소득 전문가와 활동가들이 축적해놓은 지식과 연구, 토론, 통계 등의 자료를 활용했다. 경기도 기본소득 정책을 취재하면서 오상수 언론행정팀장과 김락중 정책보좌관의 큰 도움을 받았다. 카이스트KAIST 과학저널리즘대학원에서 첨단 과학기술의 발전과 저널리즘의 역할에 대해 고민할 수 있도록 소중한 지식을 나눠주신 이광형 교학부총장님, 정재승 교수님, 김영욱 교수님께 머리 숙여 깊이 감사드린다. 늘 곁에서 힘이 되어주는 이세옥, 최라온에게도 사랑한다는 말을 전한다.

2021년 1월
최경준

차례

추천사 • 강남훈 기본소득한국네트워크 이사장 … 5
서문 • 보통 사람들을 위한 새로운 사회계약 … 9

1부 • 새로운 패러다임을 열다

- 〈기생충〉과 기본소득 … 19
- 세 모녀의 마지막 월세 … 30
- 노동 없는 미래는 유토피아일까 … 42
- 일하지 않아도 먹어야 산다 … 59
- 소득이 보장되면 무엇을 하겠습니까 … 75
- 기본소득이 가져올 미래 … 92
- 보통 사람들을 위한 새로운 비전 … 102

2부 • 위드 코로나와 기본소득

- 보편적 삶이 흔들리고 있다 … 121
- 위기를 돌파하는 '모두의 경험' … 131
- 재난기본소득, 생존을 위한 발상의 전환 … 143
- '한국형 기본소득'의 새로운 실험 … 153
- 이미 당신은 기본소득을 받고 있다 … 163

3부 • 이재명, 기본소득을 말하다

- 청년배당, 삶의 패러다임을 바꾸다 · 175
- 어느 중학생이 이재명에게 쓴 편지 · · · · · · · · · · · · · · · · · · · 190
- 기본소득은 경제정책이다 · 202
- 이재명의 질문 "국가란 무엇입니까?" · · · · · · · · · · · · · · · · · 220
- 내 삶에 유익한 변화가 일어났다 · 238
- 사람의 얼굴을 한 지역화폐 · 251

4부 • 피할 수 없는 미래

- 시민세를 아십니까 · 267
- 김육의 대동법과 이재명의 국토보유세 · · · · · · · · · · · · · · · 284
- 모두의 몫을 모두에게 · 301
- 99%를 위한 새로운 사회계약을 꿈꾸다 · · · · · · · · · · · · · · 323

인터뷰 • 새로운 삶의 방식을 보여주고 싶다 −이재명 경기도지사 ··· **339**

참고문헌 ··· 373

1부

새로운 패러다임을 열다

〈기생충〉과 기본소득

"가끔 그 지하철 타다 보면 나는 냄새."

그 말은 하지 말았어야 했다. 부잣집 가장인 박 사장(이선균 분)이 가난한 집 가장인 운전기사 기택(송강호 분)에게 무심코 내뱉은 이 말 한마디로 모든 비극은 시작되었다. 기택은 당황했지만 기택의 딸 기정(박소담 분)은 그것이 '반지하 냄새'라는 것을 단박에 알아챘다. 기택의 가족은 치밀한 거짓말로 과외 선생, 운전기사, 가정부가 되어 박 사장네 집에서 기생한다. 하지만 그들의 몸에서 나는 '냄새'만큼은 어떤 거짓말로도 감출 수가 없었다.

영화 〈기생충〉에서 '냄새'는 계급의 간격을 의미한다. 냄새를 맡는다는 것은 '접근'을 전제로 한다. 영화를 만든 봉준호 감독의 말처럼, 현실에서 '가진 자'와 '못 가진 자'는 동선이 겹치지 않기 때문에 한 공간에서 섞일 일도 드물고 서로의 냄새를 맡을 기회도 별로 없다. 퍼스트석과 이코노미석으로 등급이 나뉘어 있는 비행기의 좌석처럼 말이다. 이처럼 공간의 분리는 계급의 질서를 유지하고 강화한다. 그런데 계급을 나누는 이 경계를 넘어설 수 있는 것도 결국은 '냄새'다. 박 사장은 경계의 선을 넘어온 '반지하 냄새'를 맡은 것이다. 〈기생충〉은 '선을 침범하는 냄새'를 천연덕스럽게 그리고 적나라하게 보여주고 있다.

반지하의 삶, 가난의 냄새

기택만큼이나 당황하기는 관객도 마찬가지다. 낄낄대며 영화를 보던 관객들은 '지하철 타는 사람의 냄새'라는 말에 일순 침묵한다. '반지하'에 사는 기택네 가족과 나의 처지는 다르다고 생각했던 관객들은 갑자기 몹시 불편해진다. 기택이 했던 행동처럼 자신의 몸에서 나는 냄새를 조심스럽게 맡아본다. 관객의 상당수는 그날 영화를 보기 위해 지하철을 타고 왔을 것이다. 평범한 2D(2차원) 영화가 냄새, 바람 등 특수효과를 가미한 4D(4차원) 영화로 바뀌는 순간이다. '착하기까지 한 부자' 박 사장과 '지하철 탄 지 너무 오래되었다'는 부인 연교(조여정 분)에게 묘한 적대감마저 생긴다. 관객의 뇌를 헤집어 '가난의 기억'을 끄집어내려는 감독의 잔인한 의도에 순순히 포로가 되고 만다.

숨기려고 해도 숨겨지지 않는 세 가지가 있다. 사랑, 감기, 그리고 가난이다. 반지하에서 나는 퀴퀴한 냄새는 '가난의 냄새'다. 아무리 좋은 브랜드의 옷을 입고, 이런저런 거짓말로 살아온 이력을 속여도 자신만의 냄새는 어찌하지 못한다. 마치 타고날 때부터 정해진 것처럼 감출 수도 없고 벗어던질 수도 없다. 온몸에 배어 있는 가난의 냄새는 하루아침에 바뀌지 않기 때문이다. 통계청이 5년마다 전체 가구를 대상으로 실시하는 인구주택총조사(2015년)에 따르면 우리나라 전체 가구 중 1.9%인 36만 3896가구가 기택네처럼 반지하(지하 포함) 주택에 산다. 반지하 주택은 대부분 주거비가 높은 수도권에 몰려 있다. 서울이 22만 8467가구(6.03%)로 가장 많고, 경기도가 9만 9291가구(2.26%), 인천이 2만 1024가구(2.01%)로 그 뒤를 잇는다. 수도권에 사는 10가구 중 1가구가 반지하 주택에 거주하는 셈이다.

자영업자의 지옥

영화 〈기생충〉은 우리 사회의 극단적인 불평등과 빈부격차라는 무거운 주제를 다양한 장르의 변주로 풀어냈다. 영화를 본 관객 상당수가 '재미있으면서도 불편하다'고 평가한 이유다. 사람들은 '그곳'을 가난한 사람들, 경쟁에서 낙오한 사람들만 사는 곳이라고 애써 외면해왔다. 그런데 박 사장이 그곳의 냄새를 '지하철 타는 사람의 냄새'로 규정하는 순간, '남의 이야기'가 아니라 '나의 이야기'가 되어버렸다. 지금도 그곳에 사는 사람들은 도저히 빠져나올 수 없을 것이라는 막연한 두려움에 사로잡힌다. 과거 그곳에 살았던 사람들은 다행히 그곳에서 빠져나왔다는 안도감을 느끼며 다시는 그곳으로 돌아가지 않겠다는 결연한 의지를 다잡는다. 한 번도 그곳에서 살아본 적이 없는 사람들조차 언제 반지하로 떨어질지 모른다는 불안감에 사로잡힌다.

    기택의 가족도 원래부터 '반지하 시민'은 아니었다. 기택은 치킨집과 대왕카스텔라 매장을 운영했던 자영업자였다. 아들 기우(최우식 분)가 수능을 네 번이나 보고, 딸 기정이 미대 입시를 준비했다는 점에서도 이들이 과거에는 어느 정도 경제적 뒷받침이 가능한 중산층이었다고 짐작할 수 있다. 상위 계층으로 오르기 위해 교육적 노력과 투자를 아끼지 않았던 그들이었지만, 기택이 사업에 연이어 실패하면서 오히려 반지하로 밀려났다.

한국은 '자영업자의 나라'다. 한국의 자영업자 비율은 빠르게 감소하고 있지만 다른 선진국들에 비해서는 매우 높은 수준이다. 경제협력개발기구OECD가 취합한 자료(2018년 기준)에 따르면 우리나라의 자영업자가 전체 취업자에서 차지하는 비율은 25.1%이며 OECD 회원국 가운데 7위에 해당한다. 취업자 4명 가운데 1명은 자영업자인 셈이다(OECD 기준 자영업자는 우리나라 기준 자영업자(고용원 있는 자영업자＋고용원 없는 자영업자)에 무급가족종사자까지 포함한다. 무급가족종사자는 자영업자의 가족이나 친인척으로 보수를 받지 않고 근무하는 사람을 말한다). 우리나라의 자영업자 비율은 일본(10.3%)의 2배가 넘고, 미국(6.3%)에 비하면 4배가 넘는다.

반면 한국 자영업의 현실은 암울하다. KB금융그룹이 2019년 6월 발표한 〈KB자영업 분석 보고서〉에 따르면, 50～60대 퇴직자들이 선호하는 창업 업종 중 하나인 치킨집은 매년 8000여 곳 이상 문을 닫는다. 경쟁 심화로 매출이 줄면서 경영 여건이 나빠지자 새로 창업하는 곳보다 폐업하는 곳이 더 많아지고 있다. 도소매, 숙박업, 소규모 상가 등의 상황도 다르지 않다. 한 해에만 하루 평균 3000여 명이 대박을 꿈꾸며 개업하지만 동시에 폐업 신고를 하는 자영업자도 하루 평균 2000여 명이다. 이른바 자영업자의 '지옥'이다. 이들은 '대박'까지는 아니어도 가족의 생계는 유지할 수 있을 것이라는 소박한 희망을 안고 평범한 일상을 누리던 보통 사람들이다. 하지만 어느 날 갑자기 '폐업' 안내문과 함께 한순간에 빈민으로 추락할 수 있는 불안한 삶을 살아가고 있다.

우리 사회의 기생충

"세상에는 두 종류의 사람이 있지. 피라미드 꼭대기에 선 자와 피라미드 아래에 깔린 자."

드라마 〈SKY 캐슬〉에서 로스쿨 교수 아버지가 자식에게 한 말이다. 한국보건사회연구원이 2019년 6월 발표한 사회갈등 인식조사에 따르면, 국민의 85.4%는 '한국의 소득격차가 너무 크다(매우 동의 39.7%, 약간 동의 45.7%)'고 생각하는 것으로 나타났다. 또 국민의 80.8%는 '인생에서 성공하는 데 부유한 집안이 중요하다'고 여겼다.

2018년 한국의 1인당 국민소득은 3만 달러를 넘어섰다. 하지만 비약적 발전이라는 화려한 무대 뒤에서 신음하는 서민의 삶은 갈수록 '헬조선'이다. 심각한 빈부격차 때문이다. 한국노동연구원의 분석에 따르면, 1990년대만 해도 최상위 10%가 전체 소득의 35% 정도를 가져갔다. IMF 체제 이후 가파르게 증가하더니 급기야 2017년에는 최상위 10% 집단의 소득 비중이 50.6%를 기록했다. 전체 계층 소득의 절반 이상을 10% 계층이 차지한 것이며 OECD 국가 가운데서도 가장 높은 수준이다.

  한국 사회의 소득 불평등·양극화를 극명하게 보여주는 지표는 많다. 통계청에 따르면, 2017년 상위 0.1%(약 1만 8000명)의 연평균 근로소득(총급여 기준)은 8억 871만 원이었다. 소득이 딱 중간인 50% 구간(중위소득) 소득자(2572만 원)보다 31.4배나 더 버는 셈이고, 하위 17%까지인 324만 명이 버는 근로소득 총합과 맞먹는 수준이다. 국세청 자료에 따르면, 순수일용근로자 502만 명의 2017년 1인당 연평균 소득은 968만 원이었다. 이들의 절반인 248만 명은 1년 내내 300만 원도 못 벌었고, 이들 중 117만 명은 연평균 소득이 100만 원에도 미치지 못했다.

  영화 〈기생충〉에서는 부자와 가난한 자가 대립하지 않는다. 대립하는 것은 가난한 자와 더 가난한 자다. 상층부와 하층부 사이에 있는 견고한 경계는 하층부끼리의 격렬한 생존 투쟁을 부른다. 파국을 맞은 다음에는 다시 상층부와 하층부 사이에 더 견고한 경계가 만들어진다. 역사적으로 이러한 양상은 반복되었다. 최저임금 인상을 둘러싸고 소규모 자영업자와 아르바이트생의 이해가 엇갈리는 사이, 부자인 건물주는 조용히 높은 임대료를 챙겼다. 2020년 인천국제공항공사 보안검색원(비정규직)의 정규직 전환을 둘러싼 공방에서 '가짜뉴스'를 앞세운 보수언론과 재벌 등 기득권 세력은 '비정규직 대 정규직', '비정규직 대 취업 준비생'이라는 대결 구도를 만들었다. 이는 청년 간 갈등을 부추겼고, '절대 손해 봐선 안 된다', '경쟁에서 살아남아야 한다'는 강박만 심화시켰다. 이 과정에서 현장 노동자들의 목소리는 철저히 배제된 채 상처만 더 깊어졌다.

비극적인 사실은 '을'과 '을'의 대립이 반복될수록 사회적 불평등과 빈부격차가 더 극심해진다는 점이다. 문학평론가 류보선 군산대 교수는 "사실 우리 사회의 기생충은 상층부다. 그들은 하층부의 소외된 노동과 권리에 해당하는 공유부 등을 사적으로 독점하고 빨아먹으며 몸집을 키우기 시작한다. 하지만 이들의 몸짓이 기하급수적으로 커지더니 어느새 우리 세계의 거의 모든 부를 독점하게 되고, 그 결과 〈기생충〉이 그린 것처럼 1%의 상층부 분들에게 하층부의 그 무수한 존재들이 기생하는 꼴이 된다"라고 진단했다. 그러면서 〈기생충〉이 전하는 경고는 "임박하고 있는 파국을 막아야 한다는 처절한 절규"라며 대안적 프로그램으로 '기본소득'에 주목했다. 기본소득이 "현재의 불평등 상황을 혁신적으로 개선시키는 것은 물론, 사회 구성원 모두가 실질적 자유를 획득하는 실질적 계기"가 될 수 있다는 것이다.

모두의 것을 모두에게

류보선 교수의 주장을 보면서 2011년 가을, 미국 뉴욕 맨해튼에서 벌어진 '월스트리트 점거 시위 Occupy Wall Street'를 떠올렸다. 그해 미국 특파원으로 뉴욕에 있었던 나는 시위 현장을 생생히 목격했다. 2011년 10월 5일 현지 시각 오후 4시 40분경, 로어 맨해튼Lower Manhattan의 폴리 스퀘어Foley Square를 가득 메운 1만 5000여 명(ABC 방송 추산)의 시위대는 "우리는 99%다We are the 99 percent", "매일 월스트리트를 점령하자Occupy Wall Street everyday", "월가는 우리의 거리Wall Street is our street" 등의 구호를 외쳤다. 약 20일 전 뉴욕증권거래소 인근 주코티 파크Zuccotti Park에서 탐욕스러운 금융자본주의와 경제적 불평등에 분노해 시작된 월스트리트 점거 시위 이후 최대 규모였다. 조직력을 갖춘 노동조합과 시민단체 등이 대거 가세하면서 월스트리트 점거 시위는 새로운 국면으로 접어들었다.

      나는 이날 시위 현장에서 남자친구 존과 함께 시위에 참석한 사라 리빈을 인터뷰했다. 당시 리빈은 16세였고 학교에 다니면서 용돈을 벌기 위해 아르바이트를 한다고 했다. 그는 "우리 부모님은 오랫동안 정말 열심히 일했고, 세금도 정직하게 내는 99%다. 그런데 나머지 1%는 세금도 내지 않고 일도 하지 않으면서 부모님이 일한 대가를 가로채고 있다"고 분개했다. 1%의 탐욕스러운 부자들이 부모님의 돈을 도로 내놓아야 한다는 것이다. 그가 시위에 참여한 이유는 자신과 같은 99%가 모여서 같은 생각과 희망을 나눈다는 것 자체가 중요하다고 생각하기 때문이다. 존도 "우리는 잘못된 것을 고칠 필요가 있다"고 말했다. 이날 많은 사람들이 폴리 스퀘어를 향해 밀려들면서 광장은 시위대로 가득 찼고, 나중에는 토머스 페인 파크Thomas Paine Park까지 시위 인파로 넘쳐났다.

흥미롭게도 이 공원의 상징 인물인 토머스 페인Thomas Paine은 약 250년 전 1%와 99%의 불평등 문제를 해결하는 방안으로 기본소득을 주창한, '기본소득의 원형'으로 불린다. 18세기 국제적 혁명이론가인 토머스 페인은 "토지는 원래 모두의 것이니 거기서 나오는 이득을 모든 사람에게 배당하자"고 주장했고, 이는 '기본소득 정신'의 토대가 되었다. 이 정신이 현대로 이어지면서 2020년 미국 대선 민주당 후보 경선을 앞두고 기본소득 논의가 다시 등장했다. 앤드루 양Andrew Yang 후보는 미국의 18세 이상 모든 성인에게 매달 1000달러(약 116만 원)를 무조건 주는 보편적 기본소득UBI·Universal Basic Income을 공약으로 내걸었다. 비록 경선에서 탈락했지만 그의 주장은 경선 초반에 돌풍을 일으키며 지지율을 급격히 올리는 요인이 되었다.

공생의 사회

영화 〈기생충〉에서 가짜 대학생으로 위장한 기택의 딸 기정과 아들 기우는 박 사장네에 들어가 과외 선생으로 '기생'한다. 두 청년은 '반지하의 삶'에 최적화되어 있지만 으리으리한 저택에서도 불편함이 없다. 우리는 과연 이 두 청년에게 사회적 규범과 윤리를 잣대로 비도덕적이라고 비난할 수 있을까? 두 청년은 눅눅하고 구질구질한 '반지하의 삶'을 잠시라도 벗어나고자 했다. 그들에게 도덕적인 삶을 요구한다는 것이 현실적으로 어떤 의미가 있을까? 적어도 오늘을 사는 'N포 세대'는 두 청년의 '기생'에 99% 공감할 것 같다. 토익, 자격증, 어학연수 등 모든 스펙을 충족하고도 일할 곳이 없어 취업을 포기하고, 학자금 대출 등으로 집 살 능력이 없어 결혼과 출산을 포기하고, 종국에는 인간관계와 꿈을 포기하는 우리 주변의 'N포 세대'야말로 '기생적 삶'에 내몰리고 있다.

사실 'N포 세대'는 스스로 꿈을 포기한 적이 없다. 포기하고 싶지 않은데 자신의 의지와 무관하게 주변 상황에 의해서 포기하게 된 것뿐이다. 꿈을 버리고 싶지도 않고 포기하고 싶지도 않은, 오히려 갈망하고 있는 그들의 절규에 우리 사회는 답을 내놓아야 한다. 그 답은 무조건적이고 보편적이고 개별적이어야 한다. 그래서 그 대안으로 기본소득이 주목을 받는 것이다.

경기도는 이런 청년들의 삶의 질을 개선하고 미래를 지원하기 위해 2019년 4월부터 '청년기본소득'을 지급하고 있다. 청년기본소득은 경기도에 거주하는 만 24세 청년에게 1인당 연 100만 원(분기별 25만 원)을 지역화폐로 지급하는 기본소득 개념의 복지정책이다. 물론 100만 원이라는 돈이 청년들의 삶을 단박에 변화시킬 만큼 충분하다고 할 수는 없다. 그러나 자신을 위한 작은 여유가 생긴다. 단순하게 계산해서 시간당 1만 원을 받고 아르바이트를 하는 청년이 있다고 하자. 이 청년이 기본소득을 받으면, 1년 중 아르바이트를 하며 보내야 했던 약 100시간(분기별 25시간)을 오로지 자신을 위해서만 쓸 수 있게 된다. 목적을 가지고 지급하는 돈이 아니므로 도덕적 잣대 같은 것은 없다. 친구들과 술을 마시거나 놀이공원에 갈 수도 있다. 평소 읽고 싶었던 책을 살 수도 있다. 자격증을 따기 위해 학원을 다녀도 되고, 훌쩍 여행을 떠나도 된다. 의미 있게 써야 한다는 부담을 떨쳐내고 오로지 자신의 삶을 삶답게 하도록 쓰면 된다. 일종의 '청년 응원 수당'인 셈이다.

  영화 〈기생충〉의 기우와 기정이 청년기본소득을 받았다면 어땠을까? '반지하의 삶'에서 당장 벗어날 수는 없었겠지만, 눅눅한 반지하의 작은 창문으로 새어 들어오는 한 줌 햇볕만큼의 따뜻한 위로는 받지 않았을까? 노인수당, 국민연금 등 각종 사회적 지원을 당연하게 누리고 있는 기성세대들은 오히려 청년기본소득 같은 제도를 못마땅하게 여긴다. 청년들의 기생적 삶을 부추기고 연장하는 세금 낭비라는 것이다. 턱밑까지 닥쳐온 파국의 물결이 자신과 자신의 가족을 정면으로 향하고 있다는 사실은 애써 외면하면서 말이다. '반지하 냄새'는 다른 사람이 아닌 나의 냄새다. 냄새로 계층을 나누는 사회가 아니라 그 냄새를 인정하고 존중하는 공생의 사회로 이끌 책임이 우리 모두에게 있다.

세 모녀의 마지막 월세

서울 송파구 석촌동의 한 단독주택 반지하 월세방. 60세의 A씨는 35세, 32세 두 딸과 함께 살고 있었다. A씨는 잠실 롯데월드 인근 식당에서 주방 보조로 일하면서 한 달에 120만 원가량을 벌어 가족의 생계를 책임졌다. 당뇨와 고혈압을 앓고 있던 큰딸은 일은커녕 병원비가 비싸서 치료도 제대로 받지 못했다. 그나마 작은딸이 편의점 아르바이트를 하면서 돈을 벌었지만 불규칙적이거나 소액이었다. 만화가 지망생인 작은딸은 출판만화계에 데뷔할 정도로 실력이 좋았다. 하지만 어렵게 연재 기회를 얻은 작은딸이 만화를 그려서 받은 원고료는 편당 2만 원이 채 안 되었다. 어려운 형편에도 꿈을 선택한 대가는 너무 가혹했다. 두 딸은 생활비와 병원비를 신용카드로 부담하다가 결국 신용불량자가 되었다.

처음부터 가난했던 것은 아니다. 세 모녀의 경제적인 어려움은 12년 전 아버지가 사업에 실패하고 빚과 병원비만 남긴 채 암으로 세상을 떠나면서 시작되었다. 매달 10만 원씩 빚을 갚고 60만~70만 원씩 월세와 공과금을 낸 뒤 남는 돈으로 세 식구가 살아내야 했다. 식빵과 라면 등으로 버티며 배고픈 날이 더 많았지만, 그래도 남에게 손을 벌리지 않겠다고 다짐하며 악착같이 버텼다. 그러다가 사고가 났다. 한밤중에 일을 마치고 집으로 오던 A씨가 빙판길에 넘어져 팔이 부러졌다. 병원에서는 수술을 권유했지만, 수술을 해도 팔을 정상적으로 움직일 수 없을 것이라는 말에 그냥 돌아섰다. A씨는 불편한 팔로 더는 일을 할 수 없었다.

수입이 끊긴 A씨와 두 딸은 깊은 상실감에 빠졌다. 그렇게 한 달여를 보낸 2014년 2월 어느 날, 집을 나선 큰딸은 편의점으로 향했다. 편의점에서 600원짜리 번개탄 2개와 1500원짜리 숯탄, 그리고 20원짜리 편지봉투를 사서 집으로 돌아왔다. A씨는 편지봉투에 월세 50만 원, 가스비 12만 9000원, 그리고 전기요금과 수도요금 등을 어림해 모두 70만 원을 넣었다. 작은 딸이 펜을 들어 흰 종이 위에 '마지막 인사'를 남겼다.

"주인아주머니께 죄송합니다. 마지막 집세와 공과금입니다. 정말 죄송합니다."

족발 하나의 사치

세 모녀가 싸늘한 시신으로 발견된 것은 그로부터 며칠이 지난 2월 26일이었다. 70만 원이 든 봉투와 편지는 이웃과 별 왕래 없이 반지하방에 웅크리고 있던 세 모녀를 세상 밖으로 나오게 했다. 죽음을 앞둔 마지막 순간까지 자존감을 지키면서 선량하고 정직했던 그들의 행동에 사람들은 눈물을 흘렸다. 하지만 장례는 빈소도 없이 쓸쓸히 치러졌다. 당시 박근혜 대통령은 세 모녀의 죽음을 두고 "이분들이 기초생활보장 수급자 신청을 했거나 담당 구청이나 주민센터에서 상황을 알았더라면 정부의 긴급복지지원제도를 통해 여러 지원을 받았을 텐데, 그러지 못해 정말 안타깝고 마음이 아프다"고 말했다. 정말 그런 것일까? 박 대통령의 말대로 어머니 A씨가 담당 구청이나 주민센터에 가서 도움을 요청했거나 기초생활보장 수급자 신청을 했다면 '지원'이라는 것을 받을 수 있었을까? 실상은 전혀 그렇지 않다.

세 모녀는 아버지가 긴 투병 생활 끝에 빚과 병원비만 남기고 세상을 떠나자 원래 살던 강동구 성내동 집에서 더 이상 버틸 수가 없었다. 2005년 송파구 석촌동 반지하방을 보증금 500만 원, 월세 38만 원으로 계약하고 이사했다. 월세는 8년 뒤인 2013년 1월 50만 원까지 올랐다. A씨가 식당 일로 번 수입은 한 달에 120만~150만 원이었다. 월세에 공과금까지 한 달에 60만~70만 원을 주거비로 내면 세 모녀에게 생활비로 남는 돈은 50만~80만 원에 불과했다.

세 모녀가 남긴 가계부를 보면 그들의 삶이 어떠했는지 짐작이 되고도 남는다. 어떤 날은 순댓국 1인분, 라면, 우유, 소시지만 샀다. 또 어떤 날은 식빵, 어묵, 떡만 샀다. 어떤 날은 컵라면과 소시지로 하루 세끼를 해결했다. 다른 날도 비슷했다. 매번 1000~2000원대의 저렴한 소시지나 라면류의 지출밖에 없었다. 1만 9000원짜리 족발을 산 날에는 다른 지출이 하나도 없었다. 다른 음식을 다 포기하면서까지 그렇게 절박하게 먹고 싶었던 족발 하나는 그들에게 사치였던 것일까? 하루하루 먹고 살기에도 빠듯할 만큼 궁핍한 삶의 연속이었지만 그 와중에도 1300원짜리 음식물쓰레기 스티커를 사고 월세와 공과금을 밀리지 않으면서 마지막 남은 자존심을 지키기 위해 발버둥 쳤다. 하지만 이마저도 A씨가 퇴근길에 팔을 다쳐 식당 일을 그만두면서 더는 이어갈 수 없었다.

최소한의 사회안전망

우리나라의 가장 핵심적인 공공부조제도인 국민기초생활보장법은 생활이 어려워진 국민들에게 최소한의 삶을 보장하기 위해 제정되었다. 정부는 이 법에 따라 최저생계비 이하로 생활하는 가구에 생계와 의료, 주거, 교육 등을 통합 지원한다. 박근혜 전 대통령의 말대로 생계가 막막한 A씨가 주민센터를 찾아가 기초생활보장 수급자 신청을 했다면 어땠을까? 국가가 A씨에게 '지원'의 손길을 내밀었을까?

우선 팔을 다친 A씨가 기초생활보장 수급자가 되려면 만성질환 환자라는 판정을 받아야 한다. 그러나 팔을 다친 정도로는 만성질환으로 인정받기가 어려울 뿐 아니라 판정을 받으려면 최소 2개월 이상 기다려야 한다. 2개월분의 진료 기록과 의료기관에서 발급한 근로능력평가용 진단서를 제출해야 하기 때문이다.

만성질환으로 인정받을 가능성이 있다고 해도 또 다른 장벽이 A씨 앞을 가로막고 있다. 바로 부양의무자 조항이다. 기초생활보장제도는 수급자에게 부모나 자녀 등 부양의무자가 있으면 급여 혜택을 주지 않는다. 부양의무자에게 실질적인 부양 능력이나 부양 의사가 없을 때도 마찬가지다. A씨의 부양의무자인 두 딸에게 근로 능력이 있다는 판정이 나오면 A씨는 수급자가 될 가능성이 없는 것이다. 현행법은 실제 소득이 없어도 만 18세 이상 64세 이하에서 근로 능력이 있다고 판단되면, 한 사람당 보통 60만 원씩 소득이 있는 것으로 추정한다. 큰딸은 당뇨와 고혈압으로 일할 수 없는 상황이었지만 돈이 없어 병원에 가지 못하는 바람에 의료기록이 없었고, 따라서 '근로 무능력' 판정을 받기 어려운 상황이다. 즉 두 딸에게 근로 능력이 있다고 판단해 추정소득 120만 원을 산정하면 A씨는 기초생활보장 수급 대상에서 제외된다.

박근혜 전 대통령이 말한 긴급복지지원제도는 어떨까? 이 제도에 따르면 실직 등 위기에 빠진 가정은 88만 원의 생계비를 우선 지원받을 수 있다. 그러나 긴급복지지원제도는 실제로 주 소득자의 사망 또는 구금, 화재 등 큰 사고가 났을 때만 적용하고 있다. 따라서 세 모녀가 이 제도에 의해 지원받을 가능성도 거의 없다.

A씨가 퇴근길에 다쳤으니 산재보험의 도움을 받을 수는 없었을까? 식당 주인이 출퇴근용으로 제공한 교통수단을 이용하다가 다친 것이 아니라면 이 역시 불가능하다. 당시 산업재해보상보험법에 따르면 출퇴근을 하다가 불의의 사고를 당해도 직장에서 제공하는 통근버스를 이용하지 않았다면 산업재해로

인정받을 수 없었다. 도보로 출퇴근을 하다가 발생한 재해가 업무상 재해로 인정받게 된 것도 그로부터 4년 뒤인 2018년 1월부터였다.

구직활동을 전제로 하는 실업급여 역시 팔을 다쳐 거동이 불편한 A씨에게는 적용되지 않는다. 결국 세 모녀가 실제 도움을 청했다고 하더라도 당시의 복지제도는 그들에게 어떤 도움도 줄 수 없었다. 오히려 도움을 요청했더라면 그들은 더 큰 절망감에 빠졌을지 모른다. 세 모녀의 극단적인 선택은 결코 제도를 몰라서 신청을 안 했거나 주민센터 등의 홍보가 부족했기 때문이 아니었다.

세 모녀가 기댈 '최소한의 사회안전망'은 그 어디에도 존재하지 않았다. 누구든 열심히 살아보려다가 실수로 '삐끗' 넘어져 다쳤을 때, 그래서 죽음의 나락으로 내몰렸을 때, 구멍 뚫린 사회안전망은 아무 소용이 없다는 것을 극명하게 보여준 사례. 문제는 최저생계비 이하의 빈곤층이면서도 부양의무자 기준, 근로 능력 등의 이유 때문에 복지제도의 근처에도 가보지 못하고 거절당하는 '공공부조 사각지대 시민'이 우리 사회에 약 700만 명에 이른다는 것이다.

보건복지부가 2019년 8월 국회에 제출한 〈2019년도 성과계획서〉에 따르면 2018년 전체 빈곤층 대비 복지 수혜 비율은 22.4%였다. 2018년 빈곤층 906만 9560명 중 복지 혜택을 받은 기초생활보장 수급자와 수급 대상자는 아니지만 바로 그 위의 계층인 차상위계층은 202만 7894명이었다. 1년 소득이 중위소득 절반에 못 미치는 704만 1666명은 기초생활보장제도나 차상위계층 지원제도 바깥에 있었다는 의미다. 즉 빈곤층 100명 중 약 78명은 여전히 복지 사각지대에 놓여 있을 것으로 추산된다. 그러나 정부가 내놓은 2019년 목표치는 현상 유지 수준인 22.5%였다. 보건복지부는 "주민등록 인구수 증가 둔화 및 기초생활보장 부양의무자 기준의 단계적 완화 효과를 반영하면 지난해 실적 대비 상승이 필요하지만 이는 급격한 예산 증가가 반영되어야 하므로 전년 실적을 반영한 22.5% 유지가 필요하다"고 설명했다.

정부는 2017년 8월 제1차 기초생활보장 종합계획(2018~2020년)을 발표한 이후 부양의무자 기준을 조금씩 완화하고 있다. 여기에 2019년 6월부터는 개정 사회보장급여법(사회보장급여의 이용··제공 및 수급권자 발굴에 관한 법률)을 시행하면서 위기가구의 발굴 범위를 넓혔다. 복지 사각지대 발굴을 위한 연계정보를 기존 15개 기관 29종에서 17개 기관 32종(공동주택관리비 체납 정보, 휴·폐업사업자 정보, 세대주 사망가구 정보)으로 늘린 것이다. 또한 국민연금 보험료 체납자 정보와 극단적인 선택 시도(자살시도자, 자해시도자) 정보 입수 범위도 확대했다. 그러나 문제는 이렇게 지난 5년 동안 개선된 복지 체계 내에서도 '송파 세 모녀'는 여전히 지원 대상에서 거의 배제된다는 점이다.

희망 없는 사람들

송파 세 모녀만의 이야기가 아니다. '봉천동 탈북 모자' 사망 사건은 기초생활보장제도에 도움을 요청했다가 거부당한 사례다. 2019년 7월 31일 서울 관악구 봉천동 임대아파트에서 북한이 탈주민 B씨와 여섯 살짜리 아들이 숨진 채 발견되었다. 이미 사망한 지 두 달은 지나 보였고, 집 안에 식료품이 없다는 점에서 경찰은 굶주림에 의한 사망으로 추정했다.

세 모녀와 달리 B씨는 기초생활보장제도에 도움을 요청했지만 '안 된다'는 말을 듣고 돌아서야 했다. 함께 살지도 않는, 이혼한 중국인 전남편이 부양의무자로 되어 있었기 때문이다. 주민센터 공무원은 B씨에게 전남편과의 이혼확인서를 요구했다. 하루하루 먹고살기에도 힘든 B씨가 이혼 서류를 발급받기 위해 전남편이 사는 중국까지 다녀오는 것은 불가능했다. 2019년 9월 21일, 뉴욕타임스The New York Times는 이 사건에 대해 "그녀는 굶주림을 피해 북한을 탈출했고, 부유한 나라에서 가난하게 살다가 죽었다"고 보도했다.

한국의 복지제도는 기본적으로 '신청주의'에 기반을 둔다. 아무리 고통스럽고 힘들어도 적극적으로 관계 기관을 찾아가서 자신의 가난과 무능을 끊임없이 증명해야 한다. 한국보건사회연구원이 발표한 〈2018 한국복지패널〉에 따르면, 2017년 한 해 동안 생계가 어려워 국민기초생활보장 수급 신청을 한 가구 중 생계·의료·주거·교육 급여를 모두 받은 가구는 전체의 5.47%에 불과했다. 78.95%는 4개 급여 중 일부라도 받았지만, 15.58%는 수급 대상에서 탈락해 아무것도 받을 수 없었다. B씨 모자의 죽음에 어떤 사연이 있었는지는 아직 정확하게 밝혀지지 않았다. 다만 뉴욕타임스가 보도한 "그녀는 먹을 것이 없어서 죽은 것이 아니라 희망이 없어서 죽었다"는 한 탈북민의 절규가 계속 귓가를 맴돈다.

가난 때문에 죽지 않는 세상

복잡하고 까다로운 기초생활보장제도는 빈곤에서 탈출하지 못하도록 '형벌'의 굴레를 덧씌운다. 과도한 신청서류 요구와 수치심을 안기는 방문조사 등으로 수급 신청자를 끊임없이 낙인찍고 위축시킨다. 2011년 유엔UN(국제연합)이 발간한 〈극빈과 인권에 관한 유엔 특별보고서〉는 빈민이 사회복지에 접근하는 자격 조건의 강화, 조사의 강화를 '빈곤의 형벌화' 조치로 분류했다.

기초생활보장제도는 급여를 신청할 때 사회보장급여 신청(변경)서와 본인 금융정보 제공 동의서 등을 반드시 제출해야 한다. 또한 부양의무자 금융정보 제공 동의서가 필요하고, 간혹 소득·재산 확인서류, 신분 확인서류 등을 제출해야 할 수도 있다. 여기에 실제 수급 신청자들은 통장 거래명세서나 수급 신청 사유서 등 더 많은 서류를 준비해야 한다. 이런 서류 준비를 저학력자와 고령, 장애인, 그리고 오랫동안 빈곤 상태에 놓여 있는 사람들이 혼자 하려면 더 큰 어려움을 겪을 것이 자명하다. 수급 신청자가 모든 서류를 제출한다고 해서 끝나는 것도 아니다. 수급 신청자의 생활 실태를 파악하기 위해 두 차례 방문조사를 실시한다. 이 과정에서도 근거 없는 질문과 의심으로 수급 신청자에게 수치심을 안기곤 한다.

한국도시연구소의 연구 지원을 받은 빈곤사회연대는 2019년 3월 〈공공부조의 신청 및 이용과정에서 나타나는 '빈곤의 형벌화' 조치 연구〉 보고서를 발표했다. 기초생활보장 수급자 7명과 주거급여 수급자 1명, 기초생활보장 수급 신청 등에 동행한 경험이 많은 인권단체 활동가 1명 등 총 9명을 대상으로 면접 조사했다. 이 보고서는 수급권자가 과도한 서류 준비와 엄격한 자격 조건, 지나친 방문조사, 낮은 보장 수준, 미비한 정보 등의 이유로 수급 신청을 꺼리거나 탈락 이후에도 자기 구제에 적극적으로 나서지 못하는 현실을 생생히 기록했다.

한 인터뷰 참여자는 국민연금공단으로부터 '학교는 어디까지 다녔나'라는 질문을 받았다. 근로 능력 여부와 건강 상태만 확인하면 되는 일인데, 학력까지 물어보는 바람에 이 참여자는 심한 수치심을 느꼈다. 또 다른 참여자도 담당 공무원으로부터 '다른 곳에서 지원받는 것 아닌가'라는 근거 없는 의심을 받았다. TV나 소파 등의 가구가 새것으로 보인다며 '어디서 구했나'라는 질문을 받기도 했다. 수급 자격과는 아무런 상관없는 이런 질문들은 수급 신청자에게 감시와 의심을 받는다는 불안과 위축감만 안겨줄 뿐이다.

까다로운 수급 자격 기준과 낮은 보장 수준은 빈민을 가난의 굴레에서 맴돌게 한다. 약간의 소득이 발생해도 급여가 바로 끊기거나 줄어들기 때문에 일을 해서 추가소득을 얻을 엄두를 내지 못하는 것이다. 채무로 오랜 시간 도피 생활을 한 탓에 빈곤과 질병을 겪은 한 인터뷰 참여자는 일하고 싶은 마음이 있어도 취업을 시도하지 않고 있다. 근로소득이 발생하면 재조사를 통과하지 못하거나 급여가 줄어들 수 있고, '일할 수 있으면서 그동안 왜 하지 않았느냐'는 책망을 받는 것도 두렵다고 했다. 그는 까다로운 심사 끝에 '근로 능력 없음' 판정을 받았고, 지금도 1년에 한 번씩 재조사를 받고 있다.

이처럼 수급 자격 유지를 위해 근로 의욕이 떨어지는 이른바 '빈곤의 덫', '복지함정'의 문제가 발생한다. 정부는 2020년부터 부양의무자 기준을 낮추고, 수급자가 일을 해서 소득이 생겨도 수급액이 덜 깎이는 '근로소득 공제' 제도를 시행했다. 하지만 기초생활보장제도의 가장 큰 문제점인 '사각지대'와 '복지함정'을 해결하는 데는 역부족이라는 지적이 많다.

빈곤과 불평등이 심화하고 있지만 사회안전망은 보이지 않는다. 정치권이 가난한 사람들의 삶을 예산과 저울질하는 사이에 가난한 사람들은 굶어 죽거나 가족을 살해한 뒤 자살하는 등 극단적인 선택으로 내몰린다. '생활고 추정' 사망 사건 뉴스가 일상이 되어버린 것이다.

'세계 빈곤철폐의 날(10월 17일)'을 앞두고, 2019년 10월 13일 청와대로 들어가는 입구에 노점상, 철거민, 임차상인, 장애인, 홈리스, 쪽방 주민 등 빈곤과 싸우고 있는 시민 수백 명이 모였다. 이들은 '빈곤철폐의 날 퍼레이드'에 앞서 합동 추모제를 열었다. 관악구 봉천동에서 숨진 채 발견된 탈북민 모자, 종로구 국일고시원 화재로 숨진 희생자 등의 넋을 위로하기 위해서였다. 이들은 "빈곤과 불평등 그리고 차별이 고착화된 사회에서 가난으로 사람들이 죽어간다"며 "빈곤문제 해결을 위해서는 근본적인 사회 구조의 개혁이 필요하다"고 강조했다. 이들은 또 "30명의 임대사업자가 1만 채의 집을 소유해 불로소득을 쌓는 동안 227만여 가구는 거리·쪽방·고시원·반지하·옥탑방 등 '집이 아닌 집'에서 살고 있다"며 "도시 개발을 위해 가난한 사람들을 쫓아내고 빈곤의 책임을 개인에게 지우는 사회를 거부한다"고 목소리를 높였다. 정부의 '부양의무자 기준 완전 폐지' 공약 이행을 촉구하며 농성장을 설치한 시민들은 이렇게 절규했다. "가난 때문에 죽지 않는 세상을 위해 싸우겠다."

노동 없는 미래는 유토피아일까

"미래의 공장에는 개 한 마리와 직원 한 사람만 존재하게 될 것이다. 개는 사람이 장비를 건드리지 못하게 감시하기 위해서, 사람은 개 먹이를 주기 위해서 필요하다."

경영학자 워런 베니스 Warren Bennis가 미래 사회를 풍자한 유명한 말이다. 아무리 과장이라지만 그냥 웃고 넘기기에는 왠지 섬뜩하다. 첨단 정보통신기술이 경제·사회 전반에 융합되어 혁신적인 변화를 가져올 4차 산업혁명 시대를 맞고 있다. 4차 산업혁명이 본격적으로 전개되면 자동화 기술이 인간의 노동을 상당 부분 대체하는 '노동 없는 미래'가 도래할 것이라는 전망이 잇따르고 있다. 일자리가 사라지면 지금처럼 노동의 대가로 임금을 받는 방식으로는 생계를 유지할 수 없다. 따라서 노동 없는 미래 또는 불안정한 노동시장의 문제를 해소할 수 있는 대안으로 기본소득을 실시해야 한다는 목소리가 커지고 있다. 고용과 연계되지 않는 새로운 소득보장 정책이 필요하다는 것이다.

"2021년 미국에 최초의 로봇 약사 등장. 2022년 10%의 사람들이 인터넷에 연결된 의류 착용, 인터넷에 연결된 1조

개의 센서, 최초의 3D 프린트 자동차 생산. 2023년 독서용 안경의 10%가 인터넷에 연결, 상업화된 최초의 인체 삽입형 모바일 폰, 블록체인을 통한 정부의 첫 세금 징수. 2024년 3D 프린터로 제작한 간 최초 이식. 2025년 기업 감사의 30%를 인공지능이 수행. 2026년 미국의 도로를 달리는 자동차의 10%가 무인 자동차."

　　　　　세계경제포럼 WEF·The World Economic Forum(매년 1~2월 스위스 다보스에서 열리며 흔히 다보스포럼이라 불린다)이 2015년 9월 전문가 집단을 대상으로 한 설문조사에서 향후 사회·경제적으로 영향을 미치게 될 주요 기술들의 티핑포인트 tipping point(어떤 현상이 극적으로 변하는 순간)를 정리한 내용 중 일부다. 이미 5~6년 전부터 4차 산업혁명이 촉발하게 될 변화의 모습을 구체적으로 예측한 셈이다. 4차 산업혁명으로 인한 변화가 먼 미래의 일이 아니라 당장 우리 앞에 닥칠 현실이 될 수 있다는 의미다.

일자리의 미래

2017년 한국정보통신기술협회가 공개한 '정보통신 용어사전'에 따르면, 4차 산업혁명은 인공지능AI, 사물인터넷IoT, 클라우드 컴퓨팅, 빅데이터, 모바일 등 지능정보기술이 기존 산업 및 서비스에 융합되거나 3D 프린팅, 로봇공학, 생명공학, 나노기술 등 여러 분야의 신기술과 결합하면서 실세계의 모든 제품과 서비스를 네트워크로 연결하고 사물을 지능화한다. 국내에서는 2016년 3월 바둑기사 이세돌 9단이 인공지능 프로그램 '알파고'와의 대결에서 패한 뒤 4차 산업혁명이 가져올 미래에 대한 관심이 급증했다. 공상과학영화 속에서나 등장하던 모습들이 다양한 기술혁신을 통해 현실화할 것이라는 전망은 경이로움을 넘어 두려움까지 안겨준다.

한편에서는 과학기술이 인간을 전지전능한 신처럼 만들어주거나 최소한 인간과 상호 보완하는 관계로 발전해나갈 것이라는 유토피아적 희망을 내놓는다. 반면 인간을 능가하는 존재의 출현으로 오히려 인류의 존재적 의미에 위협이 될 수 있다는 디스토피아적 불안감도 크다. 전자의 경우에는 새로운 일자리와 직업이 더 많이 생기겠지만, 후자의 경우에는 인공지능이 저임금, 단순반복형 일자리는 물론 사무직과 전문직 일자리까지 대체하면서 일자리가 전방위로 소멸할 가능성이 크다.

세계경제포럼의 창립자 중 한 명인 클라우스 슈밥Klaus Schwab도 이러한 '우려 섞인 희망'을 내놓았다. 슈밥은 2016년 세계경제포럼 기조 보고서를 통해 4차 산업혁명 담론을 세계적으로 확산시켰다. 그는 책 《클라우스 슈밥의 제4차 산업혁명》에서 생산의 자동화로 인해 인간의 일자리가 대규모로 사라지고, 새로운 기술을 가진 자들과 못 가진 자들 사이에 빈부격차가 한동안 심해지는 등 부작용을 우려했다. 또한 "이미 여러 직종에서 기계적인 단순 반복 업무나 정밀한 육체노동은 자동화되었다. 연산력이 눈부시게 성장해감에 따라 곧 다른 여러 업무도 자동화될 것으로 보인다. 우리가 예상하는 것보다 빠른 시일 안에 변호사, 재무분석가, 의사, 기자, 회계사, 보험판매자나 사서와 같은 다양한 직업군 역시 부분적으로 혹은 전면적으로 자동화가 이루어질 것이다"라고 전망했다. 4차 산업혁명으로 새로운 직업들이 창출되겠지만, 과거 산업혁명으로 인해 출현한 직업의 수보다는 분명히 적을 것이라고도 강조했다.

2016년 세계경제포럼은 미국, 일본 등 15개국 370개 기업 인사 담당 임원을 대상으로 조사를 벌였다. 그 결과를 정리한 보고서 〈일자리의 미래〉에 따르면, 2020년까지 인공지능과 로봇의 영향을 받아 세계적으로 710만 개의 일자리가 사라지고, 200만 개의 일자리가 창출되어 결과적으로 총 510만여 개의 일자리가 감소한다. 특히 사라지는 일자리의 3분의 2가 화이트칼라 직종에서 발생하며 그해 초등학교에 입학하는 전 세계 7세 어린이의 65%는 현재 존재하지 않는 새로운 형태의 직업을 갖게 될 것이라고 전망했다.

2018년 슈밥은 최근 10년 사이 인공지능과 로봇공학의 잠재력이 대폭 증가하고 있다는 점을 근거로 좀 더 구체적인 전망을 제시했다. 그는 《클라우스 슈밥의 제4차 산업혁명 더 넥스트》에서 "인간과 기계가 함께 일하면서 의사, 변호사, 조종사, 트럭운전사와 같이 숙련된 기술을 보유한 사람들의 역할을 줄이면서 점점 대체할 것이다. 인간의 전문성이 갖는 역할과 자동화될 수 있는 많은 업무에 인간의 지능과 판단력이 얼마만큼 필요할지에 대해 우려를 불러일으키고 있다"라고 말했다. '고용 없는 미래', '노동의 종말'에 대한 슈밥의 우려는 이미 전 세계 곳곳에서 심각한 사회문제로 떠오르고 있다.

택시운전사의 유서

2018년 12월 10일 오후 1시, 8년 차 택시운전사 최 씨는 차를 몰고 국회로 향했다. 옆자리에는 승객 대신 휘발유 통이 놓여 있었다. 최 씨는 국회 앞에 있던 1인 시위자에게 1만 원을 주고 두 통의 편지를 맡겼다. 한 통은 이해찬 당시 더불어민주당 대표에게, 다른 한 통은 손석희 JTBC 사장에게 보내는 편지였다. 최 씨는 오후 1시 48분쯤 전국택시노동조합연맹 김희열 한석교통 노조위원장에게 전화를 걸었다. 그는 "나 하나 희생해 카풀 carpool(출퇴근 승차공유) 서비스를 막겠다"고 말했다.

전화를 끊은 최 씨는 국회 정문을 향해 서서히 택시를 몰았다. 조수석에 휘발유 통이 보이고 기름 냄새가 심하게 나자 이를 수상하게 여긴 경찰이 검문을 하기 위해 차를 세우려 했다. 그러자 그는 경찰을 피해 여의2교 쪽으로 달렸고, 여의도지구대 순찰차가 따라왔다. 여의2교 직전 사거리에서 차가 막혀 더 이상 갈 수 없게 되자 최 씨의 택시가 멈췄다. 잠시 뒤 택시는 화염과 연기에 휩싸였다. 경찰이 순찰차에 비치된 소화기로 진화한 뒤 최 씨를 병원으로 옮겼지만 그는 오후 2시 49분쯤 숨지고 말았다. 최 씨가 국회에 도착해서 숨을 거두기까지는 채 2시간이 걸리지 않았다.

최 씨가 남긴 두 통의 편지는 유서였다. 그는 유서에서 "최근 카카오에서 불법적인 카풀을 시행해 사업적으로 이윤을 추구하는 방향으로 카풀의 취지를 호도하고 있다"고 비판했다. "차량 정체를 줄이기 위해 정부에서 같은 방향으로 출퇴근하는 이웃끼리 차량을 이용하라고 허용"한 것인데, 카카오는 "카풀의 요금을 택시 요금의 70~80% 수준으로 하여 20%의 수수료를 취하겠다"고 한다는 것이다. 그는 택시노동자의 어려운 사정도 호소했다. "현재 서울 시내 법인 택시 255개 회사의 가동률을 보면 60% 수준밖에 되지 않는다"고 했다. 택시로 벌어들이는 수입이 생계를 유지할 수 없을 만큼 적어서 운전사가 부족하기 때문이라는 것이다.

택시업이 특수 업종으로 분류되어 있어 장시간 근무하거나 제대로 임금을 받지 못할 경우 하소연할 방법이 없는 것도 문제였다. 최 씨는 카풀 사업자인 카카오에 대해 4차 산업, 공유경제라는 말로 포장한 '불법 자가용 영업'이라며 정부의 엄정한 법 적용을 촉구했다. 택시업계는 즉각 정부 여당과 카풀 앱 플랫폼 업체를 비판하며 대규모 항의 시위에 나섰다. 카풀 서비스를 시범 운영하던 카카오모빌리티는 "이런 일이 생기게 되어 안타깝다"며 "고인의 명복을 비는 마음뿐"이라고 밝혔다.

최 씨 이후에도 세 명의 택시운전사가 분신을 시도했다. 2019년 1월 9일 광화문역 인근에서 60대의 택시운전사가 스스로 몸에 불을 붙여 숨졌다. 그는 "너무 힘들다", "불법 카카오 카풀 도입에 반대한다"는 취지의 유서를 남겼다. 카카오는 카풀 서비스를 잠정 중단하고 택시 단체들과 대화하겠다며 대타협기구에 참여했지만, 2019년 2월 11일 또다시 택시운전사가 택시에 불을 지른 뒤 국회로 돌진했다. 그리고 같은 해 5월 15일 새벽 70대의 택시운전사도 서울 시청광장 인근 인도에서 자신의 몸에 불을 붙였다. 그의 택시에는 "공유경제로 꼼수 쓰는 불법 '타다 OUT'"이라는 문구가 붙어 있었다.

로봇에게 핸들을 빼앗긴 사람들

택시운전사들이 목숨을 던져가며 승차공유 앱을 격렬하게 반대하는 이유는 무엇일까? 휴대폰 앱만 있으면 누구나 손쉽게 택시 대신 카풀을 이용할 수 있다는 점은 택시운전사들에게 당장 생계를 위협하는 공포로 다가올 수밖에 없다. 언뜻 보면 대기업과 택시업계의 밥그릇 싸움 같지만, 자세히 보면 '공유경제'를 가장한 기술의 진보가 보통 사람들의 일자리를 빼앗는 상황이 코앞에 펼쳐진 셈이다. 택시업계에 따르면, 카풀 운전자 200만 명이 80% 비율로 운행할 경우 택시 시장의 59%가 잠식되며 하루에 약 178억 원의 영업 손실이 발생한다. 택시업계에서는 차량 공유 서비스가 택시운전사들의 생존권을 위협할 뿐 아니라 카풀 차량의 관리, 정비 등 안전성 측면에서도 심각한 문제가 있다고 지적했다.

많은 택시운전사들이 스스로를 '인생의 마지막 직업'이라고 부른다. 1997년 IMF 경제위기 이후 구조조정으로 조기퇴직을 당한 상당수의 노동자가 택시운전사 등 저임금 업계로 진입했다. 초기에는 택시 면허 수 제한으로 시장이 포화하지 않아 생존이 어렵지 않을 만큼은 벌었다. 하지만 승차공유 앱 관련 규제가 완화되면서 차를 가진 누구나 택시와 유사한 영업을 할 수 있게 되었고, 기존 택시노동자는 자신의 생업을 빼앗기게 되었다. 그렇다고 해서 승차공유 서비스 '타다' 기사 등 플랫폼 노동자의 상황이 좋은 것도 아니었다. 그들 역시 저임금 장시간의 아르바이트 노동에 따른 피해를 입었지만 노동법의 사각지대에 놓여 있어 노동자로서의 권익을 보호받지 못했다. 더구나 카풀이나 타다 서비스 모두 자가용 보험에 가입되어 있다. 따라서 유상 운송을 하게 되면 보험 혜택을 받을 수 없기 때문에 하루하루 피 말리는 생존을 이어가야 했다.

노동자 간 하향식 출혈 경쟁은 임금 하락과 장시간 노동을 불가피하게 만든다. 소비자 역시 자신의 개인정보에 대한 통제력을 상실하고 특정 기업의 포로가 된다. 4차 산업혁명에 따른 공유경제는 이처럼 새로운 체계의 비용을 노동자와 사용자에게 전가하고 있지만 그 이익은 소수 기업으로 몰리도록 만들었다. 그런 점에서 카카오 카풀의 출현은 창의나 혁신과는 거리가 멀었다. 오히려 전 세계로 번지고 있는 '비정규직 플랫폼 노동'과 '디지털 약탈 경제'의 심각한 징후라는 지적이 많았다.

문제는 여기서 그치지 않는다. 앞서 언급한 대로 전문가들은 2026년이 되면 미국의 도로를 달리는 자동차 중 10%가 무인 자동차가 될 것으로 전망하고 있다. 이미 2018년 12월부터 미국 애리조나주 피닉스Phoenix에는 세계 최초로 무인 택시 수백 대가 도로를 달리고 있다. 이 무인 택시 자율주행 시스템은 사실상 자율주행 기술의 원조인 웨이모Waymo가 만들었다. 승객들은 '웨이모 원Waymo One' 앱을 통해 웨이모의 자율주행 호출택시 300여 대 중 한 대를 부를 수 있다. 웨이모에 따르면, 2020

년 3월 코로나19 여파로 잠시 운행을 중단하기 전까지 앱을 통해 완전 무인 자율주행 호출택시 서비스를 이용한 사람은 1500여 명에 이른다. 일주일에 평균 1500회 차량을 운행했고, 이 가운데 5~10%는 완전 무인 상태로 운행했다고 웨이모는 밝혔다. 과학기술의 발전은 인간 운전자가 필요 없는 시대를 앞당기고 있다. 그렇게 되면 기존 택시운전사나 공유 서비스 차량의 운전사들은 어떻게 될까? 보편적 기본소득을 지지하는 작가 스콧 샌텐스Scott Santens는 2015년 5월 온라인 출판 플랫폼 미디엄Medium에 기고한 글에서 "미국에서 자율주행 트럭이 상용화하면 운전사 350만 명과 관련 업종 종사자 520만 명이 실업 위기에 처할 것"이라고 주장했다.

더 큰 문제는 우리 사회가 이들에게 실패할 여유를 허락하지 않는다는 점이다. 이들은 다시 자신과 가족의 생계를 위해 소득을 얻을 수 있는 일을 찾아 나서야 한다. 인공지능을 탑재한 로봇에게 핸들을 빼앗긴 택시운전사나 트럭운전사들이 다른 창의적인 상품이나 사업 아이디어를 고안해낼 수 있을까? 해낸다 해도 그들에게는 그것을 실현할 자본도 연줄도 없다. 물론 실패한 이들을 구해줄 사회안전망도 존재하지 않는다. 4차 산업혁명으로 생기는 새로운 일자리는 극소수 고급 전문직과 대다수의 저임금·불안정 일자리로 양극화할 것이라는 전망이 우세하다. 인공지능으로 대표되는 4차 산업혁명 시대에 실업과 불안정 일자리로 내몰리는 사람들에 대한 대책 마련이 시급하다.

신분에 따라 나뉘는 목숨값

"나 김용균은 화력발전소에서 석탄 설비를 운전하는 비정규직 노동자입니다."

24세 청년 김용균 씨는 2018년 10월 '문재인 대통령과 비정규직 100인의 대화'에 참가 신청을 하려고 인증 사진을 찍었다. 사진 속 김용균 씨는 자신을 소개하는 문구와 함께 '노동악법 없애고, 불법파견 책임자 혼내고, 정규직 전환은 직접 고용으로'라고 적힌 피켓을 들었다. 산업용 안전모와 마스크 사이로 살짝 보이는 김 씨의 두 눈에서 극심한 '불안과 피로'가 느껴졌다.

김용균 씨는 군 제대 후 한국서부발전 태안화력 현장설비 하청업체인 한국발전기술에 계약직으로 입사했다. 일 자체가 고되기도 했지만 무척 위험했다. 연료운영팀에 소속된 김 씨는 석탄 운반 기계에서 떨어지는 석탄을 치우는 낙탄 작업을 맡았다. 낙탄을 처리하지 않으면 컨베이어벨트가 오작동하거나 자연발화의 가능성이 있기 때문이다. 600미터 길이의 컨베이어벨트 밑으로 나 있는 수십 개의 구멍에 김 씨가 직접 들어가서 고착탄, 간섭탄 등 낙탄을 제거해야 한다. 작동 중인 컨베이어벨트에 옷깃이 조금만 끼어도 강한 힘에 온몸이 빨려 들어가는 대형 사고가 발생할 수 있다.

2018년 12월 10일 야간 근무자였던 김용균 씨는 혼자서 석탄을 옮기는 컨베이어벨트를 살피고 있었다. 그러다 밤 10시경부터 연락이 끊겼고, 5시간이 지난 11일 새벽 3시 23분

'9·10호기 트랜스포머 타워 04(C) 구역' 석탄 이송 컨베이어벨트 사이에 끼어 숨진 채 발견되었다. 문재인 대통령을 만나지도 못한 채, 앞길이 창창했던 청년 김용균 씨는 그렇게 짧은 생을 마감했다.

김용균 씨가 사고를 당한 작업 현장에는 늘 죽음의 위협이 도사렸다. 하지만 회사에 안전 조치를 강하게 요구할 수 없었다. 회사는 비정규직인 그를 쉽게 해고할 수 있었고, 해고되면 먹고살 길이 막막했기 때문이다. 김 씨의 동료들이 회사에 스물여덟 차례나 작업환경 개선을 요구했지만, 돌아온 답변은 '3억 원의 돈이 들어서 안 된다'였다. 24세 청년 김용균 씨의 '목숨값'은 3억 원도 되지 않았던 것일까?

실제로 신분에 따라 죽음마저 차별받는 게 하청 노동자의 현실이다. 화력발전소가 사망 사고에 대한 책임을 물을 때 신분에 따라 목숨값을 달리 매긴다는 사실이 2019년 8월 MBC 보도를 통해 확인되었다. 김용균 씨의 원청 사업장인 한국서부발전은 부서별 평가 항목표에 산업재해로 사람이 사망하면 발전사 직원은 1.5점, 하청 직원(도급인)은 1점, 발전시설 건설 노동자는 0.2점을 깎는다고 적어놓았다. 하청업체 직원이나 건설 노동자의 목숨값이 원청 사업장 직원보다 훨씬 낮게 책정된 것이다. 보령화력발전소를 운영하는 중부발전의 부서별 평가 항목표 제목은 아예 '신분별 감점계수'였다. 목숨값 차이는 더 노골적이다. 본사 직원이 사망하면 12점을 깎지만 하청업체 직원이 숨지면 3분의 1인 4점만 깎는다고 되어 있다. 사람의 목숨에 등급을 매기는 이런 상황에서 하청업체 직원들은 심각한 사고를 당해도 혹시 일감을 잃게 될까 봐 '조용히 묻고' 지나갈 수밖에 없었다. 석탄화력발전소 특별노동안전조사위원회의 조사 결과, 김용균 씨 사고 이후에도 발전소에서 12건의 산업재해가 발생했지만 이 중 6건이 은폐되었다.

　　　　김용균 씨의 비극적인 죽음은 사고 당일 오전 비정규직 노동자들이 문재인 대통령과의 면담을 요구하는 기자회견을 개최하면서 세상에 알려졌다. 발전소 비정규직 노동자인 이태성 씨는 김용균 씨의 사망 소식을 전하면서 "오늘 동료를 잃었다. 24세 꽃다운 청년이 석탄 이송하는 기계에 끼여 머리가 절단 났다"고 울먹였다. 이태성 씨의 발언을 들은 KT 외주업체 노동자 김철수 씨는 차에 치여 맨홀에 빠져 죽은 자신의 동료를 떠올렸다. 자신의 손으로 동료가 묶인 밧줄을 끌어 올리고 급히 구급차에 태워 병원으로 달려갔지만, 응급실에서 '현장 즉사'라는 판정을 받았다. 통신선로 설치 작업만 수십 년째 해오고 있는 김 씨의 일당은 14만 원이다. 매일 일이 있는 것도 아니어서 집에 가져다주는 돈은 월 150만 원 안팎이다. 그는 "150만 원으로는 생활이 안 된다. 더는 빚도 낼 수 없다"며 고통을 토로했다. 이들 외에도 인천공항 비정규직 노동자를 비롯해 기간제 교사, 화물차운전사 등 비정규직 노동자들이 바통을 이어가며 자신이 당한 차별과 불평등 문제를 한참 동안 쏟아냈다.

완전고용이 사라진 시대

구글의 대화형 인공지능 소프트웨어 '듀플렉스Duplex'로 인해 몇 년 안에 많은 전화상담원이 직장을 잃을지도 모른다. 이미 휴대전화 요금 조회나 요금제·부가서비스 변경 정도는 통신사 앱으로 처리할 수 있다. 통신사 측에서도 인건비 절감을 위해 이를 권장한다. 패스트푸드점이나 마트, 카페, 식당, 편의점 등은 무인정보단말기(키오스크)를 들여놓고, 직접 주문을 받거나 결제를 도와주던 직원을 줄이고 있다.

스마트팩토리Smart Factory가 도입되면서 제조업 노동자의 지위도 위협받고 있다. 우리나라는 자동화 기계(로봇)의 비중이 가장 높은 나라 중 하나다. 국제로봇연맹IFR이 발표한 〈2020 세계 로봇〉에 따르면 2019년 말 기준 우리나라의 로봇 밀도 지수robot density(노동자 1만 명당 로봇 도입 대수)는 855대로 싱가포르(918대)에 이어 세계에서 두 번째로 높다. 그다음으로 지수가 높은 일본(364대), 독일(364대), 스웨덴(277대)과 비교해도 월등히 높다. 우리나라의 산업용 로봇 신규 도입 대수는 2019년 기준 2만 7900대로 중국(14만 대), 일본(4만 9900대), 미국(3만 3300대)에 이어 네 번째로 많다. 로봇연맹은 코로나19를 계기로 기업에서 로봇으로 인력을 대체하는 움직임이 더 활발해질 것이라고 전망했다. 로봇에 밀려난 노동자들은 일자리도 임금도 줄어든다.

최근 수십 년간 자동화가 진행되면서 생산성은 꾸준히 증가하고 있지만 사람들의 실질소득은 정체되어 있다. 자동화로 창출되는 수익이 노동자가 아니라 자동화를 채택한 기업(자본)으로 과도하게 집중되기 때문이다. 특히 생산성 향상으로 얻어지는 이익은 고용을 적게 하는 정보통신기업이나 지식산업기업으로 몰린다. 한국거래소에 따르면 2019년 11월 1일 기준 코스피 시가총액(우선주 제외) 4위를 기록한 현대자동차(26조 4949억 원)는 6만 9000여 명의 직원을 고용하고 있다. 그런데 현대자동차를 제치고 시가총액 3위를 차지한 네이버(27조 5238억 원)는 직원이 3400여 명에 불과하다. 기업은 자동화가 진행되면서 직원을 적게 고용할수록 더 많은 이익을 얻게 된다. 시간이 갈수록 그런 양상은 더 확대될 전망이다.

    복지국가는 '일자리가 곧 복지'라고 세뇌하면서 완전고용을 목표로 내건다. 하지만 고용 없는 성장 시대에 '완전고용'은 공허한 메아리에 지나지 않는다. 정부의 '일자리 창출' 정책도 인공지능과 로봇이 보편화되는 시대에는 한계가 명확한 정치적 구호일 뿐이다. 일자리가 없어지면 소득도 종말을 고한다. 이로 인해 소득 불평등과 사회·경제적 양극화 또한 심화될 것이다. 시장의 효율성을 통해 사람들의 자유와 행복을 실현할 수 있다는 신자유주의의 장밋빛 유혹은 오래전에 거짓이었음이 드러났다.

    무엇보다 산업 구조의 변화와 신기술의 발전으로 일자리가 사라지고 노동 유연성이 확대되고 있다. 플랫폼 노동으로 대표되는, 전에 없던 새로운 형태의 노동이 출현하고 있는데 언제까지 기존 노동시장에서 취업을 통해 소득을 확보하고 생계를 이어가는 전통적인 방식을 유지할 수 있을까? 하지만 우리의 사회안전망은 여전히 기존 노동시장을 중심으로 구축되어 있으며 새로운 노동환경을 대비하는 데는 한계가 명확하다. 고용보험(실업급여) 등 4대 보험 역시 기존 노동시장의 고용 관계를 전제로 구축되어 있다. 실직자가 재취업 활동을 하는 동안 소정의 급여를 지급하는 실업급여의 궁극적인 목표는 기존 노동시장으로의 재진입이다. 그러나 일자리가 없는데 재취업만 하라고 등을 떠미는 제도는 믿을 만한 안전망이 될 수 없다. 4차 산업혁명 등으로 일자리가 없어지는 사람이 계속 늘어나면 실업급여와 같은 방식은 더 이상 유효하지 않다. 기본소득처럼 고용과 연계되지 않는 소득보장 정책이 필요하다.

유토피아로 가는 티켓

이제 패러다임의 전환이 필요하다. 개인에게 경제적 압박을 가하는 환경에서 벗어나야 한다. 기본소득은 직장에서 일어나는 여러 '갑질'을 더는 용납하지 않는다. 갑질이 가능한 것은 대부분 '을'의 경제적인 사정 때문이다. 갑질을 당한 을은 당장 부양해야 하는 가족을 걱정하거나 다시 가족에게 손을 내밀어야 하는 자신의 처지를 상상하게 된다. 하지만 기본소득을 받으면 상황이 달라진다. 당장 직장을 잃고 소득이 없어져도 기본소득을 받을 수 있다는 안정감 때문에 더는 참지 않고 갑의 횡포에 맞설 수 있다.

　　사람들이 저임금·장시간 노동, 위험한 일 등 이른바 '나쁜 일자리'를 마다하지 않는 것도 마찬가지다. 자본주의 사회에서는 먹고살기 위해 고용에 목을 매야 한다. 하지만 기본소득을 받으면 굳이 오랜 시간 일하지 않아도 되고, 임금이 적거나 위험한 일을 거부할 수 있다. 일터에서 부당한 대우에 항의하다가 고용상 불이익을 받게 되더라도 생계유지가 가능하므로 단결하고 행동하는 자유를 확보할 가능성이 커진다. '나쁜 일자리'에 대한 노동 공급이 줄어들면, 노동자를 필요로 하는 곳의 임금은 시장균형을 찾아 자연스럽게 인상되고 근로 여건은 개선된다. 더 나아가 노동자의 협상력이 증대되면서 회사 측과 공정한 계약을 맺을 수 있다. 불법적인 노동현장에서 생계를 위해 일해야 하는 이유도 사라진다. 설령 직장에서 잘려도 굶어 죽을 일은 없으므로 부조리에 대한 내부고발도 활성화할 것이다. 공정한 사회를 위한 토대가 만들어지는 셈이다.

따라서 국가는 기업의 부가가치를 환수해 국민의 경제적 안정을 보장해야 한다. 또한 개인이 생존을 위해 돈을 버는 것이 아니라 사회적 가치를 실현하면서 하고 싶은 일을 할 수 있도록 새로운 사회계약과 시스템을 만들어야 한다. 생계유지를 위한 소득이 확보되면 노동의 개념이 달라진다. '먹고살기 위해 어쩔 수 없이 해야 하는' 노동이 아니라 '내가 평생 하고 싶었던 일을 통해 삶의 질을 높이고 사회적 가치에 부합하는' 노동을 할 수 있다.

우리는 유토피아와 디스토피아의 갈림길에 서 있다. 다가올 미래가 유토피아일지, 디스토피아일지는 우리 스스로 결정할 문제다. 두 손 놓고 가만히 기다리면 디스토피아로 갈 가능성이 크다. 4차 산업혁명 등 기술혁신이 오히려 유토피아로 갈 수 있는 변화의 기회가 될 수도 있다. 그 길을 가기 위해서는 노동과 소득을 분리해야 한다. 4차 산업혁명과 필연적으로 결부된 기본소득이야말로 유토피아로 가는 티켓이 될 수 있지 않을까?

일하지 않아도 먹어야 산다

기본소득지구네트워크BIEN·Basic Income Earth Network는 기본소득 아이디어에 관심이 있는 학자와 활동가의 국제 네트워크다. 1986년 결성된 기본소득유럽네트워크가 2004년 기본소득지구네트워크로 범위를 확대했다. 전 세계에 기본소득 논의를 촉진하기 위해 학술·사회활동은 물론 기본소득에 관심 있는 개인과 집단의 연결고리 역할을 한다.

　　기본소득지구네트워크 웹사이트(basicincome.org)에 소개된 '기본소득의 역사'에 따르면, 토머스 모어Thomas More의 《유토피아》에서 처음 언급된 기본소득 아이디어는 300년에 걸쳐 다양한 형태로 논의를 이어왔다. 특히 20세기 들어 영국과 미국을 거쳐 북서유럽의 몇몇 나라들에서 활발하게 토론되었다. 1970년대 말 덴마크에서는 '시민임금'이라는 명칭으로 조건 없는 기본소득을 지지한 책이 전국적인 베스트셀러가 되었고, 네덜란드에서는 1985년 정부의 독립적인 싱크탱크가 이른바 '부분 기본소득'의 도입을 제안한 보고서를 출간하면서 세상을 떠들썩하게 만들었다. 독일에서는 토마스 슈미트Thomas Schmid가 1984년 《그릇된 노동으로부터의 해방》에서 기본소득을 제기한 데 이어

녹색운동 진영에서 논의를 계속 발전시켰다. 이렇게 국가별로 독립적으로 진행하던 논쟁들이 기본소득유럽네트워크가 결성되면서 서로 연결되고 모아지기 시작했다.

기본소득지구네트워크는 2014년까지는 2년마다, 2016년부터는 매년 기본소득 논의 확산을 위해 학자와 활동가를 모으는 총회를 조직하고 있다. 2020년 현재 전 세계에서 35개 국가 및 지방 네트워크와 유럽네트워크 등이 가입해 있다. 기본소득한국네트워크BIKN는 2010년 17번째 가입국으로 승인되었고 2016년 서울에서 총회를 열었다.

기본소득지구네트워크가 규정하는 기본소득은 "모든 사회 구성원의 '적절한 삶'을 보장하기 위해 자산 심사나 근로 요건 등 아무런 조건 없이 모든 구성원에게 개인 단위로 지급하는 정기적인 현금소득"이다. 기본소득의 철학적 근거는 '인간이 스스로 좋은 삶을 실현할 수 있는 실질적 자유를 보장하기 위한 물질적 수단'이며 기본소득의 경제적 근거는 토지, 천연자원, 기술, 데이터 등 공유자산에 대한 평등한 권리이다.

기본소득의 개념에는 매우 중요한 다섯 가지 요소(특징)가 포함되어 있다. 모든 구성원에게 지급하는 보편성, 노동을 요구하지 않는 무조건성, 가구 단위가 아닌 개인에게 지급하는 개별성, 일정한 간격으로 지속적으로 지급하는 정기성, 현물이 아닌 현금으로 지급하는 현금성이다. 특히 보편성, 무조건성, 개별성은 기본소득을 기존 생활보장제도와 구별하는 가장 중요한 특징이다.

기본소득의 다섯 가지 요소

첫째, 정기적으로periodic 준다. 매년 주든 매달 주든 매주 주든 정기적으로 지급하라는 것이다. 그 반대는 일회성 보조금이다. 복권 당첨금처럼 딱 한 번 주고 마는 것이다. 정의당이 2020년 4·15 총선 1호 공약으로 내건 '청년기초자산제도'가 그렇다. 만 20세가 되는 모든 청년에게 '출발자산'이라는 명목으로 3000만 원을 국가가 지급하고, 양육시설 퇴소자 등 부모 없는 청년에게는 최대 5000만 원까지 지원하는 게 골자다. "소득격차보다 훨씬 더 구조적이고 심각한 자산 격차와 불평등의 대물림을 완화"하기 위한 목적이다. 불평등과 양극화 문제 해결을 위해 국가가 나서야 한다는 취지는 기본소득과 같지만 그 효과는 미지수다. 우선 일회성 보조금은 정기적 또는 중장기적으로 자신의 삶을 계획하는 데 별로 도움이 되지 않는다. 반면 기본소득은 정기적인 지급이기 때문에 우리 삶을 근본적으로 바꾸는 계기로 삼을 수 있다.

둘째, 현금으로cash payment 준다. 현금의 가장 큰 장점은 자유다. 수급자가 소비와 투자의 내용을 스스로 결정할 수 있는 실질적인 자율성을 확대하는 것이 '개인의 실질적 자유'를 추구하는 기본소득 정신에 부합한다. 예를 들어 쌀이나 라면으로 주면 그건 그냥 먹을 수밖에 없다. 쌀이나 라면으로 영화를 보거나 책을 살 수는 없기 때문이다. 현금은 학원이나 헬스센터 등에서 자아실현이나 체력 증진을 하는 등 수단적으로 욕구를 충족할 수 있다. 이처럼 수급자 선택의 자유를 보장함으로써 다양한 취향을 반영할 수 있을 뿐만 아니라 민주사회의 중요한 가치인 자기결정권을 보장할 수 있다.

현물 지급은 보관, 관리, 전달 등의 비용 소모가 크지만, 현금 지급은 운영 비용이 상대적으로 적다. 현물로 지급하면 과잉 제공에 따른 과잉 소비로 인해 자원의 낭비를 초래할 수 있지만, 현금으로 지급하면 수급자가 계획을 세워 꼭 필요한 곳에 효과적으로 지출할 수 있다는 점에서 급여의 효용 가치를 극대화할 수 있다. 예를 들어 매달 휘발유 100리터를 지급한다고 하자. 사람들은 굳이 필요 없는 상황에서도 휘발유를 다 쓰기 위해 매번 자가용을 이용하게 된다. 그러나 현금으로 받으면 사람들은 필요한 만큼만 휘발유를 구매하고 남은 돈을 다른 용도로 사용할 수 있다. 재화나 서비스를 적정 수준에서 소비하기 때문에 자원의 낭비를 최소화하는 것이다. 경기도는 만 24세 청년에게 분기별 25만 원씩 1년에 100만 원의 청년기본소득을 현금처럼 사용할 수 있는 지역화폐로 지급하고 있다. 지역화폐는 그 지역 재래시장, 골목상권 등에서만 사용할 수 있고 대형마트나 유흥업소 등에서는 사용할 수 없기 때문에 지역경제 활성화까지 얻는 일석이조의 효과를 누릴 수 있다.

셋째, 개인에게 individual 준다. 기초생활보장제도 등 우리나라의 대표적인 사회복지 급여는 대부분 가구 단위로 설계되어 있다. 이러한 방식은 가구 내 잘못된 구조를 재생산하고, 그 지배를 강화한다. 가장(가부장)이 강력한 권한을 가지고 가족구성원을 지배하는 가부장제 사회에서는 더욱 그렇다. 기본소득은 모든 개인의 자유 신장을 목표로 하기 때문에 여성이나 아동을 남성 가장(가부장)에 의존하는 대상이 아니라 단독으로 권리를 행사는 경제주체로 본다. 따라서 기본소득은 가부장적 질서가 지배적인 가정 내에서 여성과 아동의 경제적 독립성을 높이고, 남성 생계부양자에 대한 경제적 예속성을 일정 정도 완화할 수 있다. 이처럼 가구 단위가 아니라 개인 단위로 주는 기본소득은 개인의 해방에 굉장히 중요한 계기를 마련해준다. 급여를 가구 단위로 지급하면 수급 자격이나 수급액이 가구의 소득에 연동된다. 개별성을 원칙으로 하는 기본소득을 도입하면 미혼이나 자녀가 없는 가구도 큰 손해를 보지 않는다.

  넷째, 모두에게 universal 준다. 보편성이다. 이는 기존 복지제도처럼 자산 심사 등을 하지 않는다는 것을 의미한다. 즉 가난한 사람만 준다든가 부자는 안 준다든가 하는 식으로 선별하지 않는다. 누구는 주고 누구는 안 주기로 한다면 그다음엔 어디까지 줄 것인가라는 문제가 발생한다. 그 경계선을 정하기가 굉장히 어렵고, 행정력과 비용 낭비를 초래한다.

  소득·재산 상위 10% 가구를 제외한 채 시행했다가 선별 비용 문제 때문에 1년 만에 다시 100% 보편적 지급으로 변경한 아동수당이 대표적인 사례다. 2018년 당시 한국보건사회연구원은 아동수당 대상자를 선별하는 데 추가로 필요한 비용이 최대 1626억 원에 달할 것으로 추정했다. 국회 예산정책처가 모든 아동에게 수당을 지급할 때 추가로 필요하다고 예측한 연평균 예산 1588억 원보다 38억 원이 더 많다. 즉 모든 아동을 대상으로 100% 보편 지급하는 것보다 소득·재산 상위 10% 가구를 선별하는 비용이 더 드는 것이다. 당시 '보편 복지는 예산 낭비'라며 선별 지급을 고수했던 자유한국당과 국민의당은 결국 잘못을 인정하고 사과했다.

게다가 저소득층만 주는 사회복지는 복지 사각지대가 생긴다. 또한 가난한 사람은 자기가 가난하다는 것을 계속 입증해야 한다는 점에서 낙인효과라는 문제가 발생한다. 2010년 무상급식 논쟁 당시 학부모단체뿐만 아니라 많은 시민들이 가난한 아이들의 밥상에 낙인을 찍지 말자고 호소했지만 이를 외면한 보수 여당으로 인해 우리 사회는 극심한 혼란을 겪었다. 10년이 지난 지금은 보편적 복지의 대표 격인 무상급식에 대해 반대하는 목소리는 찾기 힘들다.

다섯째, 무조건적으로 unconditional 준다. 어떤 요건도 두지 않는다는 점이 기존 복지제도와 구별되는 가장 중요한 차이다. 주당 몇 시간씩 일해야 하며 앞으로 취업하겠다는 의사를 계속 입증해야 한다는 식의 조건을 내걸지 않는다. 서울시에서 지급하고 있는 청년수당은 이러한 요건을 두고 있다는 점에서 기본소득과 다르다. 경기도 청년기본소득은 '경기도 거주 만 24세' 청년에게 아무런 조건 없이 지급한다. 코로나19 경제위기 극복을 위해 정부가 지급한 1차 긴급재난지원금과 경기도 재난기본소득도 자산이나 노동 여부 등을 묻지 않고 지급한 사례다.

기본소득의 정당성

기본소득의 핵심적 가치는 우리 헌법이 규정하고 있는 '인간다운 생활을 할 권리'를 보장한다는 점이다. 기본소득이 실현되면 일자리 감소로 인한 빈곤과 불평등, 사회·경제적 양극화 등의 여러 문제가 해결되는 긍정적인 효과를 기대할 수 있다. 최근 기본소득에 대한 국내외적 관심이 높아지고 있는 것도 이 때문이다. 기본소득의 초기 개념은 토머스 모어의 《유토피아》에서 시작된다. 이 책에는 도둑들에게 끔찍하면서도 부작용이 많은 사형선고를 내리는 것보다 모든 사람에게 약간의 생계수단을 제공하는 것이 더 현명하고 적절하다는 이야기가 나온다. 특정 공동체의 모든 구성원에게 정부가 '최소 소득'을 보장하는 것이다.

 기본소득 아이디어가 처음 나온 지 500년이 훨씬 지났지만, 아직 사회 구성원 다수의 지지를 얻지 못하고 있다. 그 이유에 대해 기본소득한국네트워크 안효상 이사는 "낯설기 때문"이라고 진단했다. 지금까지 사람들은 '일한 대가로 받는 것'이 소득이라고 인식해왔다. 그런데 일을 하든 안 하든 무조건 정기적으로 일정 소득을 준다고 하니 의아한 것이다. 기본소득의 정당성을 말하기 위해서는 다음과 같은 의문에 답해야 한다.

—기본소득보다 복지제도 개선(강화)이 더 시급한 것 아닌가
복지론자들은 대체로 기본소득에 부정적이다. 모든 사람에게 똑같이 나눠주는 것보다 도움이 더 필요한 사람에게 집중적으

로 지원해야 한다고 생각하기 때문이다. 그래서 기본소득 도입이 아니라 복지제도 강화를 주장한다. 현행 복지제도는 사회복지 혜택을 받을 수 있는 대상자를 빈민이나 저소득층으로 제한한다는 점에서 '선별'과 '잔여주의'를 기본 원리로 한다. 국가의 개입과 역할을 최소 수준으로 제한하고 가족과 공동체, 시장의 역할을 강조하는 것이다. 그런데 이러한 복지제도로는 심각해져가는 사회·경제적 불평등과 양극화에 제대로 대처할 수 없다. 열심히 일할 의지는 있는데 가난해지는 사람들, 이른바 워킹 푸어working poor 문제가 대표적이다. 자동화와 기술혁신으로 취업 시장에서 적절한 소득을 보장하는 일자리가 사라지고 있다. 열심히 일하고 싶어도 더는 일자리가 없고, 간신히 일을 구하더라도 충분한 소득이 보장되지 않는다. 복지제도의 도움을 기대해보지만, 부양의무자 기준 등 선별 자격 심사에서 낙오하면 복지 사각지대에 놓이게 된다. 종이 한 장 차이로 복지 지원을 받지 못하는 사람들은 '송파 세 모녀'처럼 금세 빈곤의 나락으로 떨어진다.

  선별 자격 심사는 시간이 갈수록 점점 강화되고 있다. 기준에 맞춰 복지 지원을 받으려면 자기의 무능을 더 확실하게 드러내야 한다. 자기가 얼마나 더 가난하고 얼마나 더 능력이 없는지 열심히 증명해야 도움을 받을 수 있는 것이다. 그 결과 복지 지원을 받는 사람은 사회의 평균적인 기준에서 낙오된 사람처럼 보인다. 빈곤층은 자존감을 잃고, 사회는 그들을 차별한다. 이른바 가난한 사람들에 대한 낙인효과다. 그런데도 한번 복지 혜택을 받아본 사람은 그것을 쉽게 포기하지 못한다. 선별 자격 심사가 엄격해질수록, 적정한 소득이 보장되는 일자리가 사라질수록 그런 양상은 심화된다.

　　우리나라의 기초생활보장제도는 시장소득(가구소득)이 보장소득(최저생계비) 이하가 되면 그 차이를 급여로 보조하는 방식이다. 보장소득이 150만 원인데 시장소득이 100만 원이면 50만 원을 복지 급여로 보조해주는 것이다. 그런데 월 150만 원의 급여를 받던 기초생활보장 수급자가 최저임금 일자리를 구해 150만 원의 시장소득이 생겼다고 가정해보자. 이 사람은 일을 안 해도 150만 원, 일을 해도 150만 원을 받는다. 한 달 동안 아무리 열심히 일해도 소득이 전혀 늘지 않는 셈이다.

　　그러면 이 사람은 어떤 선택을 하게 될까? 일을 하지 않고 150만 원의 복지 급여를 받으며 빈곤 상태를 유지하게 된다. 불안정한 저임금 노동시장으로 돌아가는 것보다 쥐꼬리만 한 복지 급여가 더 낫다는 판단은 어쩌면 매우 자연스럽고 합리적이다. 결국 스스로 일을 해서 생계를 유지하려는 노력과 도전을 하지 않고 복지 급여에만 매달리는 이른바 '빈곤의 덫'에 빠진다. 복지의 함정, 빈곤의 함정이라고도 한다. 세금을 내는 중산층은 이런 이유로 복지 급여를 받는 사람들을 게으르다고 여긴다. 이들은 '내가 낸 세금이 제대로 쓰이지 않는다'는 불신과 회의 때문에 더 엄격한 자격 심사를 요구하게 된다.

―기본소득을 받으면 일을 안 하지 않을까

선별 자격 심사 없이 모두에게 주는 기본소득은 '빈곤의 덫'을 해결할 수 있을까? 오히려 기본소득 때문에 사람들이 일을 더 안 하려고 하지 않을까? 2012년경 인도에서 실험한 결과, 기본소득을 지급한 마을의 소득 창출 증가 가구의 비율이 기본소득을 지급하지 않은 마을에 비해 훨씬 높았다. 얼마 안 되는 금액이지만 아무 조건 없이 기본소득을 지급했더니 사람들이 더 열심히 일한 것이다. 더 나아가 본인의 땅을 마련해 농사짓는 사람이 늘어났다. 남의 땅에서 싼 임금을 받고 소작 노동, 임금 노동을 하며 하루하루 생계를 이어가던 사람들이 기본소득을 모아 자기 땅을 마련하고 직접 농사를 지어 더 많은 소득을 올린 것이다.

  2008~2009년 아프리카 나미비아의 오치베로 오미타라Otjivero-Omitara 지역에서 진행한 실험 결과도 비슷했다. 지역 주민 930명에게 2년 동안 매달 100나미비아달러(약 8000원, 당시 나미비아 1인당 국내총생산의 3% 수준)를 지급했더니 60%(2007년 11월 기준)에 달했던 이 지역 실업률이 1년 사이에 45%(2008년 11월)까지 감소했다. 기본소득을 받으면 그저 놀고먹을 것이라는 세간의 우려를 불식시킨 놀라운 결과였다. 기본소득은 일을 안 하게 만드는 것이 아니라 적어도 복지 혜택을 받으면 오히려 일을 더 열심히 하게 만드는 정책이라는 것이 여러 사례(실험)에서 확인되었다.

  기본소득한국네트워크에서 이사장을 맡고 있는 강남훈 한신대 경제학과 교수는 가장 두드러진 기본소득의 효과로

'창업 효과entrepreneurial effect'를 꼽는다. 기본소득을 지급한 모든 실험 국가에서 가장 뚜렷하게 나타난 경제활동의 증가는 바로 창업이라는 것이다. 특히 여성 창업이 많았다. 강 교수는 "기본소득이라는 도약판을 딛고 뛰어올라서 설사 사업에 실패하더라도 기본소득을 받을 수 있다는 안정감 때문에 창업이 많아지는 효과를 내는 것 같다"고 분석했다. 사람들이 기본소득으로 가장 기본적인 생존의 조건을 보장받게 되면 이후에 자신의 능력과 노력, 선택 등에 따라서 자유롭고 다양하게 더 나은 삶을 만들어나갈 수 있다.

─일하지 않는 사람에게도 기본소득을 줘야 할까

취업 준비생인 A씨는 경북 영주시에서 코로나19 극복을 위해 벌이고 있는 'V-Day 드라이브 스루 방역 사업'에 자원봉사자로 활동했다. 매일 오전 3시간씩 영주시 관내 어린이집 통학 차량의 소독 작업을 도왔다. 5일 동안 진행한 봉사활동 시간은 총 15시간이었고, 이 시간은 타임뱅크Time Bank에 저장되었다. 혼자 사는 A씨는 김치를 담가보려고 했지만 한 번도 해본 적이 없어서 방법도 모르고 맛도 보장할 수 없었다. A씨는 타임뱅크에 도움을 요청했다. 3시간 동안 A씨의 김치 담그기를 도와준 B씨도 타임뱅크에 그 시간이 저장되었다. 물론 타임뱅크에 저장되었던 A씨의 시간은 그만큼 차감되었다.

타임뱅크란 누군가를 위해 봉사나 노동을 한 시간만큼 저장했다가 내가 필요할 때 원하는 봉사나 노동으로 되돌려 받는 방식을 말한다. '모든 사람의 시간은 동일한 가치를 가진다'는 철학에 기반을 두고 있다. 전문가의 1시간이나 김치 담그기를 도와준 B씨의 1시간은 동등하다는 것이다. 제공자와 수혜자 사이의 경계를 허물고, 서로 주고받는 호혜성의 원리를 기반으로 순환적이고 지속적인 교환이 발생한다.

 1980년대 미국에서 시작된 타임뱅크는 영국, 스페인 등 유럽 전역으로 확산되었고, 최근 우리나라를 비롯해 아시아 각국이 속속 도입할 정도로 대중적인 운동이 되었다. 특히 4차 산업혁명 시대에 급속하게 진행되고 있는 고실업, 고령화 문제를 해결할 대안으로 주목받고 있다. 4차 산업혁명으로 구조화된 실업문제는 시장경제에서 배제되는 사람들을 증가시키며 청년층과 노인층의 경우 그 강도가 더욱 심각하다. 시장경제에서 이탈한 이들은 지역사회 안에 머물고 있지만, 그렇다고 아무 일도 하지 않는 것은 아니다. A씨처럼 지역사회와 이웃을 위해 기여하고 헌신한다. 아이들이나 장애인, 홀몸노인을 돌보는 봉사활동도 한다. 환경과 인권, 민주주의를 위해 여러 활동을 벌이기도 한다. 가족을 위한 가사노동도 여기에 포함된다. 이처럼 우리 사회에는 '지불받지 못하는 노동'들이 넘쳐난다. 하지만 시장경제는 늘 이런 종류의 봉사나 노동을 의미 없는 것으로 폄훼하고 아주 작은 보상만 지급하거나 아예 무상의 자원봉사로 여긴다.

 일하지 않는 사람에게까지 기본소득을 주는 것이 적절치 않다거나 부당하다고 주장하는 이유도 이러한 시장경제적 논리를 바탕으로 한다. 모든 능력 있는 시민들은 노동을 하거나 경제에 이바지할 의무를 가지는데, 그 의무를 이행하지 않는 사람에게까지 사회에서 어떤 혜택을 주면 안 된다고 생각한다. 일하지 않는 베짱이에게 줄 점심은 없다는 것이다.

그런데 과연 모든 베짱이를 자발적 실업자라고 할 수 있을까? 정부가 아무리 완전고용을 목표로 정책을 펼쳐도 대개의 국가는 5% 이상의 실업률을 기록하고 있다. 물론 이들은 모두 비자발적 실업자들이다. 일하고 싶어도 일하지 못한다. 게다가 모든 사람이 꼭 임금 노동을 해야 할까. 우리 사회를 유지하기 위해서는 많은 그림자노동, 부불노동 unpaid labor (돈을 지불하지 않는 노동), 재생산 영역의 노동 등이 필요하다. 하지만 이런 노동에는 임금이 지급되지 않는다. 대표적으로 가사노동이 그렇다. 하루 종일 청소, 빨래, 설거지를 해도 일당을 주지 않는다. 그러나 가사 도우미가 되어 다른 집에서 같은 시간, 같은 일을 하면 임금을 준다. 통계청이 2018년 10월 발표한 자료에 따르면 무급 가사노동의 가치는 시간당 1만 569원, 연봉으로 환산하면 1인당 710만 8000원이다(2014년 기준).

게다가 최근 글로벌 플랫폼 기업 등이 얻는 수익은 상당 부분 빅데이터에 근거해서 발생하는데, 수많은 데이터를 생산해내는 일반 시민들은 전혀 보상을 받지 못하고 있다. 데이터뿐만이 아니다. 토지, 생태환경, 지식, 금융 등은 사회 공동자산이다. 특정인(기업)이 약간의 기여를 했다고 해서 그 수익을 전적으로 특정인(기업)에게만 귀속시키는 것이 과연 분배의 정의에 부합하는 것일까. 기본소득은 모두에게 권리가 있는 공동자산을 평등하게 돌려준다는 점에서 노동 성과에 따른 분배 원칙을 어기지 않는다. 그러므로 일하지 않는 베짱이도 기본소득을 받을 권리가 있다.

―부자에게도 기본소득을 줘야 할까

부자에게 기본소득을 주는 것에 대해서도 반론이 만만치 않다. 돈이 넘쳐나는 부자에게 왜 기본소득을 줘야 할까. 영국이나 호주는 '요람에서 무덤까지'라는 모토를 만들었던 대표적인 복지국가였다. 노동조합의 영향력이 워낙 강했던 이들 국가는 주로 노동자와 가난한 사람을 위한 복지 시책을 펼쳤다. 그 결과 정권이 바뀌고 신자유주의가 등장하면서 오히려 가장 복지 수혜 수준이 낮은 자유주의 복지국가로 전환(몰락)하게 되었다. 이른바 '재분배의 역설paradox of redistribution'이다. 가난한 사람만 돕는 복지정책을 펼치는 국가는 중산층과 고소득층의 조세 저항에 부딪히면서 오히려 더 적은 복지 혜택을 제공하게 되더라는 것이다. 따라서 가난한 사람에게 복지 혜택을 충분히 제공하기 위해서는 세금을 내는 중산층과 고소득층에게도 혜택을 줌으로써 복지 확대에 대한 지지를 얻어야 한다.

강남훈 교수는 선별소득과 기본소득(비례세)의 비교를 통해 중산층이 복지 수혜자가 되는 것이 얼마나 중요한지 설명했다. 세 사람이 있다고 가정해보자. 첫 번째 사람은 시장소득이 0원(1계층)인 실업자다. 두 번째 사람은 200만 원(2계층),

세 번째 사람은 800만 원(3계층)의 소득이 있다. 경제 전체로는 1000만 원의 소득이 발생한 것이다. 선별소득은 1계층에게 30만 원의 보조금을 주고, 2계층과 3계층에게는 보조금을 주지 않는 정책이다. 필요한 보조금 30만 원을 주기 위해서 1000만 원의 총소득에 3%의 세금을 매겨보자. 그러면 2계층은 200만 원의 3%인 6만 원의 세금을 내고, 3계층은 800만 원의 3%인 24만 원의 세금을 낸다. 이렇게 해서 30만 원의 보조금 정책을 펼칠 수 있다. 이때 순수혜라는 것을 계산해야 한다. 1계층은 보조금으로 30만 원을 받고 세금은 하나도 안 내기 때문에 순수혜가 '+30만 원'이다. 2계층은 보조금을 못 받는 대신에 세금만 6만 원을 내니까 순수혜가 '-6만 원'이다. 3계층도 마찬가지로 계산하면 순수혜가 '-24만 원'이다.

이번에는 기본소득(비례세)을 살펴보자. 시장소득은 앞선 조건과 동일하다. 기본소득은 1계층뿐만 아니라 2계층과 3계층, 즉 중산층과 부자 모두에게 30만 원을 보조해주는 정책이다. 필요한 보조금(90만 원)이 3배이기 때문에 세금도 3배 많이 필요하다. 90만 원의 세금을 걷는 방법은 여러 가지가 있겠지만, 9%의 세율로 공평하게 과세해보자. 그러면 2계층은 18만 원, 3계층은 72만 원의 세금을 내게 된다.

무엇보다 선별소득과 비교했을 때 순수혜가 달라진다. 2계층(중산층)의 순수혜는 '-6만 원'에서 '+12만 원'이 되고, 3계층(고소득층)은 '-24만 원'에서 '-42만 원'이 된다. 기본소득(비례세)으로 하면 중산층이 순부담자였다가 순수혜자로 바뀌게 되고, 고소득층은 2배 가까이 오른 세금을 부담해야 한다. 따라서 '부자에게 왜 기본소득을 주는가'라는 질문에 대한 답을 두 가지로 정리할 수 있다. 첫 번째, 부자에게 더 많이 부담시키기 위해서다. 두 번째, 중산층을 순부담자가 아닌 순수혜자로 만들기 위해서다.

중산층이 순수혜자가 되어야 하는 중요한 이유는 또 있다. 4차 산업혁명으로 중산층의 상당수가 비정규직과 불안정 노동자로 전락하고 있다. 이런 상황에서 가난한 사람을 도와야 한다며 중산층에게 세금을 더 내라고 설득하는 게 과연 가능할까? 중산층까지 순수혜자로 만들 수 있는 기본소득이 갈수록 타당성을 얻는 것은 바로 이런 이유 때문이다.

소득이 보장되면 무엇을 하겠습니까

2016년 스위스에서 기본소득 국민투표를 발의하고 그 과정을 주도한 시민단체 '조건 없는 기본소득을 위하여 Für ein bedingungsloses Grundeinkommen'는 기본소득에 관한 대형 홍보 프로젝트를 준비했다. 이들은 제네바 플랑팔레 Plainpalais 광장 바닥에 세상에서 가장 큰 초대형 포스터를 펼쳤다. 광장을 꽉 채운 8115제곱미터의 이 포스터는 상암 서울월드컵경기장과 거의 비슷한 크기에 무게만 약 7.5톤에 달했다. 코끼리 한 마리보다 더 무거운 셈이다. 제작 비용도 만만치 않았다. 포스터를 만들기 위해 1200여 명의 사람들로부터 크라우드 펀딩을 받아 약 20만 유로(약 2억 5700만 원)를 모았다. 거대한 크기 때문에 조각을 따로 제작해 퍼즐을 맞추듯이 완성했다. 계획대로 이 포스터는 '지구상에서 가장 큰 포스터'라는 세계기록을 세우며 기네스북에 올랐다. 검은색 바탕의 포스터에는 황금색의 거대한 글씨로 이렇게 쓰여 있었다. "What would you do if your income were taken care of?(소득이 보장된다면 당신은 무엇을 하겠습니까?)"

당신의 삶을 상상하라

이 단체가 원래 구상한 목표는 '지구상에서 가장 큰 질문'을 '지구상에서 가장 큰 포스터'로 만들어 기네스북에 올리는 것이었다. 물론 '지구상에서 가장 큰 질문'은 기네스북에 등재되지 못했다. 그러나 이들은 세상을 향해 '지구상에서 가장 큰 포스터'로 '지구상에서 가장 큰 질문'을 던지는 데 성공했다.

이 프로젝트는 '좋은 질문이 가장 좋은 답변이다'라는 발상에서 출발했다. 기본소득 도입 여부를 묻는 국민투표를 앞두고 많은 사람들이 의문을 제기했기 때문이다. 일하지 않는 사람에게도 정부가 무조건 돈을 줘야 한다는 주장은 임금(취업)노동에 대한 사람들의 관념을 깨는 황당한 발상이었다. 이에 대해 스위스 기본소득 지지자들은 "일을 하든 안 하든 평생 기본소득이 보장된다면 당신의 삶이 어떻게 달라질지 상상해보라"고 질문했다. 이 질문은 우리가 당연하다고 생각해왔던 노동과 소득에 대한 모든 통념을 송두리째 바꿔버렸으며 '지구상에서 가장 큰 질문'이 되었다.

이들은 질문하는 것으로 그치지 않았다. '지구상에서 가장 큰 포스터'로 세면용품 가방, 스포츠용품 가방, 노트북 가방, 백팩 등 다양한 형태의 '질문 가방 question bag'을 만들었다. 각각의 질문 가방에 고유한 의미를 담아서 기본소득운동의 재원 마련을 위해 사람들에게 판매했다.

이외에도 국민투표를 앞두고 독특한 캠페인이 거리 곳곳에서 펼쳐졌다. 특히 취리히 거리에 춤추는 로봇이 등장해 사람들의 눈길을 끌었다. 로봇 인형으로 변신한 수백 명의 선거운동원들이었다. 이들은 자동화된 공장과 소매업, 심지어 재무회계 분야에서까지 로봇이 인간의 일을 대체하고 있는 현실을 알리며 문제를 제기했다. 로봇들은 "우리는 당신(인간)의 일자리를 가로채서 당신을 고통스럽게 하고 싶지 않아요"라며 "단지 청구서에 찍힌 돈을 내기 위해 월요일부터 금요일까지 매일 고된 노동을 하는 인간을 해방시켜주겠다"고 약속했다. 선거운동원인 체 바그너Che Wagner는 2016년 6월 BBC와의 인터뷰에서 스위스 사회가 사람들이 좋아하지 않는 일을 하도록 강요하고 있으며, 일보다 더 좋아하는 활동이면서 동시에 사회에 유용할 수 있는 일을 선택하지 못하도록 방해한다고 비판했다. 그는 스위스 사람들이 하는 노동의 절반 이상이 가정, 돌봄 시설, 다양한 공동체 등에서 무보수로 진행되고 있는데, 이러한 노동에 기본소득을 준다면 좀 더 가치 있는 일이 될 수 있다고 강조했다. 그는 "거리에 나선 로봇들이 기본소득을 원하는 이유는 우리 인간을 자유롭게 해주고 싶기 때문"이라며 "조건 없는 기본소득은 공정한 해결책이 될 수 있다"고 말했다.

기본소득을 위한 국민투표

2016년 6월 5일 스위스에서 기본소득에 대한 권리를 헌법에 명시할 것인지를 묻는 국민투표가 시행되었다. 국민의 46.3%가 투표에 참여하고 그중 76.9%가 반대표를 던져 헌법 개정안은 부결되었다. 앞서 사회·경제적 조건과 상관없이 모든 국민의 기본소득을 법으로 보장하자는 헌법 개정안이 유권자 10만 명 이상의 서명으로 발의되었다. 하지만 스위스 정부는 기본소득 도입에 대해 처음부터 강하게 반대했다. 스위스 정부는 "파괴적으로 비싸고 도덕적으로 해로운 기본소득제가 도입된다면 스위스의 공공재정은 지속 불가능한 상태가 될 것이며, 스위스는 근로 동기가 사라진 놈팡이 사회로 전락할 것"이라고 비난했다.

스위스는 국내총생산GDP이 1인당 8만 달러 이상(IMF 2019년 기준, 한국 GDP 1인당 3만 1430달러)으로 세계에서 가장 부유한 경제국 중 하나다. 실업률도 매우 낮다. 2017년 기준 3.2%의 실업률은 2018년 9월 기준 2.4%까지 떨어졌다. 심지어 청년 실업률은 2.5%다. 같은 시기 유럽연합EU 실업률 6.3%보다도 한참 낮은 스위스는 거의 완전고용 상태에 가깝다. 그뿐만 아니라 '3층 보장의 원리Drei-Säulen-Konzept'로 구성된 훌륭한 소득보장제도를 갖추고 있다. 우선 모든 국민이 헌법에서 보장하는 기초적인 생계보장을 받을 수 있도록 노령연금, 유족연금, 장애연금 등으로 첫 번째 안전망을 구축한다. 두 번째 안전망은 기초보장과 소득에 비례해 보장이 이루어지도록 하는 기업연금이다. 세 번째 안전망은 자신의 의사에 따라 추가로 보장받을 수 있도록 한 개인연금이다. 게다가 스위스의 사회보험은 위험분산이라는 목적 외에도 소득재분배 기능을 강하게 수행하고 있다. 상한선 없이 소득에 비례해 보험료를 내도록 한 것이다. 이 때문에 일부 고소득자는 본인이 낸 연금 보험료보다 더 적은 금액을 가져가야 한다.

　　매우 훌륭한 사회보장제도를 가지고 있고, 개인 저축률이나 고용률이 높은 스위스에서 기본소득 도입 국민투표가 부결된 것은 어쩌면 예견된 일이었다. 기본소득이라는 정책이 흥미롭기는 하지만 이미 매우 편안한 삶을 살고 있는 스위스 국민들은 그러한 실험을 원하지 않았을 것이다. 스위스의 기본소득 지지자들도 국민투표 부결 자체에 큰 의미를 두지 않는다. 오히려 국민투표가 기본소득에 대한 국민적 관심을 성공적으로 끌어내는 효과가 있었다고 평가했다. 그들은 "스위스는 지구상에서 조건 없는 기본소득에 투표한 최초의 국가"라고 자부했다.

　　그렇다면 이런 질문을 해볼 수 있다. 경제적으로 성공하고 사회보장 시스템도 잘 갖춘 나라에서 왜 굳이 기본소득에 관심을 가져야 했을까? 2019년 4월 경기도 수원시에서 열린 '2019 경기도 기본소득 국제컨퍼런스'에 참석한 스위스 라이나우-Rheinau시의 안드레아스 예니 Andreas Jenni 시장은 "미래에도 계속 성공적인 국가로 운영되기 위해서는 우리에게 필요한 적절한 질문을 해야 한다"고 말했다. 세계 최초의 기본소득 도입 국민투표는 비록 압도적인 반대로 부결되었지만 라이나우시가 다시 기본소득 실험에 나선 이유다. 예니 시장은 "여전히 많은 개인과 그룹이 기본소득에 흥미를 느끼고 있다. 그 점이 아주 중요하다고 생각한다"고 강조했다.

마을이 미래를 시험하다

스위스의 영화제작자 겸 감독인 레베카 파니안Rebecca Panian도 2016년 국민투표를 통해 처음 기본소득을 접한 뒤 깊은 관심을 갖게 되었다. 그는 기본소득 논의가 진행되는 과정을 지켜보면서 '사람들이 존재론적인 두려움을 느끼지 않는 세상이 가능하겠다'는 확신이 들었다. 또 스위스 사회 시스템에 대해 문제의식도 생겼다. 인구 고령화로 인한 압박, 자동화로 인한 일자리 문제 등에 대처하기에는 한계가 있다는 생각이 들었다. 기본소득이 정말 새로운 시스템의 기반이 될 수 있을지 직접 확인하고 싶었다.

그는 스위스의 여러 마을을 다니면서 다양한 주민들을 만나 이야기를 나눴다. 한번은 60세 이상 남성 10명과 함께 모였다. 그들은 모두 기본소득 도입 국민투표에서 반대표를 던졌다. 대부분 '기본소득은 말이 안 된다'고 생각했고 '재원이 부족하다', '사람들이 게을러진다' 등의 이유로 반대했다. 무엇보다 '지금 우리의 현 상태도 만족스러운데 왜 굳이 변화가 필요한가'라고 반문했다. 파니안은 그들에게 되물었다. "얼마 전까지 스위스 사회보장제도를 위해 오랫동안 투쟁한 사실을 잊고 있는 것 아닙니까?"

실제 스위스는 현재의 잘 갖춰진 사회보장제도를 도입하기까지 다양한 이해계층 간 갈등으로 오랜 기간 진통을 겪었다. 세계 복지국가들의 찬사를 받는 스위스의 국민연금제도는 서구의 다른 국가들에 비해 반세기가량 늦은 1948년 최초로 발효되었다.

파니안은 이런 역사적 과정을 경험한 사람들에게 기본소득을 어떻게 설득할 수 있을지 고민했다. 스스로를 '행동주의자'라고 평가하는 그는 기본소득에 관한 실험을 해야겠다고 마음먹었다. 한 마을에서 기본소득의 가능성을 확인해보고 싶었다. 한 마을에서 기본소득이 성공하면 전국적으로 확장할 수 있지 않을까? 이미 부유한 국가지만 기존 사회 시스템보다 좀 더 개선된 시스템을 위한 시도가 될 수 있지 않을까? 파니안은 2018년 1월 10일 기본소득 실험을 위한 웹사이트(www.dorftestetzukunft.ch)를 세상에 공개했다.

파니안이 웹사이트에 공개한 프로젝트의 이름은 'Dorf testet Zukunft Village tests the future(마을이 미래를 시험하다)'였다. 그는 실험에 관한 몇 가지 기본 규칙을 세웠다. 기간은 1년으로 정했고, 기본소득은 월 625스위스프랑(0~18세, 약 74만 원)부터 2500스위스프랑(25세 이상, 약 295만 원)까지 받도록 설계했다. 재원은 시민 사업에 세금을 사용할 수 없다는 시의회 규정 때문에 크라우드 펀딩을 통해 마련하기로 했다. 어차피 기본소득의 재원 확보에 대한 실험이 아니므로 문제가 없다고 생각했다. 그가 가장 중요하게 생각한 것은 기본소득에 대한 분위기 형성이었다. 언론을 통해 이 프로젝트가 알려지면서 약 100여 개의 마을이 참여 의사를 밝혔다. 그중 한 곳이 라이나우시였다.

라이나우시는 인구 1300명의 작은 도시이기 때문에 기본소득을 실험하고 관리하기가 수월할 것으로 예상되었다. 예니 시장도 "마을 주민들이 개방적이어서 새로운 아이디어를 잘 받아들일 것"이라고 말했다. 하지만 라이나우시는 시가 직접 예산을 집행해 기본소득 실험을 진행할 수 있는 관련 법률이 없었다. 대신 자발적인 시민 사업만 가능했기 때문에 시민 개개인이 참여할지 말지를 결정해야 했다.

  라이나우 시의회는 기본소득 실험을 장려한다는 견해를 밝히고, 2018년 6월 5일 주민들의 개별 참여를 독려하는 프로젝트 홍보 행사를 열었다. 같은 해 8월 31일에는 프로젝트팀이 직접 주민 설명회를 개최했다. 300여 명의 주민이 참여했지만 이미 기존 복지에 만족하고 있는 주민들을 설득하는 과정은 쉽지 않았다. 같은 해 9월까지 온라인으로 참가자를 모집한 결과 770명의 주민이 신청을 했다. 크라우드 펀딩에도 많은 사람이 참여했지만 실험을 진행하는 데 필요한 모든 재원을 확보하지는 못했다.

  그래도 파니안은 이 프로젝트가 실패했다고 생각하지 않는다. 본격적으로 시작하지는 못했지만 오히려 성공적인 사례를 남겼다고 자부했다. 프로젝트를 준비하는 3개월 동안 마을에 많은 변화가 있었기 때문이다. 앞서 열린 2016년 국민투표 당시에는 기본소득에 대한 국민의 이해도가 높지 않았다. 그래서 파니안은 주민들이 좀 더 개인적 차원에서 기본소득에 관심을 갖도록 접근했다. 특히 기본소득을 받게 되면 자신의 삶이 어떻게 변하게 될지 상상할 수 있도록 하는 데 집중했다.

  이 과정에서 일부 여성 주민의 삶이 달라졌다. 세 아

이를 둔 가정주부는 창업을 했다. 두 아이가 있는 워킹맘은 다니던 직장을 그만두고 평소 하고 싶었던 공부를 시작했다. 아직 기본소득을 받은 것도 아니지만 관련 논의를 시작한 것만으로도 그들은 자신에게 일자리가 어떤 의미인지 새롭게 생각하게 되었다. 또 마을 주민들이 서로 대화하기 시작했다. 인사만 하던 관계에서 벗어나 이제는 서로 어떤 재능과 능력을 갖췄는지 파악하고 이해하게 되었다. 2019년 1월에는 주민들이 '라이나우 2.0'이라는 모임도 만들었다. 비록 기본소득 실험을 본격적으로 실행하지는 못했지만 기본소득에 대한 논의를 계속 이어가겠다는 의지였다. '2019 경기도 기본소득 국제컨퍼런스'에 참석한 파니안은 "계속해서 논의가 이어질 것이고, 저는 앞으로도 영화 제작을 추진할 것이다. 기본소득을 비롯해 다양한 사회제도를 살펴보고, 무엇보다 우리가 어떤 미래를 원하는지 계속해서 질문하게 될 것"이라고 밝혔다.

예니 시장도 라이나우시의 사례가 성공인지 실패인지를 묻는 컨퍼런스 참석자들에게 이렇게 말했다. "계획대로 진행되지 않았더라도 성공이다." 지역 주민들이 중요한 사회정치적 이슈에 대해 몇 개월에 걸쳐 관심을 두고 이해하는 계기가 되었기 때문이다. 또 개인적인 일은 공유하지 않던 주민들이 서로의 삶과 일에 문제의식을 느끼고 공감하게 되었다. 예니 시장은 "가장 좋은 성공 요소는 이 실험이 미래에 다시 시작될 가능성이 있다는 것"이라고 강조했다. 아직 기본소득 실험을 포기하지 않았다는 의미다.

스위스 라인강 인근의 한 작은 도시는 새로운 사회를 상상하는 것만으로도 적지 않은 변화를 겪었다. 모든 변화는 결국 상상력의 힘에서 나온다는 평범한 사실을 보여준 것이다. 생계를 걱정하지 않아도 될 정도의 기본소득이 있다면 무엇을 할 수 있을까? 이런 상상만으로도 즐겁다.

'복지 천국' 핀란드의 실험

같은 복지국가지만 스위스와 달리 핀란드는 기본소득에 관한 국가적 논의의 역사가 깊다. 이미 1960년대부터 시작된 논의가 1970~1980년대까지 이어졌다. 중간에 산발적 시도는 있었지만 그 이후로 진행된 논의에서는 그다지 많은 변화가 없었다. 그러다가 1980년대를 지나면서 사회복지를 논의하기 위한 목적으로 기본소득이 다시 언급되었다. 1990년대부터는 사회복지에 관한 주제 자체가 기본소득으로 옮겨 갔다. '어떻게 근로의욕을 강화하고 구직활동을 하게 만들까'를 중심으로 논의가 진행되었다.

  핀란드가 스위스와 또 다른 점은 민간이 아닌 정부에서 기본소득 실험에 먼저 나섰다는 것이다. 2015년 핀란드 정부는 기본소득에 대한 실험을 진행하기로 했다. 국가 단위의 첫 기본소득 실험이었다. 2016년 3월에 이 실험을 준비하기 위한 팀을 결성하고, 실험을 진행하기 위한 권고안을 발표했다. 이후 사전 준비를 거쳐 2017년 1월부터 2년간 기본소득 실험을 진행했다. 기본소득 실험을 주관한 핀란드 사회보험국 KELA의 선임경제학자 시그네 야우히아이넨Signe Jauhiainen은 '2019 경기도 기본소득 국제컨퍼런스'에서 "기본소득의 정의에는 근로소득이 생기더라도 (기존 실업급여는 줄어들지만) 기본소득은 줄지 않기 때문에 (전체 소득이 증가해서) 근로 의욕을 강화할 수 있다는 내용이 있다. 그 내용을 검증하기 위해 실험을 하기로 했다"고 설명했다.

  핀란드도 스위스처럼 사회복지 시스템의 범위가 매우 넓고 촘촘하다. 직장을 잃더라도 소득과 연계한 실업수당이 약 2년간 제공된다. 실업수당을 받는 사람이 2년이 지나도록 직장을 얻지 못해도 직장을 얻을 때까지 무제한으로 최소한의 실업수당을 지급한다. 이런 수당과 더불어 가구마다 주거급여를 받을 수 있다. 실업급여, 주거급여로도 충분하지 않으면 사회지원금도 요청할 수 있다. 그런데 문제는 각각의 복지수당 지급 조건이 다 다르게 작동하면서 혼란을 초래한다는 점이다. 복지수당 지급 과정에서 서로 다른 조건이 잘못 조합될 경우 지급받는 수당이 줄어들기 때문에 근로 의욕이 떨어지는 문제가 발생했다.

  그래서 핀란드 정부에서는 근로 의욕을 강화하기 위해 보편적 급여인 기본소득을 실험하기로 했다. 기본소득을 조건 없이 지급하면 선별에 따른 행정 비용을 줄일 수 있는지, 서로 다른 조건이 잘못 조합되어 수당이 줄어드는 부작용을 해결할 수 있는지 등을 실험을 통해 확인하겠다는 의도였다. 또 기존 복지 시스템을 어떻게 개선할 것인지에 대한 해법을 찾는 것도 실험 목표 중 하나였다. 결국 현재의 사회복지제도를 개혁하기 위해 기본소득 실험을 진행했다고 볼 수 있다. '한번 해보자'는 문화가 장려되는 핀란드의 사회 분위기도 정부의 이런 기본소득 실험이 가능한 배경이 되었다. 게다가 핀란드는 전체 인구가 약 500만 명 정도이기 때문에 실험을 진행하기에 수월했다. 전국적인 실험을 한다고 해도 규모나 비용, 행정적인 측면에서 어려움이 크지 않았다.

핀란드의 기본소득 실험은 무작위 추첨을 통해 선택되면 의무적으로 참여해야 하는 방식이다. 다만 나이는 25세에서 58세로 제한했고 이들 중에서 실업수당을 받는 실업자만을 대상으로 했다. 기본소득이 노동 의욕에 기여하는 효과를 더 확실하게 관찰하기 위해서였다. 2000명을 실험군으로 선정했고, 대조군은 이 실험에 뽑히지 않은 17만 3000명의 실업자로 구성했다.

실험군은 2년 동안 월 560유로(약 72만 원)의 기본소득을 받았다. 대조군이 받는 실업수당과 동일한 금액이다. 실업수당과 기본소득의 차이점은 재정적 인센티브의 유무라고 할 수 있다. 기본소득은 일자리를 구해도 계속 받을 수 있지만 실업수당은 그렇지 않다. 또한 무조건적으로 지급되는 기본소득과 다르게 실업수당은 구직활동을 계속 증명해야 한다. 구직에 대한 의지를 증명하고 구직 사무소를 방문해야 하는 등 여러 가지 자격 심사를 충족해야 한다. 핀란드 정부는 기본소득을 받는 실험군과 실업수당을 받는 대조군을 비교해 근로 의욕에 대한 효과, 소득에 따른 복지 효과, 현재와 미래의 삶에 미치는 영향 등을 분석했다.

핀란드의 실험은 실패했을까

핀란드 정부는 기본소득 실험을 통해 어떤 결과를 얻었을까. 핀란드 사회보험국은 2020년 5월 6일 최종 보고서를 공개했다. 자료에 따르면, 실험 2년 차인 2017년 11월부터 2018년 10월까지 기본소득 수령인들의 고용일이 대조군보다 평균 6일가량 더 많았다. 이 기간에 기본소득 수령인들은 평균 78일간 고용되었다. 실험 1년 차(2016년 11월~2017년 10월)에 기본소득 수령인들의 고용 효과가 없었던 것에 비하면 작은 규모지만 유의미한 효과가 발생한 것이다.

     하지만 2018년 1월 핀란드 정부가 '활성화 모델activation model'이라는 고용정책을 도입하는 바람에 2년 차 기본소득 실험의 고용 효과를 정확하게 분석하기가 어려워졌다. 활성화 모델은 실업자가 구직 노력을 적극적으로 하지 않을 경우 실업급여의 4.65%를 몰수하는 정책이다. 그렇다면 기본소득을 받지 않은 실업자들이 활성화 모델의 압박을 받아 다른 유인책이 없더라도 더 적극적으로 일자리를 구했을 가능성이 크다. 분명한 것은 활성화 모델 정책이 장기실업자에게 적지 않은 영향을 미쳤을 것이라는 점이다. 만약 정부의 활성화 모델이 없었다면 기본소득 수령인과 대조군의 고용일 격차가 훨씬 더 컸을 것이라는 추정도 가능해진다. 우리나라의 기본소득 지지자들은 핀란드의 기본소득 실험에 대해 "(고용 효과와 관련해) 통계적으로 유의미한 차이가 나타났다"고 분석했다. 적어도 '사람들이 기본소득을 받으면 일을 하지 않을 것'이라는 주장과 상반되는 결과이기 때문이다.

보수언론을 중심으로 우리나라의 기본소득 반대론자들은 기본소득의 고용증대 효과가 크지 않다며 핀란드의 실험은 실패했다고 단언했다. 기본소득의 고용 효과가 있었다고 할지라도 핀란드 정부의 고용 활성화 모델로 인해 그 효과를 검증하기가 어렵게 되었는데도 그 사실은 대부분 외면했다. 1년 차에 대한 예비 결과 발표 때는 그 강도가 더 심했다. 기본소득 실험 예비 결과에 대해 블룸버그Bloomberg 등 외신은 "기본소득을 받은 이들의 삶의 질을 높이는 데는 성공했지만, 소기의 목적인 취업이나 창업 등 고용률을 높이는 데는 큰 효과를 보이지 않았다"고 보도했다.

그런데 우리나라 언론은 핀란드의 기본소득 실험을 '실패'로 단정 지었다. 2018년 4월 핀란드 정부가 이 실험을 연장하지 않기로 했다는 소식이 더해지자 '기본소득 실험 실패'라는 여론 몰이가 확산되었다. BBC, 가디언The Guardian 등 외신들은 단순히 기본소득 실험을 확대하지 않기로 했다는 사실만을 보도했지만 국내 언론들은 '실험 실패'를 기정사실화했다. 특히 조선일보는 2018년 4월 25일 〈나랏돈 풀어 기본소득 보장' 핀란드의 2년 실험 실패로〉라는 제목의 기사에서 "국민에게 무조건 돈을 주는 유례없는 실험이 기대에 못 미치는 성과를 내, 사실상 실패한 것이라고 BBC는 평가했다"고 보도했다. 하지만

BBC와 가디언 기사 어디에도 '실패failure'라는 단어는 없었다. 〈핀란드 기본소득 포기…'현금 쥐여주기 복지'의 실패〉(동아일보, 2018년 4월 26일), 〈핀란드 기본소득 실험 실패에서 무엇을 배울 것인가〉(중앙일보, 2018년 4월 26일), 〈핀란드 기본소득 포기…文정부 '세금으로 월급' 접으라〉(문화일보, 2018년 4월 25일) 등의 사설 논조는 더 심각했다. 이들은 또 2년에 걸친 핀란드의 기본소득 실험에 대해 '막대한 돈을 들였지만 노동시간은 조금밖에 늘지 않았다'고 비판했다. 하지만 핀란드 정부는 이번 기본소득 실험을 위해 비용을 추가로 투입하지 않았다. 어차피 지급할 실업수당을 기본소득으로 대체했을 뿐이다.

이재명 경기도지사는 핀란드의 실험 결과가 발표된 직후 SNS에 올린 글에서 "기본소득이 노동 의지를 꺾는 것이 아니라 삶의 질을 높이면서 노동유인 효과까지 가져오는 것이 확인되었음에도 일부 언론은 고용 효과가 크지 않다고 침소봉대하면서 기본소득 무용론을 제기한다"며 "그야말로 반대를 위한 반대일 뿐"이라고 비판했다. 그는 기본소득 수령인이 대조군보다 평균 6일 더 고용된 결과에 대해 "당장은 미미해 보일 수도 있지만, 굉장히 유의미한 발견"이라고 긍정했다. 일하면 주지 않고, 일을 안 해야 주는 실업급여는 수급과 노동이 대립할 수밖에 없다. 하지만 기본소득은 일을 하든 하지 않든 지급하기 때문에 수급과 노동이 상충하지 않는다. 따라서 기본소득은 노동 의지를 꺾는 것이 아니라 오히려 삶의 질을 높이면서 노동 의욕을 고취한다.

무엇보다 애초 기본소득은 일자리 정책이 아니다. 따라서 고용유발 효과의 유무는 기본소득을 도입하는 데 필수적인 판단 기준이 될 수 없다. 오히려 기본소득의 가치는 다른 곳에서 찾아야 한다. 핀란드의 최종 보고서에 따르면, 기본소득 수령인들은 대조군보다 정신적으로나 경제적으로 더 나아진 삶을 경험했다. 삶에 대한 만족도 더 크고, 정신적 압박이나 우울증, 슬픔, 외로움도 덜 느낀 것으로 나타났다. 기억, 학습, 집중력 등의 인지기능도 더 좋았다. 게다가 기본소득 수령인들은 대조군보다 자신의 소득과 경제적인 '웰빙'에 대해 더 긍정적으로 생각했다. 신용과 신뢰도 역시 기본소득 수령인들 사이에서 더 강했다. 실험군은 대조군보다 타인과 사회기관들을 신뢰한다는 응답을 더 많이 했다. 그들은 또한 자신의 미래 가능성에 대해서도 더 높이 신뢰했다. 기본소득 수령인들은 대조군보다 관료주의를 더 적게 경험했다. 이번 실험에서는 기본소득 수령인 일부에게 사회에 참여하는 새로운 기회를 제공하기 위해 자원활동이나 비공식 돌봄활동을 안내했다. 많은 인터뷰 대상자들이 기본소득을 통해 삶의 자율성이 커졌다고 말했다.

노동과 삶의 진정한 의미

핀란드의 기본소득 실험은 여러 가지 논란에도 불구하고 많은 시사점을 남겼다. 우선 무조건성에 관한 것이다. 핀란드 정책 입안자들 사이에서도 기본소득을 주면 근로 의욕이 줄어 일하지 않을 것이라는 우려와 반대가 많았다. 하지만 실험 결과를 보면, 실업수당을 받기 위해 엄격한 조건을 내세운 경우보다 구직활동이 크게 줄지 않았다. 조건 없이 돈을 주면 사람들이 무책임해질 것이라는 기본소득 반대론자들의 주장이 틀렸음을 증명한 셈이다.

　더 나아가 기본소득은 고용을 늘리는 것만을 목표로 하지 않는다. 기본소득은 사회 정의를 실현하고, 모든 사람이 진정한 의미의 자유를 누릴 수 있도록 보장하는 것을 목표로 한다. 진정한 의미의 자유는 모든 사람이 삶의 물질적 기반을 보장받음으로써 경제적 공포로부터 해방될 때 누릴 수 있다. 따라서 고용 효과를 주된 목표로 삼았던 핀란드의 기본소득 실험은 기본소득의 본질적인 의미를 제대로 반영하지 못한 제한적 실험이었다. 처음부터 실험 대상을 실업자만으로 한정했다는 점에서 과연 온전한 '기본소득' 실험인가에 대한 논란도 있었다.

　역설적이게도 핀란드의 실험은 노동과 삶의 진정한 의미가 무엇인지에 대한 질문을 던진다. 자동화와 기술의 발전으로 고용 노동이 사라지고 있는 사회에서 삶의 의미를 고용 노동에서 찾으려는 것은 실효성도 없고 타당하지도 않다. 매우 제한적이기는 하지만 핀란드의 기본소득 실험 결과에서 확인한 것은 기본소득이 사람들에게 일정한 물질적 기반을 제공함으로써 삶의 질을 높이고 사회적 관계 또한 긍정적이고 의미 있는 것으로 만들었다는 점이다.

기본소득이 가져올 미래

인도 동부 히말라야산맥에 위치한 시킴Sikkim주는 인도에서 두 번째로 작은 주다. 주민들의 환경 의식이 높은 데다 생태 관광 등으로 명성이 높다. 1998년부터 비닐봉지 사용을 금지하고, 2014년에는 살충제와 화학비료 사용을 금지하는 등 인도 최초로 친환경 지역을 선언했다. 시킴주는 또한 시민들의 주거 안정을 위해 모든 시민에게 주택을 제공했다. 부자뿐만 아니라 가난한 사람도 기본적으로 집은 있어야 한다는 취지다. 빈곤율도 인도 전체에서 가장 낮은 지역 중 하나로 꼽힌다. 2019년 기준 인도 전체의 빈곤층 비율은 약 30%지만, 시킴주의 빈곤층 비율은 8% 미만에 가깝다. 25년 전인 1994년에 빈곤층 비율이 41.4%였던 것에 비하면 엄청난 변화다. 또한 문자해독률이 98%에 달할 만큼 세계에서 교육 수준이 가장 높은 지역이다. 그러나 2019년 새해 벽두부터 시킴주에 전 세계의 이목이 쏠린 이유는 다른 데 있었다.

세계 최대의 기본소득 실험

시킴주의 집권 여당인 시킴민주전선SDF은 2019년 4월 총선을 앞두고 21세기 인류가 당면한 최대 현안인 '소득 불평등' 해결을 위한 경제 실험을 선언했다. 주민 61만 557명 모두에게 보편적 기본소득을 지급하는 사회보장제를 시행하겠다고 발표한 것이다. 3년의 준비 기간을 거쳐 2022년부터 구현하겠다는 계획이었다. 재원은 주의 주요 수입원인 관광(매년 250만 명 이상 방문)과 수력 에너지 사업(전력의 90% 이상을 다른 주에 판매)에서 벌어들이는 소득을 활용하고, 복지프로그램 비용을 재정비하는 등 조세 구조조정을 통해 충당하겠다고 밝혔다.

핀란드에서 2017년부터 2018년까지 2년간 실업자 2000명을 대상으로 월 560유로의 기본소득을 지급하는 제한적인 실험이 이뤄진 적은 있지만, 이처럼 공식적인 제도로 시행된 사례는 없었다. 만약 시킴민주전선이 총선에서 승리해 공약을 실행하게 되면 세계에서 가장 큰 규모의 기본소득 실험이 되는 셈이었다.

하지만 높은 기대와 달리 이 공약은 실행에 옮겨지지 못했다. 시킴민주전선은 2019년 4~5월 총선에서 경쟁 당인 시킴혁명전선SKM에 근소한 차이로 패했다. 시킴민주전선의 25년에 걸친 장기 집권이 선거 패배의 한 원인으로 꼽혔다. 그렇다면 기본소득 도입은 왜 표심에 영향을 미치지 못했을까? 시킴주는 평균적으로 낮은 불평등과 상대적으로 높은 경제생활 수준 등 인도에서 가장 부유한 지역이다. 이 때문에 기본소득에 대한 유권자들의 폭넓은 지지를 얻지 못했을 것이라는 분석이 있다.

시킴주의 기본소득 실험은 실현되지 못했지만 인도에서 기본소득에 대한 논의는 계속 이어지고 있다. 인도의 기본소득 논의는 인도 출신 경제학자 프라나브 바르단Pranab Bardhan 미국 UC 버클리대 교수가 2011년 3월 〈이코노믹 앤드 폴리티컬 위클리Economic and Political Weekly〉에 기고한 글을 통해 시작되었다. 바르단 교수는 '인도 내 최소한의 사회민주주의를 위한 도전Challenges for a Minimum Social Democracy in India'이라는 제목의 기고문에서 "인도는 높은 불평등, 막대한 빈곤 및 방대한 비공식 부문으로 인해 사회민주주의를 실행하는 데 매우 큰 부담이 되고 있다"면서 빈곤 퇴치와 경제 성장을 위해 기본소득을 도입해야 한다고 주장했다.

또 바르단 교수는 2019년 1월 18일 워싱턴포스트The Washington Post와의 인터뷰에서 인도 시킴주에서 기본소득을 도입하려는 목적과 배경은 미국 캘리포니아주의 스톡턴Stockton시와 매우 다르다고 말했다. 스톡턴시는 2019년 2월부터 '시드SEED·The Stockton Economic Empowerment Demonstration' 프로그램을 통해 무작위로 선정한 시민 125명에게 매달 500달러(약 56만 원)의 기본소득을 지급했다. 아무 조건 없이 주는 현금으로 시민들의 삶에 어떤 변화가 일어나는지를 알아보기 위한 실험이었다. 바르단 교수는 "선진국의 경우 기본소득을 통해 실업수당과 같은 기존의 복지제도를 개편하거나 효율화하는 것이 주목적"이라며 "인도와 같은 저소득 또는 중간소득 국가에서 기본소득 도입을 검토하는 주목적은 기존의 빈곤 퇴치 조치를 건드리지 않으면서 최빈곤층뿐만 아니라 더 많은 인구의 경제적 불안을 최소화하는 것"이라고 설명했다.

실제로 전 세계에서 두 번째로 인구가 많은 인도에서는 부의 불평등 문제가 여러 가지 사회문제를 일으키고 있다. 인도 중앙정부는 빈곤 퇴치를 위해 보편적 기본소득 도입을 적극 검토하고 있으며, 2017년 1월 31일 인도 재무부가 발표한 경제 진단 보고서에도 기본소득이 주요 의제 중 하나로 포함되었다. 보고서는 빈곤율이 높고 사회안전망이 취약한 인도의 경우 소액의 현금을 지급해도 엄청난 복지 효과를 볼 수 있으므로 기본소득이 실현 가능하며 효율적이라고 분석했다. 당시 보고서의 총책임자였던 아르빈드 수브라마니안Arvind Subramanian 전 인도 재무부 수석 경제고문은 연간 7620루피(약 13만 원)를 기본소득으로 지급하자고 제안했다. 그렇게 되면 인도 GDP의 6~7%가 기본소득 재원으로 소요되지만, 절대빈곤율은 당시 22%에서 0.5% 이하로 크게 낮아진다는 것이다.

사회안전망 제공과 빈곤 완화

인도의 기본소득 지지자들은 기본소득의 장점으로 사회안전망 제공과 빈곤 완화를 꼽는다. 자동화로 인한 일자리 감소 시대에 기본소득이 중요한 대책이 될 수 있다는 점에서도 주목하고 있다. 특히 인도에서 기본소득은 비효율적인 정부 복지 프로그램의 대안으로 제시되고 있다. 인도 중앙정부는 거대한 사회보장 정책과 사회보장기구를 운영하고 있다. 무려 950개의 사회보장

프로그램을 운영하고 있고, GDP의 5%를 사회보장 예산에 투입한다. 무료 쌀 제공, 주택건설 보조금, 농촌 지역 일부 주민에 대한 의무고용 정책 등이 대표적이다.

그러나 오랜 부패와 비리에 따른 비효율적 집행과 자금 유용 등의 문제로 제대로 된 효과를 내지 못하고 있다. 사회복지 예산의 약 40%가 부패한 공무원들의 호주머니로 들어간다고 추정된다. 따라서 일정액을 모든 이에게 똑같이 지급하는 보편적 기본소득이 복지 비용의 누수를 막을 수 있는 해결책으로 떠올랐다. 기본소득은 모든 국민에게 조건 없이 지급하기 때문에 선별작업 등 행정 절차가 줄어들고 부패한 공무원들이 개입할 여지도 사라진다. 누수 없이 100% 국민에게 전달된다는 점에서 빈곤 퇴치 등 복지 효과를 기대할 수 있는 것이다.

인도는 보편적 기본소득이 현 복지제도의 비효율성을 제거할 수 있는 현실적 대안이라는 사실을 일찌감치 실험을 통해 체감했다. 그래서 인도는 세계적으로도 기본소득 실험의 가장 대표적인 사례로 꼽힌다. 인도 자영업여성연합SEWA·Self Employed Women's Association은 유니세프UNICEF·United Nations Children's Fund의 지원을 받아 2011년 6월부터 2012년 8월까지 마디아 프라데시Madhya Pradesh주에서 기본소득을 실험했다. 첫 번째 실험에서는 기본소득 지급 대상으로 선정된 마을 주민들에게 성인 1인당 200루피(약 4500원), 어린이 1인당 100루피를 매달 지급했다. 다음 해에는 각각 300루피와 150루피로 지급액을 인상했다. 두 번째 실험은 인도 내에서도 극빈층으로 꼽히는 부족의 마을에서 진행했다. 마찬가지로 성인에게는 1인당 300루피, 어린이에게는 1인당 150루피를 매달 지급했다. 2010년 11월 기준으로 인도에서는 쌀 20킬로그램이 915루피, 계란 30개가 110루피, 닭고기 1킬로그램이 120루피, 돼지고기 1킬로그램이 200루피 정도였다. 주민들은 가구당 최저생계비의 20~30% 정도를 기본소득으로 받은 것이다. 이는 인도 1인당 명목 GDP의 3% 수준이다.

이 실험에 참여한 주민은 약 6000명에 달했고, 실험은 성공적이었다. 가장 눈에 띄는 성과는 기본소득을 받은 어린이의 영양 상태가 크게 개선되었다는 점이다. 자영업여성연합이 2014년에 발표한 보고서에 따르면, 나이별 정상 체중 어린이의 비율은 실험 전 39%에서 실험 후 58%로 크게 늘었다. 어린이들의 학교 출석률도 높아졌고, 몸이 아프면 참지 않고 병원에 가기 시작했다. 실험 기간에 기본소득을 받지 않은 일반 가구에서는 9%만 소득 수준이 나아졌는데, 기본소득을 받은 가구에서는 21%나 소득 수준이 향상되었다.

이 실험의 연구 책임자로 참여했던 사라트 다발라Sarath Davala 기본소득지구네트워크 부의장은 2019년 4월 '2019 경기도 기본소득 국제컨퍼런스'에 참석해 실험 결과를 설명했다. 그는 실험 초기에는 아무런 조건 없이 돈을 지급하는 기본소득에 부정적이었고, 바람직하지 않다고 생각했다. 하지만 실험을 통해 다양한 효과를 경험하면서 그 역시 기본소득을 지지하게 되었다. 기본소득이 지급되면서 농업 생산성과 토지 보유율이 의미 있는 수준으로 상승했고 주민들의 건강이 좋아졌다. 기본소득을 받은 주민들이 이전보다 충분한 양의 음식을 섭취한 것이다. 또한 자신의 미래에 비관적이던 사람들이 염소 등 가축을 구매하고 토지를 보유하기 시작했다. 만성질환자들과 노인들은 몸이 아플 때 규칙적으로 약물치료를 받았고 주거 상태도 이전보다 많이 개선되었다. 한층 생산적이고 발전적인 변화를 보인 것이다.

다발라 부의장은 이 실험을 통해 기본소득이 빈곤 퇴치라는 목표를 달성하는 데 유효하다는 사실을 확인했다고 설명했다. 그의 설명에 따르면 연구 초기 실험 대상자들에게 직업을 물었을 때 72.7%는 임금 노동자라고 답했고, 일부만 농부라고 답했다. 인도의 농촌에서 임금 노동자는 열악한 환경에서 일하는 저임금 노동자를 의미하고, 농부는 자기 땅을 경작해 높은 소득을 올리는 노동자를 의미한다. 그런데 실험 말기가 되자 주민들의 응답률이 달라졌다. 기본소득을 받은 대다수가 자신의 직업을 농부라고 답했다. 기본소득으로 받은 돈을 모아 토지를 사서 농사를 지을 수 있게 되었기 때문이다.

기본소득 실험 참가자들은 정기적인 기본소득을 받으면서 계획적인 생활이 가능해졌고 전반적으로 부채가 줄었으며 대부업자에 대한 의존성이 감소했다. 급하게 돈 쓸 일이 생겨도 주민들은 서로를 믿고 돈을 빌려주었으며 또 금세 갚았다. 다음 달에도 기본소득이 생기기 때문에 고리대금 같은 혹독한 대출에 눈을 돌리지 않았다. 부채의 감소는 많은 사람을 나우카르Naukar라는 노예 노동으로부터 해방시키는 효과를 가져왔다. 나우카르는 인도 농촌 마을의 오래된 관습이다. 고리의 빚을 진 궁핍한 농민들이 한 해 생산한 농산물을 원금과 이자로 모두 빼앗기고 다시 빚을 지는 악순환을 거듭하다가 결국 채권자 밑에서 먹고 자면서 노예처럼 일해야 했다. 그런데 기본소득이 그들을 '채무노예'로부터 벗어나게 해준 것이다.

자신의 삶을 지키는 희망

인도 자영업여성연합이 2014년에 발표한 실험 보고서에 따르면, 기본소득 반대자들의 우려와 달리 사람들은 기본소득을 받아도 술과 마약에 빠지지 않았다. 기본소득을 받은 마을에서 술 소비가 증가한 가구의 비율(9.2%)은 기본소득을 받지 않은 마을(12.4%)보다 낮았다. 반대로 기본소득을 받은 마을에서 술 소비가 감소한 가구의 비율(11.7%)은 기본소득을 받지 않은 마을(1.0%)보다 높았다.

기본소득을 받고 나서 술 소비가 감소한 이유는 무엇일까? 강남훈 교수는 《기본소득의 경제학》에서 연구자들이 실험에 참가한 주민들을 심층 면담했고, 두 가지 이유를 찾아냈다고 설명했다. 강 교수는 "비록 짧은 기간이었고 적은 금액이었지만 기본소득은 사람들에게 희망을 주는 효과가 있었다"며 "기본소득 실험을 시작하자마자 남편이 술을 적게 마시게 되었다고 증언하는 여성도 있었다"고 전했다.

강 교수는 또 기본소득으로 인한 가정의 민주화와도 관련이 있다고 분석했다. 그는 "가족 구성원들에게 개별적으로

소득이 지급되자 여성과 아이들의 발언권이 강화되었다. 여성과 아이들의 발언권 강화는 술 소비 감소로 이어졌다"고 분석했다. 과거에는 돈 버는 아버지가 술을 자주 마셔도 다른 가족들이 이의를 제기하기 어려웠지만 기본소득이 지급되면서 상황이 달라졌다는 것이다. 강 교수는 "돈을 어디에다 쓸 것인가를 가족회의를 통해서 결정하는 가구가 늘어났다"며 2015년 서울 국제학술대회에서 나온 발표 사례를 전했다. 술 마시는 아버지에게 아이가 "아빠, 왜 내 돈으로 술 마셔요?"라고 항의해서 술을 적게 마시게 된 일이 있었다는 것이다. 이러한 가정의 민주화는 매우 흥미로운 결과로도 이어졌다. 많은 여성들이 작은 규모지만 창업을 하기 시작했다. 온 가족이 힘을 합쳐 기본소득을 모아 종잣돈을 만들고, 그 돈으로 사업을 하는 여성의 비율이 늘어난 것이다.

  이러한 변화들로 인해 지금은 인도의 많은 정치인들이 기본소득 도입에 관심을 갖고 있다. 다발라 부의장은 '2019 경기도 기본소득 국제컨퍼런스'에서 "기본소득을 받는다고 해서 근로 의욕이 꺾이는 현상은 없었다"며 "신뢰를 투입하면, 산출도 신뢰로 돌아온다"고 강조했다. 기본소득을 받으면 사람들이 돈을 헛되이 쓰며 낭비할 것이라는 우려가 있었지만, 여러 실험을 통해 얻은 교훈은 사람들이 자신의 삶을 스스로 영위할 수 있다는 것이다. 다발라 부의장은 "햇빛을 많이 보지 못하는 사람들이 햇빛의 소중함을 잘 알고, 물 부족을 경험한 사람들이 물 관리를 가장 잘하는 것처럼, 빈곤한 사람들이야말로 적은 돈이지만 어떻게 활용할지 가장 잘 안다"고 말했다.

현재 인도는 정치인, 학자, 활동가 등의 관심과 참여가 계속 늘어나는 등 기본소득과 관련해 굉장히 흥미로운 시기를 보내고 있다. 무엇보다 기본소득 실험으로 매우 긍정적이고 중요한 데이터와 서사, 사례 등을 얻을 수 있었다. 인도의 기본소득 논의는 이러한 자료와 성과를 밑거름 삼아 더욱 진전될 것이고, 기본소득을 통해 그리는 인도의 미래는 지금보다 더 흥미롭고 놀라울 것이다.

보통 사람들을 위한 새로운 비전

와이콤비네이터Y Combinator의 최고경영자 샘 올트먼Sam Altman은 기본소득 도입에 매우 적극적이다. 와이콤비네이터는 에어비앤비Airbnb, 드롭박스DropBox 등 세계 1500여 개 신생 기업을 키운 미국 실리콘밸리 창업기획사다. 올트먼은 2016년 1월 공식 블로그에 올린 '기본소득'이라는 제목의 글에서 보편적 기본소득 도입을 위한 연구기금을 제안했다. 그는 이후 5년간 미국 안에서 기본소득에 대한 실험과 연구를 진행할 계획이라고 밝혔다. 올트먼은 "기술이 점차 전통적인 일자리를 없애고 거대한 새로운 부를 창출함에 따라 미래의 어느 시점에 우리는 국가적인 차원에서 기본소득의 일부 버전을 보게 될 것"이라고 확신했다.

존엄성과 자유

일할 필요가 없어지면 사람들은 어디에 시간을 할애할까? 이 점이 궁금했던 올트먼은 기본소득의 혜택과 잠재적 영향을 개인과 가계 차원에서 실험하고 그 효과를 알아보고자 했다. 기본소득의 잠재적 영향이란 빈곤 퇴치, 기업가 정신 및 창업 촉진, 정치참여 확대, 사회복지제도의 복잡성 감소 등을 말한다. 사람들이 시간과 재원을 원하는 방향으로 사용하고, 존엄성 있게 살고, 소중한 일을 할 수 있도록 자유를 부여하는 것도 포함된다.

올트먼은 2015년 10월 개인 돈 1000만 달러(약 115억 원)를 들여 연구소를 세웠다. 보건 분야 경제학자, 공공정책 전문가 등이 참여해 기본소득 실험에서 다룰 내용들을 설계하고 개발했다. 우선 와이콤비네이터는 2016년 9월부터 2017년 말까지 연구의 타당성 조사를 위해 캘리포니아주 오클랜드에서 100여 명을 대상으로 어떤 조건도 없이 매달 1000~2000달러를 주는 소규모 시범 사업을 진행했다. 그런 다음 이를 토대로 2019년 본격적인 실험에 나섰다. 무작위로 선정한 2개 주 1만 명의 집단(21~40세에 해당하는 중위소득 이하의 사람들)에서 3000명을 선발하고, 이들 중 실험군인 1000명에게는 매달 1000달러를 3~5년 동안 지원하는 방식이다. 대조군인 2000명에게는 면접조사 등의 비용으로 매달 50달러를 준다.

시범 사업 참가자 중 한 명인 A는 캘리포니아주 오클랜드에서 시간제로 일하면서 친척들과 함께 임시 거주하고 있었는데, 매달 기본소득을 받게 되면서 도시 인근으로 이사해 친구들과 아파트를 얻었다. 일자리 역시 시간제가 아닌 상근직으로 바뀌었다. 일시적이지만 기본소득을 통해 안정적인 삶의 기반을 닦게 된 것이다.

대학원생 B도 매달 기본소득을 받으면서 많은 변화를 경험했다. 학교 공부와 여러 개의 아르바이트를 병행했는데 기본소득을 받으면서 아르바이트를 그만두고 공부에 집중할 수 있었다. 자원봉사, 지역사회 활동이 크게 늘었고, 지금보다 안전한 동네로 이사했다.

  와이콤비네이터 연구소는 시범 사업을 통해서 기본소득이 사람들의 노동시장 참여에 미치는 영향을 확인할 수 있었다. 와이콤비네이터 연구소 샘 매닝Sam Manning 연구팀장은 2019년 4월 '2019 경기도 기본소득 국제컨퍼런스'에 참석해 "기본소득을 받은 사람들은 교육과 지역사회 활동에 집중하게 되었고, A의 경우는 시간제에서 상근직으로 자신에게 맞는 일자리를 찾아 노동시장에 참여하게 되었다"고 설명했다.

실리콘밸리가 소환한 기본소득

앞서 미국에서는 1960~1970년대 '빈곤과의 전쟁'을 벌이면서 기본소득과 관련한 논의가 활발하게 진행되었다. 1969년 8월 공화당 소속의 리처드 닉슨Richard Nixon 대통령이 의회에 제출한 '가족부조계획family assistance plan' 법안도 그중 하나였다. 이 제도는 자녀가 있는 모든 가구에 연 1600달러를 지급하는 것인데, 대상을 한정 짓기는 했지만 조건 없는 기본소득 개념을 기반으로 했다. '가족부조계획'은 미국 국민들의 높은 지지를 받았고, 1970년 4월 미국 하원에서도 대다수 의원의 지지 속에 채택되었다. 하지만 1972년 미국 상원에서 법안이 부결되면서 결과적으로는 시행되지 못했다.

  비슷한 시기에 미국의 경제학자이자 노벨상 수상자인 밀턴 프리드먼Milton Friedman이 주창한 '음의 소득세negative income tax'도 주목을 받았다. '음의 소득세'는 정부가 고소득자에게는 세금을 징수하고, 저소득자에게는 보조금을 줘서 생존에 필요한 최소한의 소득을 보장하는 제도를 말한다. 정부가 설정한 최저소득 보장 수준 이하의 저소득자는 세금을 내지 않고 정부로부터 보조금을 받는 것이다. 미국 정부에서 시범 사업까지 했지만 결국 정식 정책으로 채택되지는 못했다.

"달걀을 한 바구니에 담지 말라"는 말로 유명한 노벨경제학상 수상자 제임스 토빈James Tobin은 '시민보조금demogrant'이라는 이름의 기본소득 도입을 주장했다. 1972년 민주당 대선후보였던 조지 맥거번George McGovern이 토빈의 제안을 받아들여 모든 미국인에게 매년 1000달러를 지급하는 '시민보조금'을 선거 강령에 포함했다가 선거 막판에 삭제했다.

앞서 미국의 흑인 인권운동가인 마틴 루서 킹Martin Luther King, Jr 목사는 흑인의 빈곤 해방 없이는 흑인의 해방도 불가능하다며 모두에게 조건 없이 기본소득을 보장하라고 주장했다. 그는 1968년 '빈곤한 자의 운동Poor People's Campaign'을 조직하던 중 암살당했다. 그 뒤로 40여 년간 미국에서 기본소득 논의는 거의 사라졌다.

미국 사회에서 잠자고 있던 기본소득 논의를 다시 깨운 것은 실리콘밸리의 기업가들이다. 자본주의의 심장이라는 미국, 그것도 변화에 가장 민감하게 반응하는 실리콘밸리가 기본소득에 관심을 두는 이유는 무엇일까? 테슬라Tesla의 최고경영자인 일론 머스크Elon Musk는 2016년부터 기본소득 도입 가능성을 꾸준히 제기해왔다. 인공지능 등 기술 진보에 따른 자동화·지능화 현상으로 일자리가 사라지면 소득 양극화가 불가피하고, 결국 기본소득과 같은 정책이 도입될 것이라고 주장했다. 테슬라가 생산하는 자동차에는 '오토파일럿autopilot'이라는 자율주행 시스템이 장착되어 있다. 자동차에 인공지능을 탑재하면 인간 운전자가 필요 없는 자율주행 차량 시대가 열리는 것도 시간문제다. 택시운전사와 트럭운전사 등이 직장을 잃게 될 수도 있다. 먼 미래의 이야기가 아니다. 20년 이내에 운송산업 전반에 구조 전환이 일어날 것이다.

운송산업, 운전사만의 문제가 아니다. 인공지능과 로봇으로 인해 육체노동, 단순노동은 물론 정신노동, 지적 노동에 이르기까지 전방위적으로 '일자리 소멸'이 빠르게 진행될 것이다. 머스크는 2017년 2월 두바이에서 열린 세계정부정상회의World Government Summit에서 "인공지능의 진화와 자동화 등으로 정부가 국민에게 임금을 주는 기본소득 시대가 올 확률이 높다"고 강조했다.

머스크가 기본소득 도입의 개연성을 강조했다면, 페이스북 창업자인 마크 저커버그Mark Zuckerberg는 기본소득과 같은 사회보장제도의 필요성을 언급해 눈길을 끌었다. 2017년 7월 저커버그는 자신의 페이스북에 올린 글에서 "알래스카의 사회적 안전망 프로그램이 미국 다른 주에 좋은 교훈을 제공한다"며 알래스카주의 '영구기금 배당'을 높게 평가했다. 광물자원을 주요 수입원으로 삼는 알래스카는 자원 고갈에 대비해 광물

자원 수익의 일부를 기금으로 적립한다. 알래스카 주민은 이 기금을 통해 매년 1인당 약 1000달러를 배당받는다. 2016년 말에는 1인당 1022달러(약 119만 원)를 받았다. 저커버그는 알래스카의 기본소득을 보면서 페이스북 초기의 교훈을 떠올렸다. 그는 "직원들이 빚을 지고 있을 때보다 일정한 수익을 올리고 있을 때 조직의 생각이 긍정적으로 바뀌었다"며 "수익이나 재산이 적으면 사람들은 생존만을 생각하지만, 삶의 여유가 있으면 미래에 대한 자신감을 갖고 투자와 성장 기회를 찾는다"고 강조했다.

저커버그는 2017년 5월 모교인 하버드대학교 졸업식 연설에서도 "불평등한 부의 수준에 따라 기회의 균등이 저해되고 있다"며 평등한 사회를 위해서는 실패한 사람들을 위해 기본소득과 같은 안전장치가 필요하다고 주장했다. 그는 "단순히 GDP와 같은 경제적 지표뿐만 아니라 사회 구성원들이 각자 의미 있는 역할을 찾았는지 아닌지를 발전의 척도로 삼는 사회를 지향해야 한다"고 말했다. 저커버그는 특히 "우리 세대의 새로운 사회적 계약을 정립해야 한다"고 밝혔다. 누군가 실수를 했을 때 낙인을 찍고 밀어낼 것이 아니라 다시 새로운 아이디어를 시도할 수 있도록 기술 발전에 맞춰 지속적인 교육과 지원을 보장하는 사회를 만들어야 한다는 것이다.

실리콘밸리의 기업가들은 기본소득의 필요성을 주장하는 것뿐만 아니라 실제 기본소득 실험을 위한 지원에도 적극 나서고 있다. 페이스북의 공동 창업자 크리스 휴스Chris Hughes가 설립한 '경제보장프로젝트ESP·Economic Security Project'는 실리콘밸리에서 동쪽으로 130킬로미터 떨어진 캘리포니아주 스톡턴시의 기본소득 실험을 지원하고 있다. ESP는 빈곤문제 해결과 중산층 재건을 위한 미국 전문가들의 네트워크다. 이들로부터 100만 달러(약 11억 2000만 원)를 지원받은 스톡턴시는 2019년 2월부터 빈곤 지역 18세 이상 주민 가운데 무작위로 선정한 125명에게 매달 500달러(약 56만 원)의 기본소득을 지급했다. 애초 실험 기간은 18개월이었지만 조건 없이 돈을 받아도 근로 의욕이 감소하지 않는 등 긍정적 효과가 확인된 데다 코로나19 사태가 확산되면서 피해 지원 등의 목적으로 24개월까지 연장되었다.

트위터의 최고경영자인 잭 도시Jack Dorsey도 2020년 7월 기본소득 도입을 위한 미국 지자체장 협의기구MGI·Mayors for a Guaranteed Income에 300만 달러(약 36억 원)를 지원하겠다고 밝혔다. 이 협의기구는 로스앤젤레스와 애틀랜타, 뉴저지주 뉴어크, 미시시피주 잭슨 등의 주민 약 700만 명에게 기본소득을 지급하는 시범 프로그램을 계획하고 있다.

근로소득이 사라지고 사람들이 더는 소비를 하지 못하게 된다면 어떻게 될까? 정보통신기술ICT 발전이 곧 매출로 연결되는 실리콘밸리 기업들은 인공지능과 로봇이 사람들의 일자리를 대체함으로써 초래될 경제적 변화에 더 민감할 수밖에 없다. 미국에서 실리콘밸리를 중심으로 기본소득에 대한 관심이 커지는 배경에는 빈곤을 퇴치하지 않으면 부와 기술의 진보를 지속할 수 없다는 위기감이 자리하고 있는 셈이다.

새로운 산업사회를 위하여

'양 갱 Yang Gang'은 먹는 양갱이 아니다. 2020년 미국 대선을 앞두고 민주당 대선후보 경선에서 돌풍을 일으킨 앤드루 양의 지지자들이 자신들을 부르는 별칭이다. 양은 경선에서 탈락했지만 양 갱을 주축으로 한 지지자들의 팬덤 fandom 현상은 많은 시사점을 남겼다. 양 갱은 다른 후보의 지지자들보다 더 열성적이고 적극적이며 친화력 있는 활동을 펼쳤다. 특히 유튜브, 페이스북, 트위터 등 SNS에서 보여준 양 갱의 활약은 압도적이었다.

    정치인 출신도, 주류 세력도 아니었던 양이 기성 언론의 외면 속에서도 선전할 수 있었던 것은 바로 열정적인 양 갱이 있었기 때문이다. 2019년 5월만 해도 1%의 지지율에 불과했던 양은 같은 해 12월 4%의 지지율을 얻으며 6차 민주당 대통령 예비선거 TV토론회 참가 자격을 확보했다. 6차 TV토론회에 참가하려면 민주당 전국위원회 DNC가 인정한 여론조사 중 4개 이상에서 4% 이상의 지지를 얻고, 초기 선거를 치르는 아이오와주, 뉴햄프셔주, 네바다주, 사우스캐롤라이나주의 여론조사 중 2개 이상에서 6% 이상의 지지를 받아야 한다. 또 20개 주에서 22만 명의 기부자와 800명 이상의 개인 기부자를 확보해야 한다. 20~30%를 넘나드는 유력 후보들에 비하면 한참 낮은 지지율이지만 정치 경험이 전혀 없는 기업인 출신의 대만계 미국인 앤드루 양에게는 결코 작은 성과가 아니었다.

    앤드루 양 지지자들의 왕성한 활동력은 기존 정치권에서는 볼 수 없었던 그의 파격적인 공약과 철학에 대한 절대적인 신뢰에서 비롯되었다. 양과 양 갱이 쓰고 다니는 모자에 적힌 'MATH(수학)'라는 문구는 매우 상징적인 의미를 담고 있다. MATH는 'Make America Think Harder(미국이 더 열심히 생각하게 하자)'의 준말이다. 무엇보다 도널드 트럼프Donald Trump 미국 대통령의 지난 대선 슬로건인 'MAGA Make America Great Again(미국을 다시 위대하게)'를 패러디했다는 점이 핵심인데, 트럼프와 정반대의 인물임을 각인시키려는 의도가 담겨 있다. 가장 강한 상대 한 명만 집중적으로 공격하는 선거 전략이다. 양은 각종 인터뷰에서 "나야말로 트럼프와 정반대의 인물이다. 난 아시아인이고, 수학을 잘하니까"라고 툭툭 꽂아 넣었다.

    트럼프는 지난 2016년 대선에서 정치인들의 잘못된 무역정책과 몰려드는 이민자들 때문에 백인 하층 남성 중심의 제조업 노동자들이 일자리를 잃었다며 분노와 공포를 조장했다. 그 결과 공화당 후보였던 트럼프는 미시간, 오하이오, 펜실베이니아, 위스콘신 등 민주당이 기존에 강세를 보였던 러스트 벨트rust belt(과거 제조업 공업지대 지역)의 표까지 확보하며 대통령이 되었다. 양은 이 지점에 주목했다. 양은 "트럼프의 당선은 (자동화로 인한) 증상이지, 질병이 아니다"라고 각을 세웠다. 트럼프가 미국 제조업 노동자들의 실업 원인이 이민자나 무역정책에 있다고 주장한 것은 '잘못된 진단(증상)'이라는 것이다. 앤드루 양이 말하는 더 본질적인 문제(질병의 원인)는 기술의 발전과 대규모 자동화로 인한 만성적 실업과 노동시장 조건의 변화다. 양은 유권자를 상대로 이 점을 적극 부각시켰다.

양은 한발 더 나아갔다. 4차 산업혁명으로 일자리 감소와 노동환경 악화가 얼마나 심각하게 진행되고 있는지, 그 결과 전체 미국인들의 삶이 어떻게 근본적인 위협을 받고 있는지 설명하기 위해 구체적인 수치의 데이터와 통계를 끊임없이 제시했다. 특히 사회·경제적 양극화와 불평등에 적극적으로 대처하기 위해 새로운 산업사회를 건설해야 한다고 주장했다. 이러한 양의 철학은 보편적 기본소득UBI·Universal Basic Income이라는 구체적인 공약으로 이어졌다.

보통 사람들의 전쟁

구글의 자율주행차가 트럭운전사와 버스운전사의 일자리를 빼앗고, 아마존이 오프라인 소매점 서비스 노동자를 거리로 내몰게 될 것이라는 앤드루 양의 주장은 수많은 미국 유권자들의 마음을 움직였다. 양이 벌인 모든 캠페인의 중심에는 그의 책 제목처럼 평범하게 살아가는 '보통 사람들'이 자리하고 있다. 그는 《보통 사람들의 전쟁》에서 "보통 사람들. 미국인 70퍼센트는 자신이 중산층이라고 생각한다"며 "지금 현재도 일부 머리가 뛰어난 사람들은 당신을, 당신보다 인건비가 싼 해외에 있는 노동자로 대체하거나 점차 위젯, 소프트웨어, 로봇으로 바꿔나갈 궁리를 하는 중"이라고 경고했다.

양이 말하는 '보통 사람들'은 소득 수준에 따라 사람들을 한 줄로 세웠을 때, 한가운데에 있는 사람들이다. 양이 이들에게 주목한 이유는 기술의 발전으로 초래될 실업의 충격파가 이들에게 가장 광범위하고 강력하게 전해질 것이기 때문이다. 직장을 다니며 평범한 삶을 살다가 어느 날 실직이라는 위기에 마주친 순간, 곧바로 절벽 아래로 추락할 위험성이 가장 큰 사람들이다. 새 일자리를 찾지 못하면 극빈층으로 전락할 수밖에 없다. 양은 이들의 마음속에 도사리고 있는 공포와 불안에 공감하고, 함께 문제를 해결하기 위해 노력했다. 그의 유세장에 인종, 나이, 성별, 계층을 초월한 다양한 사람들이 몰려든 것도 이 때문이었다.

선거 캠페인에서 양이 'MATH'와 함께 제시한 대표적인 슬로건은 '인류가 먼저다 Humanity First'였다. 평범하게 살아가는 보통 사람들에게 더 이상 시장의 논리로 폭력을 가해선 안 된다는 뜻이다. '능력 위주의 사회'라는 폭력적 논리는 "자동화와 혁신의 소용돌이에 휘말려 경제적 곤경에 빠진 수백만 명의 목소리"를 짓밟고 파괴한다. 그들은 '패배자'라는 낙인이 찍힌 채 시장경제 밖으로 밀려난다. 그래서 양은 더 늦기 전에 이런 시장 논리를 깨뜨려야 한다고 주장했다. 지금보다 나은 삶을 살기 위해서는 서둘러 이 사회를 바꿔야 한다고 목소리를 높였다. 양은 《보통 사람들의 전쟁》에서 "우리는 월급봉투에 적힌 금액으로 평가받아서는 안 되는 가치를 지닌 사람들"이라고 강조했다.

양은 보통 사람들을 불안과 공포로 몰아넣는 '능력 위주의 사회'를 극복할 해결책으로 보편적 기본소득을 제안했다. 기본소득에 대한 일반 사람들의 반감을 줄이기 위해 자유배당금freedom dividend이라는 이름을 사용했는데, 18세 이상의 모든 미국 성인을 대상으로 소득과 관계없이 월 1000달러(약 116만 원) 또는 연간 1만 2000달러(약 1400만 원)의 배당금을 주겠다는 내용이다. 뉴욕의 헤지펀드 억만장자부터 웨스트버지니아의 빈곤층 미혼모에 이르기까지 모든 사람에게 주는 보편적 기본소득인 셈이다. 양은 "만약 1만 8000달러를 버는 식당 종업원 또는 건설 노동자가 있다면 그 사람은 실질적으로 3만 달러를 버는 것과 마찬가지"라며 기본소득을 받으면 일하지 않을 것이라는 세간의 우려를 불식시켰다. 그의 선거 홈페이지에는 기본소득의 효과를 다음과 같이 소개하고 있다. "기본소득은 모든 미국인이 청구서에 적힌 돈을 지불하고, 교육을 더 받고, 사업을 시작하고, 더 창의적인 일을 하고, 건강을 유지하고, 직장을 위해 이주하고, 자녀와 함께 시간을 보내고, 사랑하는 사람을 돌보고, 더 나은 장래를 가질 수 있도록 해줄 것이다."

기술 진보의 혜택을 기본소득으로

앤드루 양이 밝힌 기본소득 재원 마련 방안은 단순하다. 인공지능과 기술 진보로 혜택을 보는 기업으로부터 부가가치세VAT·Value Added Tax를 걷으면 된다는 것이다. 그는 TV토론과 유세 등에서 "연간 200억 달러의 매출을 올리는 아마존 때문에 수많은 점포가 문을 닫고 있지만 아마존이 내는 세금은 0달러"라고 목소리를 높였다. 전 세계 160개국이 부가가치세나 상품용역세를 부과하고 있지만 선진국 중 유일하게 미국만 부가가치세를 부과하지 않는다. OECD 회원국의 부가가치세는 평균 19.2%이고, 스웨덴이나 노르웨이 같은 복지국가는 25%에 달한다. 한국의 부가가치세는 10%다. 만약 미국이 10%의 부가가치세만 도입한다면, 모든 미국 성인에게 보편적 기본소득을 지급할 수 있다는 것이 양의 주장이었다.

양은 또 사람들이 제공하는 개인정보에 대한 보상 개념의 '테크 체크tech check'(개인정보 제공에 대한 대가)도 기본소득의 재원으로 제시했다. 양은 선거 유세나 연설에서 알래스카 주민들이 기본소득 개념으로 받는 '오일 체크oil check'를 예로 들면서 "미래에는 개인정보가 원유보다 더 큰 가치를 지닌다"고 주장했다. 미국 정보통신기술 대기업의 세금으로 재원을 마련해 기본소득을 주자는 양의 주장에 테슬라의 최고경영자 일론 머스크, 트위터의 최고경영자 잭 도시, 소셜미디어 레딧reddit의 공동창업자 알렉시스 오해니언Alexis Ohanian 등 실리콘밸리 거물들이 공개 지지를 표명했다. 이미 약 4000만 명의 미국인이 빈곤층 또는 극빈곤층으로 전락한 현실을 실리콘밸리라고 모를 리 없었다.

기본소득은 이념 문제가 아니다

흥미로운 사실은 앤드루 양이 좌파, 우파, 자유주의자 등 다양한 이념의 사람들로부터 지지를 받았다는 점이다. 물론 동시에 다양한 진영에서 공격도 받았다. 일부 좌파들은 앤드루 양이 기본소득 재원으로 제시한 부가가치세를 역진세(과세 물건의 수량 또는 금액이 증가함에 따라 세율이 낮아지는 조세)라고 비판했다.

부가가치세는 납세자의 '소득'에 대한 과세가 아니라 '소비 행위'에 대한 과세다. 소득세 제도는 고소득자에게 높은 세율, 저소득자에게 낮은 세율을 부과하는 것이 원칙이지만 부가가치세는 소득 수준에 상관없이 모든 계층에게 동일하게 적용된다. 결국 부자에게는 감세, 저소득층에게는 증세라는 부작용이 초래될 수 있다. 그렇기 때문에 일부 좌파들은 부자들에게 유리한 부가가치세를 기반으로 기본소득을 이야기하는 것은 복지제도를 해체하려는 '우파의 음모'라고 몰아세웠다. 반대로 보수층에서는 일하지 않는 사람에게 돈을 주는 것은 공산주의적 행위라고 반발했다.

이에 대해 앤드루 양은 "부가가치세를 음식, 옷 같은 생필품이 아니라 서비스 같은 사치품에만 부과할 것이기 때문에 역진세가 아니다"라고 반박했다. 유럽의 많은 복지국가에서 이미 부가가치세를 시행하고 있다는 점에서 역진세라는 주장은 적절하지 않다는 것이다. 또 시장경제가 계속 돌아가고 있는 상태에서 기본소득을 지급하는 것은 공산주의적인 정책이 아니라고 주장했다. 특히 그는 민주당 후보이지만, 자신을 향해 이념적인 잣대를 들이대는 것은 의미가 없다고 했다. 양의 선거 캠페인 슬로건 중 'Not Left, Not Right, Forward(왼쪽도 아닌, 오른쪽도 아닌, 앞으로)'는 이런 의미를 담고 있다. 양의 이념은 전진 forward, 즉 진보인 셈이다.

기술 발전과 자동화가 일자리를 빠르게 대체하고 있으며 인공지능으로 대표되는 4차 산업혁명으로 그 속도가 증가할 것이라는 앤드루 양의 경고에 상당수 미국인이 동요했다. 비록 민주당 대선후보가 되지는 못했지만, 4차 산업혁명에 대한 객관적이고 과학적인 진단을 바탕으로 '보통 사람들'을 위한 새로운 사회 비전과 대안을 제시한 정치인은 그가 처음이었다.

우리 곁에 다가온 미래

우리가 태평양 건너 미국 땅에서 벌어진 한 정치 신인의 돌풍을 주목해야 하는 이유는 명확하다. 하나는 미국 사회의 위기에 대한 그의 진단이 허풍이 아니라는 점이고, 또 하나는 그 진단이 바로 한국을 비롯한 전 세계에 유효하다는 점이다. 제러미 리프킨 Jeremy Rifkin은 일찌감치 《노동의 종말》에서 "기술 발전으로 인간 노동의 종말이 오고 있다"고 경고했다.

물론 우리 주변에서 특정 직업이 어느 날 갑자기 사라지는 일은 아직 벌어지지 않았다. 그래서 이런 우려가 실질적으로 와닿지 않을 수도 있다. 그러나 인공지능과 로봇이 인간의 노동을 대체할 것이라고 경고하는 데이터와 통계는 차고 넘친다. 아니 언제부턴가 조기 퇴직하는 직장인, 신입사원을 뽑지 않는 회사, 직장을 구하지 못하는 비자발적 실업자들이 우리 주변에 조용히 늘어나고 있다. 4차 산업혁명이 새로운 일자리를 충분히 만든다고 해도 그것은 불안정한 일자리일 가능성이 크다. 이로 인해 일자리 부족만큼이나 심각한 사회·경제적 문제가 발생하고 있다. 지금도 불안정 일자리는 너무나 많다.

인공지능과 로봇의 확대는 불가피한 미래다. 기술혁신

으로 인간의 노동이 줄어드는 게 반드시 나쁜 것만도 아니다. 이제 인간은 이전과 같은 양의 노동을 할 필요가 없다. 임금 노동, 생계 노동에 쓰던 시간을 개인의 삶을 풍족하게 만드는 데 써야 한다. 소득을 위해 아등바등 경쟁하는 삶이 아니라 사회가 보장하는 소득의 조건 위에서 인간의 기본적인 삶을 영위할 수 있는 발상의 전환이 필요하다.

    모두에게 기본소득이 제공되면 생계를 위한 노동시간을 줄일 수 있다. 줄어든 시간을 통해 더 많은 혁신과 더 많은 돌봄 사회를 만들 수 있다. 보통 사람들의 '적절한 삶'을 위해 소득이 보장되고, 이를 통해 실질적인 자유를 누릴 수 있는 세상이 지금 당신 곁으로 오고 있다.

2부

위드 코로나와 기본소득

보편적 삶이 흔들리고 있다

코로나바이러스감염증-19 COVID-19 팬데믹 pandemic (세계적 대유행)으로 모든 것이 바뀌었다. 마이크로소프트 MS 창업자 빌 게이츠 Bill Gates 가 예언한 대로 코로나19 이전으로 돌아갈 수 없다는 전망이 많다. 코로나19 이후 우리의 삶은 이전과는 크게 달라졌다. 백신이 개발되면 원래의 일상으로 돌아갈 것이라 기대하지만 그 일상은 과거의 그 일상이 아닐 것이다. 이미 우리는 뉴노멀 New normal (새로운 일상이나 시대 변화에 따라 새롭게 떠오르는 기준 또는 표준) 시대를 살아가고 있다.

　　코로나19의 영향으로 경제적 생산이 붕괴되면서 전 세계는 대공황 이후 최악의 침체에 직면해 있다. 한국 경제도 예외는 아니다. 생산, 소비, 투자, 고용 등 경제 전반이 송두리째 흔들리고 있다. 재난은 사회적 약자에게 더 가혹하다. 특히 비정규직과 영세 자영업자, 프리랜서, 플랫폼 노동자 등 불안정 노동자들은 코로나19 사태로 경제활동이 위축되면서 생존의 위협을 받고 있다. 또한 비대면, 비접촉을 특징으로 하는 사회적 흐름이 빠르게 확산되면서 많은 일자리가 로봇으로 대체될 것이라는 전망이 높아지고 있다. 실업이 증가하면 사회·경제적 양극화가 더욱 극심해질 수밖에 없다. 사람에게 사람이 필요 없어지는 사회에서 사람의 존엄성마저 상실하지 않으려면 선제적인 대책 마련이 시급하다.

벼랑으로 내몰린 자영업자

중국이 우한에서 시작된 정체불명의 폐렴을 세계보건기구(WHO)에 보고한 2019년 12월 31일 이후 1년여 만에 전 세계 코로나19 누적 확진자 수는 8200만 명을 훌쩍 넘어섰고, 누적 사망자도 180만 명이 넘는 것으로 집계되었다. 우리나라의 경우 2020년 12월 31일 기준 코로나19 누적 확진자는 6만 740명, 누적 사망자는 900명을 기록했다. 세계적으로 코로나19 대응을 가장 잘했다고 평가받는 'K-방역'에도 수시로 3차, 4차 대유행의 그림자가 어른거린다.

감염병으로 인한 죽음의 공포는 모든 것을 바꿔놓았지만 그중에서도 경제적 충격과 피해는 빠르고 강하게 우리의 삶을 뒤흔들었다. 사회적 거리두기와 감염에 대한 두려움으로 여행·숙박업, 운송업, 예술·영화 등 문화산업, 교육 서비스 등이 큰 타격을 받았다. 거리에 사람들이 사라지면서 상점이 문을 닫았고, 수요가 감소하면서 공장 가동이 멈췄다. 경제적 충격은 일자리 감소와 소득 감소로 이어졌다. 통계청의 〈2020년 10월 고용동향〉에 따르면, 취업자 수는 2708만 8000명으로 2019년 동월 대비 42만 1000명 줄었다. 2020년 3월부터 8개월째 이어지고 있는 취업자 수 감소세는 글로벌 금융위기 직후인 2009년

1~8월 이후 11년 만에 최장 기록이다. 실업자 수는 2019년 동월 대비 16만 4000명이 늘어난 102만 8000명으로 2020년 9월에 이어 두 달째 100만 명을 넘었다. 실업률 3.7%는 IMF 외환위기 직후였던 2000년 이후 10월 기준으로 최고치다. 15세 이상 고용률(60.4%)은 2012년 10월(60.3%) 이후 8년 만에 최저치를 기록했다.

소규모 여행사에서 근무하는 A씨는 동료들과 돌아가면서 휴직을 하고 있다. 불행 중 다행으로 여행업이 특별고용지원업종으로 지정되어 A씨는 8개월 동안 인건비의 최대 90%를 정부 지원금으로 보전받는다. 항공·여행업계는 코로나19가 확산되면서 비상경영체제에 돌입했다. 인원 감축은 기본이고 순환근무, 단축근무, 무급휴직을 시행하는 곳도 많다. 심지어 직원들에게 무급으로 근무하라는 회사도 있다. 사실상 나가라는 뜻이다. 계속 무급으로 버틸 수 없으니 일단 휴직을 하고 단기 아르바이트나 택배 일을 하는 사람도 있다. 현지 여행 가이드들은 코로나19 이후 여행객이 끊기자 아예 다른 일을 찾아 나섰다.

우리 경제의 허리나 다름없는 자영업의 붕괴는 더 심각하다. 중소기업연구원과 통계청에 따르면 2020년 7월 기준 자영업자는 554만 8000명으로 2019년 같은 달보다 12만 7000명이 줄었다. 2019년 7월 자영업자가 2018년 대비 2만 6000명 감소한 것과 비교하면 1년 만에 감소 폭이 5배 가까이 커진 것이다. 자영업이 무너지면서 고용 감소도 이어지고 있다. 2020년 7월 직원을 고용한 자영업자(134만 5000명)는 2019년 같은 달에 비해 17만 5000명이 감소했다. 직원을 고용한 자영업자들은 코로나19 사태 장기화와 사회적 거리두기 조치 등으로 매출이 급감하자 임대료뿐만 아니라 월급을 지급해야 하는 부담이 더 커졌다. 벼랑 끝으로 내몰린 자영업자들은 직원을 내보내고 혼자서 운영하거나 눈물을 머금고 폐업 신고를 하고 있다.

사회·경제의 구조적 민낯

흔히 재난조차도 불평등하다는 말이 있다. 바이러스 감염 위험에 노출되는 정도와 사망 가능성은 가진 자와 못 가진 자를 차별한다. 코로나19는 사회적 약자를 가장 먼저 공격하고 그들의 삶을 가장 심각하게 붕괴시켰다. 경제적 위기 역시 정규직보다 일용직, 특수고용직 등 불안정 노동자에게 더 치명적으로 작용했다. 코로나19가 본격적으로 확산된 2020년 3월 한 달간 160만 명이 임시휴직을 했다. 일자리를 잃고 소득이 단절되면 소비 자체를 할 수 없다. 곳곳에서 "병들어 죽기 전에 굶어 죽겠다"는 비명이 터져 나왔고, 그에 따른 연쇄효과가 경제 전체를 위협하고 있다. 코로나19가 우리 사회와 경제의 구조적인 민낯을 여실히 드러낸 셈이다.

　　코로나19로 학교 개학이 미뤄지던 2020년 3~4월, 울산에 있는 한 초등학교에서 방과후학교 강사로 일하는 B씨는 생계를 걱정하는 가족들 앞에서 힘든 내색조차 할 수 없었다. 방과후학교 강사는 교사와 달리 수업을 하지 않으면 강사료를 받지 못한다. 세 아이를 키우는 B씨가 고육지책으로 선택한 일은 시간제 식품 판매와 학원 통원차량 운전 아르바이트였다. B 씨는 코로나19를 겪으면서 특수고용직 노동 현장의 불합리함을 더 절실히 느끼게 되었다. 특수고용직은 사업주와 도급계약을 맺고 일한다. 방과후학교 강사를 비롯해 학습지 교사, 건설 운송노동자, 골프장 경기보조원, 보험설계사, 방송작가 등이 대표적이다. 정기적으로 출퇴근을 하고 실적을 강요받지만 정식 노동자가 아니므로 기본급이나 퇴직금은 보장받지 못한다. 4대 보험, 휴가, 교육·훈련 등 기업의 복리후생 제도 역시 기대할 수 없다.

　　서울 도봉구에서 방과후학교 강사로 일하는 C씨도 교실이 아니라 쇼핑몰 의류 창고에서 포장 작업을 했다. 오전 9시부터 11시 30분까지 2시간 30분 동안 일하고 한 달에 40만 원을 손에 쥐었다. 다른 방과후학교 강사들도 상황은 마찬가지다. 화장실 청소를 3시간 하고 2만 원을 벌기도 하고, 새벽에 신문 배달도 한다. 방과후학교 강사들이 저임금에도 불구하고 시간제나 임시직 일자리만 찾아다니는 이유가 있다. 코로나19 상황에 따라 언제 학교로 돌아가게 될지 모르기 때문이다.

　　고용노동부에서 코로나19로 어려움을 겪는 특수고용직 노동자에게 '지역고용대응 특별지원사업'을 시행한다고 했지만, 방과후학교 강사들은 사각지대에 놓여 있다. 건강보험료 (4인 가족 기준)가 16만 원 이하인 사람들이 대상이기 때문이다. 기준 금액이 너무 낮다 보니 작은 집이나 자동차가 있으면 대상자가 될 수 없다. 이들은 방과후학교의 공공성을 강화하고 법적 근거를 만들어 강사들이 안정적으로 수업할 수 있는 안전망을 만들어달라고 요구하고 있다.

     2020년 4월 7일 서울 세종문화회관 앞에서 회색 방호복을 입고 마스크를 낀 30여 명이 구호를 외쳤다. 코로나19가 확산되면서 일터에서 해고되거나 무급휴직으로 고통받는 비정규직들이었다. 이들에 따르면, 인천국제공항공사 등에서 일하던 8개 하청업체 비정규직 노동자 2000명이 코로나19 사태로 한꺼번에 해고되었다. 평생 열심히 일한 직원들에게 돌아온 것은 무급휴직 아니면 명예퇴직이라는 선택지뿐이었다.

     한 사업장에서는 정규직 노동자에게 KF94 마스크를 주면서 비정규직 노동자에게는 면 마스크를 지급했다. 최첨단 인공지능 자동차를 만든다는 회사에서 과연 코로나19 바이러스가 정규직, 비정규직을 가리지 않는다는 사실을 몰라서 그랬을까? 사실 정규직과 비정규직에 대한 차별은 새삼스럽지 않은 풍경이다. 비극적이게도 코로나19는 노동기본권을 빼앗긴 특수고용직 노동자의 숨 막히는 현실을 세상에 낱낱이 까발렸다. 구로콜센터 집단 감염이 없었다면 상담사들의 비인간적인 노동환경에 대해 그 누구도 관심을 두지 않았을 것이다. 코로나19로 인한 경제적 충격은 온전히 새로운 것이 아니라 이전에 존재하던 위기가 압축적으로 분출한 결과다. 코로나19 이후 경제적 상황이 지금보다 더 나아지지 않을 것이라는 전망이 우세한 것도 이 때문이다. 여러 국제기구와 연구소, 학자들이 내놓는 다양한 경제 예측 시나리오 가운데 가장 낙관적인 전망조차 전 세계 GDP의 대폭 감소를 예고할 뿐이다. 백신이 개발되고, 사회적 거리두기와 작업장 폐쇄 조치가 해제된다고 하더라도 이미 폐허가 된 경제 상황은 쉽게 원상 복구되기 어려울 것이다.

대량 실업과 '신종 노동자'의 증가

우리나라의 고용보험 가입자 수는 2019년 8월 기준 1352만 8000여 명이다. 전체 노동자 2735만여 명의 절반 수준이다. 코로나19 사태로 대량 실직 등이 현실화하고 있지만 자영업자, 특수고용직 노동자, 프리랜서 등 고용보험 혜택을 받지 못하는 사람들이 1000만 명을 넘는 것이다. 산업연구원에 따르면, 코로나19로 발생한 실직자의 82%가 고용보험 미가입자다. 1997년 외환위기 이후 한국 사회는 20년 넘게 고용보험 밖 일자리를 만들어왔다. 신종 플루나 신종 코로나처럼 '신종 노동자'를 계속 양산해온 것이다. 그 결과 코로나19로 인한 위기는 비정규직과 특수고용직 노동자를 정면으로 덮쳤다. 노조가 있는 대규모 사업장의 정규직들은 코로나19 위협에서 비교적 벗어나 있지만 비정규직들은 직격탄을 맞고 있다. 계속 일할 수 있는데도 단지 계약직이라는 이유만으로 회사에서 쫓겨나고 있다.

문제는 이들의 경제적 충격을 완화해줄 사회안전망이 없다는 데 있다. 이들의 고용 불안 및 대량 실업 사태는 어떤 식으로든 우리 사회에 심각한 부담을 초래한다는 점에서 이들에 대한 사전적이고 적극적인 지원이 시급하다. 만약 대량 실업 사태를 방치해서 이들이 빈곤층으로 전락한다면 코로나19로 촉발된 경제위기는 더 심화될 수밖에 없다. 설령 코로나19 사태가 다소 완화된다고 해도 실업 대란에 발목이 잡힌 경제는 쉽게 회복할 수 없으며 막대한 경제적 손실 또한 불가피하다. 코로나19 경제위기에 이어 또 다른 2차 경제위기가 올 수도 있다. 따라서 비정규직, 특수고용직 노동자들의 대량 실업 충격이 몰고 올 여파에 미리 대비해야 한다.

사회보장제도의 사각지대

코로나19를 계기로 한국의 사회보장제도가 위기 대응에 미흡할 뿐 아니라 불안정 노동자나 실업자를 지원할 수단조차 마땅치 않다는 취약성이 여실히 드러났다. 그렇지만 코로나19 사태를 겪으면서 복지제도에 대한 국민적 신뢰가 높아졌다는 긍정적인 면도 있다.

  코로나19의 확산을 막기 위해서는 신속한 검사와 치료가 무엇보다 중요하다. 코로나19 확진 판정을 받은 미국인이 민간의료보험에 가입되어 있지 않아 검사비로 약 110만 원, 치료비로 약 4280만 원을 청구받았다는 소식이 SNS를 통해 알려지면서 화제가 된 바 있다. 민간보험에 가입하지 않은 미국인들은 엄청난 의료비를 전부 본인이 부담해야 하기 때문에 코로나19 검사와 치료를 꺼리는 문제가 발생했다.

  반면 우리나라는 국민건강보험의 적용을 받는다. 검사와 격리, 치료 등에 드는 비용 중 80%를 건강보험공단이, 나머지 20%를 국가가 부담한다. 환자가 부담하는 비용이 없으므로 코로나19 의심환자에 대한 빠른 검사와 진단이 가능하다. 또한 우리나라의 건강보험은 다른 나라와 비교해 상대적으로 '낮은 보험료와 높은 의료 접근성'을 가지고 있어서 아프면 언제든지 병원에 갈 수 있고 필요하면 입원할 수 있다. 높은 병상 준비율과 의료 접근성 덕분에 코로나19 위기 상황에서 조기 진단과 조기 치료가 가능했다. 건강보험은 국가와 국민이 부담하는 건강보험료로 운영된다. 이번 코로나19 상황을 계기로 국민은 건강보험의 중요성과 함께 보험료로 내는 돈이 아깝지 않다는 것을 알게 되었다. 국민을 위한 복지제도가 국민의 안전을 위한 최후의 보루가 된다는 점을 확인한 것이다. 이를 계기로 사회보장의 사각지대 해결을 위한 증세 논의가 이뤄져야 한다. 특히 정부가 국민을 상대로 더 과감하고 담대하게 증세의 필요성을 말하고 동의를 구해야 한다.

여기서 우리는 "납세자와 수혜자가 분리되는 전 국민 고용보험 재원은 증세로 만들기 어렵지만, 납세자와 수혜자가 일치하는 기본소득 재원은 증세로 마련할 수 있다"는 이재명 경기도지사의 주장을 새겨볼 필요가 있다. 기본소득은 사회보장의 사각지대를 해결할 복지제도를 넘어 새로운 사회 개혁, 증세의 공감대를 끌어낼 제도로 주목받고 있다. 코로나19가 본격적으로 확산되기 전인 2020년 3월 국민 10명 중 6명이 기본소득 도입에 찬성한다는 조사 결과도 있었다. 이 가운데 82%는 재원 마련을 위한 증세에도 찬성했다. 경제의 허리 역할을 하는 40~50대에서 찬성 의견이 높았다는 점이 눈길을 끈다.

코로나19로 인한 경제적 위기는 어쩌면 모두가 피하기 어려운 재난일 수 있다. 하지만 취약계층이 감당해야 할 부담은 절대 다른 계층과 같을 수 없다. 코로나19는 생계유지를 위해 나쁜 환경의 일자리도 마다할 수 없는 취약계층을 중심으로 전파되고 있다. 취약계층이 감염되면 그들만의 문제로 끝나지 않는다. 사회 전체적으로 감염병이 확산될 위험이 더 커진다. 마찬가지로 취약계층이 사회안전망 밖으로 밀려나는 것은 단지 그들만의 문제가 아니라 사회 전체에 큰 위협이 될 수 있다. 지금의 사회보장제도로는 고용안전망과 사회안전망 역할을 제대로 할 수 없다는 것이 코로나19로 자명해졌다. 많은 사람들이 코로나19 위기 속에서 함께 살아가기 위해 기본소득에 주목하는 것도 이 때문이다.

위기를 돌파하는 '모두의 경험'

"사상 최초로 정부가 국민에게 지원한 긴급재난지원금이 국민들께 큰 위로와 응원이 되고 있어 매우 기쁩니다. 경제 위축으로 허리띠를 졸라맸던 국민의 마음이 와닿아서 가슴이 뭉클합니다."

문재인 대통령이 2020년 5월 26일 국무회의에서 한 말이다. 문 대통령은 긴급재난지원금을 받은 사람들이 모처럼 소고기 국거리를 사고, 아내에게 벼르던 안경을 사줬다는 언론 보도를 언급하면서 한우와 삼겹살 매출이 급증했다는 소식도 전했다.

정부는 2020년 5월에 총 14조 2448억 원 규모의 긴급재난지원금을 모든 국민에게 지급했다. 정부는 "코로나19의 글로벌 대유행으로 국내외 경제는 전례 없는 불확실성에 직면하게 되었다"며 "긴급재난지원금은 코로나19라는 유례없는 위기에 대응하여 국민 생활의 안정과 위축된 경제 회복을 위해 정부가 제공하는 국민 안전망"이라고 밝혔다. 정부는 또 경제활동과 소비심리가 크게 위축되고 민생과 경제 전반의 어려움이 확대되고 있어 소상공인, 자영업자 등 고통받는 국민들에게 버팀

목이 절실한 상황이라고 강조했다. 정부는 지금과 같이 모든 계층에 피해가 발생한 상황에서 사회적 취약계층만을 대상으로 한 기존의 복지제도로는 지원의 사각지대가 발생하게 된다는 점을 스스로 인정했다.

가계 지원은 정말 낭비인가

우리 정부가 국민 전체를 대상으로 현금성 수당을 지급한 것은 긴급재난지원금이 처음이다. 코로나19로 인한 경제위기는 사회·경제적으로 가장 취약한 사람들을 먼저 위협했고 이런 상황이 긴급재난지원금이라는 전례 없는 현금성 지원 정책을 소환한 것이다. 전 세계 여러 나라에서는 그동안 경제위기가 닥치면 주로 금융사와 기업을 지원했다. 1997년 외환위기 때도 그랬고, 2008년 글로벌 금융위기 때도 그랬다. 기업의 연쇄 도산과 금융 시스템 붕괴를 막는 것이 당면 과제였기 때문이다.

하지만 코로나19라는 글로벌 감염병 위기는 대기업이나 금융사가 아닌 소상공인과 자영업자를 비롯한 일반 시민들의 삶을 파괴했고 민생 경제를 붕괴시켰다. 사람들이 대면 접촉을 꺼리면서 상점과 식당이 문을 닫았고, 공장이 멈추면서 생산과 영업이 어려워졌다. 코로나19로 인한 경제위기는 공급 부족이 아니라 수요 부족에서 기인했다. 대기업과 금융사를 지원하던 이전 방식으로는 대응할 수 없는 새로운 위기 상황이 발생한 것이다. 따라서 경제 방역에서 가장 중요한 포인트는 위축된 소비심리와 경제활동을 다시 되살리는 일이었다. 수요 확대에 집중해서 경제를 선순환시켜야 했다. 그런 점에서 긴급재난지원금은 어려운 사람을 구제하기 위한 '구휼' 정책이 아니라 경제활동을 되살리는 '경제' 정책이라고 할 수 있다.

이 과정에서 현금성 수당, 즉 현금 지원에 대한 부정적 시각이 제기되었다. 정부 재정을 현금으로 가계에 지원하는 것보다 도로나 교량 공사 등 사회간접자본에 투자하거나 일자리 창출 및 기업에 지원하는 것이 경제를 활성화하는 승수효과(지출한 금액보다 많은 수요가 창출되는 현상)가 크다는 것이다. '기업 지원은 투자이고, 가계 지원은 낭비'라는 구시대적 이야기가 여전히 절대 진리인 듯 되풀이되었다.

그러나 외국 석학들이 나서서 현금 지원의 필요성을 언급하고, 실제로 미국, 홍콩, 일본 등 각국 정부가 현금 지원에 나서자 국내에서도 현금 지원 방안이 설득력을 얻기 시작했다. 미국은 2020년 4월부터 연 소득 7만 5000달러(약 9200만 원) 이하인 성인에게 1인당 최대 금액인 1200달러(약 147만 원)를 지급했다. 만 17세 미만 부양 자녀가 있는 경우에는 1인당 500달러(약 61만 원)를 추가로 지원했다. 지원금 혜택을 받는 미국인은 1억 5000만 명으로 추정된다. 미국 경제활동인구(1억 6450만 명)의 91%에 해당하는 규모다.

독일은 주요 국가 가운데 가장 먼저 지원금을 지급했다. 독일은 사회안전망과 복지제도가 탄탄하게 구축되어 있어서 저소득 가정, 구직자, 실업자, 학생, 노인, 연금생활자 등은 이미 국가의 지원 대상이다. 문제는 베를린의 경우 다른 도시보다 문화예술 산업의 규모가 크고 프리랜서 예술인들이 많다는 점이다. 베를린에만 약 20만 명이 프리랜서와 1인 자영업자로 등록되어 있다. 따라서 베를린은 2020년 3월 말, 연방정부 지침에 따라 프리랜서와 자영업자, 소상공인에게 9000~1만 5000유로(약 1216만~2026만 원)를 지급했다. 여기에는 외국인도 포함되었다. 온라인으로 인적 사항과 주소, 세금번호, 계좌번호 등을 입력하면 3일 안에 신속하게 현금이 입금되는 방식이다. 함부르크도 자영업자에게 2500유로(약 338만 원)를 지원하고 있다. 종업원 10인 미만의 작은 기업에는 5000유로(약 675만 원)가 지급된다.

    소득과 상관없이 모든 국민에게 지원금을 지급하는 국가도 있다. 1인당 10만 엔(약 114만 원)을 일률 지급하는 일본이 대표적이다. 한국이 가구당 100만 원(4인 기준)을 재난지원금으로 지급한 것에 비하면 매우 파격적인 금액이다. 일본은 애초 소득이 감소한 가구에만 30만 엔을 지급하기로 했지만 계획을 바꿔 주민기본대장에 등재된 모든 사람에게 지급했다. 싱가포르는 전 국민을 대상으로 하는 보편적 지원이지만 소득과 부동산 소유, 자녀 유무 등에 따라 액수를 차등 지급했다. 만 21세 이상 국민에게 소득별로 600~1200싱가포르달러(약 52만~103만 원)를 주고, 만 20세 이하 자녀가 있는 경우에는 300싱가포르달러(약 26만 원)를 추가로 지급했다. 홍콩은 7년 이상 거주한 모든 성인 영주권자 700만 명에게 1인당 1만 홍콩달러(약 157만 원)를 지급했다. 이 나라들이 이렇게 사상 초유의 현금 지원에 나선 것은 코로나19로 인해 소비활동이 위축되면서 경제가 급격히 얼어붙은 데 따른 경기 부양이 목적이었다.

긴급재난지원금의 놀라운 효과

그렇다면 문재인 대통령의 말대로 긴급재난지원금은 국내 소비를 진작시키는 효과가 있었을까? 적어도 2020년 2분기 가계는 긴급재난지원금 덕분에 지탱한 것으로 분석된다. 더불어 경기 위축으로 급감한 가구소득을 긴급재난지원금이 보전해주면서 소득 상하위 가구 간 격차도 줄었다. 통계청이 2020년 8월 20일 발표한 〈2분기 가계동향조사 결과〉에 따르면, 2분기 가구당 월평균 소득은 527만 2000원으로 2019년 2분기 대비 4.8% 증가했다.

    코로나19로 인한 경제적 피해는 2020년 1분기에 이어 2분기에도 심각했다. 고용 감소의 영향으로 근로소득이 감소하고, 업황 부진에 따라 사업소득도 줄었다. 2분기 가구당 월평균 근로소득은 322만 원으로, 2019년 2분기 대비 5.3%나 감소했다. 통계청이 전국 단위 가계동향조사를 시작한 2003년 이래 최대 감소 폭이다. 2분기 가구당 월평균 사업소득과 재산소득도 각각 94만 2000원과 3만 4000원으로 2019년 2분기 대비 각각 4.6%와 11.7% 감소했다. 근로소득과 사업소득, 재산소득이 동반 감소한 것은 전국 단위 가계동향조사 사상 처음이었다. 그런데 2분기 가구당 월평균 이전소득(생산활동 없이 개인이 정부나 기업으로부터 받는 수입)은 98만 5000원으로 2019년 2분기 대비

80.8% 급증했다. 특히 긴급재난지원금이 포함된 공적이전소득 (정부 지원금 등 공공기관 등에서 개인에게 지급하는 소득)은 2019년 2분기 대비 증가율이 무려 127.9%였다. 결국 코로나19로 인해 근로소득, 사업소득, 재산소득은 모두 감소했지만 긴급재난지원금이 이를 충분히 보전하면서 2분기 가구소득이 2019년 2분기보다 4.8%나 증가한 것이다.

긴급재난지원금은 코로나19로 소득 양극화가 더 심해질 것이라는 우려를 일부 해소하면서 소득분배 개선에도 크게 기여했다. 실제로 코로나19가 확산하기 시작한 2020년 1분기의 '소득 5분위 배율'(소득 최상위 20%인 5분위 가구소득을 소득 최하위 20%인 1분위 가구소득으로 나눈 값)은 5.41로 2019년 1분기의 5.18보다 0.23포인트 상승하면서 소득 양극화에 대한 우려가 컸다. 5분위 배율은 수치가 작을수록 소득분배가 잘 이뤄지고 있다는 의미다. 그런데 긴급재난지원금이 지급되고 나서 2분기의 5분위 배율이 4.23을 기록했다. 2019년 2분기 4.58보다 0.35포인트 줄어든 것이다. 1분위 가구소득이 5분위 가구소득보다 큰 폭으로 증가하면서 소득분배 개선에 영향을 미쳤다. 긴급재난지원금의 소득 보전 효과가 5분위 가구보다 1분위 가구에서 집중적으로 나타난 것이다. 1분위 가구에서는 긴급재난지원금이 포함된 공적이전소득 비중이 전체 소득의 46.9%를 기록했지만, 5분위 가구는 7.5%에 불과했다.

긴급재난지원금은 2020년 1분기에 6.0% 감소했던 소비지출을 2분기에 상승세로 바꿔놓았다. 통계청에 따르면, 2분기 월평균 가계 지출은 388만 2000원으로 2019년 2분기 대비 1.4% 증가했다. 곳곳에서 긴급재난지원금의 영향으로 소비지출 효과가 나타났다. 특히 육류와 수산물 지출은 전년 동기 대비 각각 33.6%, 29.5% 증가했다. 식료품과 비주류 음료 지출도 20.1% 늘었다. 코로나19로 집에서 생활하는 시간이 늘어나면서 곡물 가공품, 과일 가공품 소비도 각각 25.4%, 11.9% 늘었다. 가정용품·가사 서비스 지출도 21.4% 증가했고, 주택 유지·수선 지출은 35.9%나 증가했다. 마스크가 포함된 의료용 소모품 지출은 1분기 131.8% 증가에 이어 2분기에도 240% 늘었다. 반면 코로나19 예방과 확산 방지를 위해 사람들이 외출을 자제하면서 교육과 오락·문화 관련 지출은 크게 줄었다. 교육 지출은 전년 동기 대비 29.4% 감소했고, 오락·문화 지출은 21% 줄었다. 단체 여행비 지출은 무려 92.7%가 급감했고, 음식·숙박 지출은 5% 감소했다.

사회안전망의 취약한 구멍

정부의 긴급재난지원금 효과로 2020년 2분기 가구소득이 5% 가까이 늘었고, 특히 정부 지원 의존도가 높은 저소득층의 소득이 상대적으로 많이 증가하면서 고소득층과의 소득격차도 줄어들었다. 기업체나 소비자가 느끼는 체감경기를 수치로 나타낸 기업경기실사지수, 소비자심리지수 등도 경기도 재난기본소득과 정부 긴급재난지원금 신청이 시작된 4~5월에 상승세로 전환했다. 정부의 직접적인 소득지원 정책이 코로나19로 인한 경제적 어려움을 개선하는 데 결정적인 영향을 미친 것이다.

사회안전망의 목적은 경제적으로 어려움을 겪고 있는 사람들을 보호하는 것이다. 노후에 소득을 보장하는 연금, 실업자에게 소득을 지원하는 고용보험, 빈곤계층을 위한 국민기초생활보장제도 등이 대표적이다. 하지만 기존의 사회안전망은 코로나19의 확산으로 경제적 어려움을 겪는 사람들을 보호하지 못했다. 특히 비정규직 노동자, 일용직 노동자, 프리랜서 및 자영업자에게 큰 구멍을 드러냈다. 고용보험은 일하는 사람의 절반 정도만 보호했고, 주로 정규직 임금 노동자들이 그 대상이었다. 정작 도움이 절실한 사람들은 대부분 배제되었다. 구멍이 작으면 잘 수선해서 메꾸면 된다. 그런데 지금 우리의 사회안전망은 그 구멍이 너무 크다. 정부가 재난지원금이라는 현금성 수당을 긴급하게 지급하고 나선 것도 이런 이유에서다.

전 세계는 코로나19 팬데믹이라는 미증유의 상황을 겪고 있다. 앞으로의 사회, 그리고 우리의 일상은 이전과 같을 수 없다. 현재의 사회안전망으로는 경제적 어려움에 처한 사람들을 제대로 보호하기 어렵다. 코로나19의 확산은 사회안전망의 사각지대에 대한 문제의식과 근본적인 개선이 필요하다는 공감대를 확산하는 중요한 계기가 되었다. 기존 복지정책과 전혀 다른 방식의 보편적 기본소득이 코로나19 사태 이후 새로운 사회안전망의 대안으로 떠오른 것이다.

모두가 기본소득을 경험하다

경제적 위기에 처한 사람들에게 기존 사회안전망은 제 역할을 하지 못했는데, 긴급재난지원금은 왜 그 역할이 가능했을까? 기존의 사회안전망에서 담보하지 못한 '보편성'이 가장 중요한 요인 중 하나라고 할 수 있다. 비록 단발성이긴 했지만 긴급재난지원금은 전 국민에게 보편적으로 지급되었다. 처음부터 전 국민을 대상으로 지급하려던 것은 아니었다. 정부는 2020년 4월 3일 합동 브리핑을 통해 소득 하위 70% 이하 가구만을 대상으로 4인 가구 기준 100만 원을 지급하겠다고 밝혔다. 그나마 기획재정부가 제시한 소득 하위 50%보다 상향 조정된 내용이었다. 이에 대해 당시 이해찬 더불어민주당 대표는 "지역, 소득과 관계없이 모든 국민을 국가가 보호하고 있다는 것을 제대로 보여주는 것이 중요하다"면서 사실상 전 국민을 대상으로 지급해야 한다는 의견을 피력했다.

앞서 이재명 경기도지사도 긴급재난지원금의 지급 대상은 저소득층뿐만 아니라 고액납세자까지 포함하는 등 전 국민이 되어야 한다고 주장했다. 재난지원금은 취약계층을 지원하는 복지정책이 아니라 소비지출을 통해 중소상공인의 매출을 늘리고 생산을 촉진하는 경제정책이라는 점, 또 재정에 더 크게 기여한 고액납세자를 제외하는 것은 이중 차별이기 때문에 모두에게 지급하는 것이 맞다는 점 등을 이유로 들었다. 이재명 지사는 "그래야 고액납세자들이 앞으로 추가될 수밖에 없는 지원 정책에도 저항하지 않고 동참할 것"이라며 "정책 사각지대를 없애고, 세금을 열심히 낸 중산층과 힘을 합해 경제를 살리려면 모두를 대상으로 신속하게 지원하는 것이 바르고 빠른 방법"이라고 강조했다. 그러면서 경기도는 코로나19 경제위기 극복을 위해 전체 도민을 대상으로 소득과 자산, 나이에 상관없이 1인당 10만 원씩 재난기본소득을 지급하겠다고 발표했다.

기획재정부는 재정 건전성 문제 등을 이유로 끝까지 반대했지만, 소득 하위 70%를 선별하는 데 소요되는 행정 비용이나 시간상의 문제가 제기되는 등 논란이 거듭되면서 정부와 더불어민주당은 2020년 4월 22일 긴급재난지원금을 전 국민에게 지급하는 방안에 합의했다. 이로써 국민 전체가 정부의 긴급재난지원금과 경기도의 재난기본소득을 통해 보편적 복지의 가장 대표적인 정책이라고 할 수 있는 기본소득을 경험하게 되었다. 단 한 번도 경험해보지 못한 것과 이미 경험해본 것은 엄청난 차이를 가져온다. 일부 소수의 학자들 사이에서 논의되었던 기본소득이 코로나19를 계기로 급부상한 것이다. 사람들은 이전과는 다른 체계를 구축해야 한다는 데 폭넓은 지지와 공감대를 형성했고, 이미 경험해본 기본소득이 더욱 설득력을 얻기 시작했다. 물론 그렇다고 해서 기본소득이 당장 전면적으로 도입되는 일은 벌어지지 않을 것이다. 아직 넘어야 할 산이 많다. 그러나 코로나19로 인해 전 국민이 기본소득을 경험해본 것만으로도 우리 사회에 매우 중요한 시사점을 남겼다.

새로운 기준, 집단적 복지 체험

정부의 긴급재난지원금과 경기도의 재난기본소득이 논의되던 초기에는 가장 기본적인 요건인 '보편성'조차 충족되지 않은 정책들이 기본소득으로 불리며 오해를 낳기도 했다. 2020년 2월 이재웅 당시 쏘카 대표는 "경계에 서 있는 소상공인, 프리랜서, 비정규직, 학생, 실업자 1000만 명에게 마스크를 살 수 있는, 집세를 낼 수 있는, 아이들을 챙길 수 있는, 집에서 라면이라도 먹을 수 있는 소득이 필요하다"며 어려운 국민들에게 50만 원씩 재난기본소득을 지급하자고 주장했다. 이러한 주장은 일부 계층만을 대상으로 하는 선별 수당이라는 점에서 보편성을 기본 요건으로 하는 기본소득이라고 할 수 없다. 지자체 최초의 재난기본소득 사례로 꼽히는 '전주형 재난기본소득'도 중위소득(전체 가구를 소득순으로 순위를 매긴 후 정확히 가운데를 차지한 가구의 소득) 100% 이하를 대상으로 했다는 점에서, 기본소득이 아니라 소득을 기준으로 한 선별 수당이다.

    중요한 것은 기본소득이냐 아니냐는 이름 논쟁이 아니라 모든 국민이 빠짐없이 국가로부터 일정 금액의 현금성 수당을 똑같이 받으면서 집단적인 '복지 체험'을 누렸다는 점이다. 게다가 정부의 긴급재난지원금, 경기도의 재난기본소득 등이 지급되면서 복지는 늘 가난한 사람, 누군가의 도움이 필요한 사람만 받는 것이라는 통념이 깨졌다. 그럭저럭 살 만한 중산층은 물론 부유층까지 똑같이 지원한다는 발상의 전환은 사람들이 처음 경험하는 신선한 충격이었다.

물론 재난기본소득에 반대했던 사람들은 여전히 중산층, 부유층까지 지원하는 것은 비효율적인 재정 낭비라고 비판한다. 코로나19로 피해를 더 많이 본 취약계층에 집중하는 선별 지원이 필요하다는 것이다. 그래서 재난기본소득 논쟁은 보편적 지원이냐, 선별 지원이냐의 문제로 가열되었다. 여기서 문제는 기존의 복지 지원체계에서 선별 지원할 경우 코로나19로 경제적 타격을 입은 자영업자나 영세 사업자 등 상당수가 제외된다는 점이다. 코로나19로 경제적 피해를 본 사람들을 모두 지원하려면 새로운 기준을 만들어야 했다. 물론 어디까지로 기준을 잡을 것인지도 문제지만, 이런 과정을 거치려면 신속한 지원이 불가능해진다. 지원의 신속성, 긴급성이 요구되는 상황이었기 때문에 지원 대상을 선별하거나 심사하지 않는 보편적 지원이 설득력을 얻을 수 있었다.

재난기본소득, 생존을 위한 발상의 전환

전 국민을 대상으로 현금성 수당을 지급해야 한다고 주장한 이재명 경기도지사는 정부보다 앞선 2020년 4월부터 전체 경기도민을 대상으로 1인당 10만 원씩 재난기본소득을 지급했다. 당시 경기도 인구는 1326만 5377명이었다. 일회성이기는 했지만 소득과 나이에 상관없이 전 도민을 대상으로 하는 기본소득 제도의 시행이라는 점에서 주목을 받았다. 경기도 재난기본소득은 지급일로부터 3개월이 지나면 소멸하는 지역화폐로 지급되었다. 단기간에 전액 소비를 유도함으로써 가계 지원과 기업·자영업자 매출 증대라는 이중 효과를 노렸다.

2020년 3월 경기도의회는 '경기도 재난기본소득 지급 조례안'을 의결했다. 경기도민을 대상으로 재난기본소득을 지급할 수 있는 근거 조례안을 전국 최초로 제정한 것이다. 이재명 지사는 재난기본소득에 대해 "단순히 현금을 나눠주는 복지가 아니라 방역 행정의 일환이자 현 상황에서 불가피한 정책"이라고 주장했다.

일부 고소득자와 미성년자를 제외하거나 차등을 두자는 의견도 있었다. 하지만 이재명 지사는 "기본소득의 이념에

반한다"며 거부했다. 그는 2020년 3월 24일 재난기본소득 시행 발표 기자회견에서 "고소득자 제외는 고액납세자에 대한 이중차별인 데다 선별 비용이 과다하고, 미성년자도 세금을 내는 도민이며 소비지출 수요는 성인과 다를 바 없다는 점에서 제외나 차별을 하지 않았다"고 설명했다.

기본소득이 해법이다

이재명 지사는 코로나19 경제위기를, 기본소득의 필요성을 절감하고 도입을 앞당기는 계기로 인식했다. 그는 "소액이고 일회적이지만 경기도 재난기본소득이 국가 차원의 기본소득 논의의 단초가 되고 새로운 시대에 걸맞은 새 정책으로 자리 잡기를 바란다"고 밝혔다. 그는 기본소득이 단순한 복지정책을 넘어 4차 산업혁명 시대에 소득과 부의 과도한 집중과 대량 실업문제를 해결할 유일한 경제정책이라고 본 것이다.

경기연구원도 〈코로나19로 인한 경제재난, '재난기본소득'이 해법이다〉라는 자료를 통해 "코로나19로 촉발된 '유례없는 위기'에는 전 국민 특수기본소득 같은 '유례없는 대응'이 필요하다"며 '지역화폐형 재난기본소득'의 당위성을 강조했다. 경기연구원은 지급 대상, 지급 방식, 지급 형태, 재정 마련 등 네 가지 쟁점별로 경기도 재난기본소득을 설명했다.

우선 경기도 재난기본소득은 지급 대상을 취약계층으로 한정하지 않고 도민 모두에게 지급했다. 광범위한 빈곤층 가운데 코로나19로 인한 일시적인 빈곤층을 선별하는 것이 불가능하고, 선별 작업 등 행정 비용이 막대하다는 이유에서다. 지급 방식의 경우 감세, 대출 등의 간접 방식보다는 현금으로 주는 직접 방식이 분배 정의에 부합한다고 봤다. 납세자에게는 감세가 혜택이지만 세금을 내지 않는 면세자에게는 아무 혜택이 없으며 같은 납세자라도 저소득층보다 고소득층에게 유리하기 때문이다. 대신 경기도는 소비하지 않고 저축할 가능성이 높은 현금이 아니라 사용 기간이 정해져 있는 지역화폐를 지급함으로써 내수 진작 효과를 노렸다. 지역화폐의 사용처를 대형마트나 백화점이 아닌 재래시장, 골목 상점 등 중소 영세업체로 제한하면서 소상공인과 자영업자의 소외 우려도 불식시켰다.

가장 뜨거운 쟁점인 재정 마련과 관련해서도 일단 모두에게 지급된 재난기본소득에 대해 연말정산이나 다음 연도 종합소득세 신고 시 과세하는 방법을 제시했다. 비록 현실화되지는 않았지만, 이렇게 하면 소요 재원의 일부를 환수할 수 있을 뿐 아니라 고소득층에게도 지급한다는 사회적 비판을 누그러뜨릴 수 있는 장점이 있다.

경기도 재난기본소득은 경기도민의 압도적 다수로부터 '잘했다'는 평가를 받았다. 2020년 5월 도민 1000명을 대상으로 '재난기본소득 효과 및 만족도'를 조사한 결과, 87%가 '재난기본소득이 코로나19로 인한 자영업자 경영난 극복에 도움이 될 것'이라고 응답했다. 또 도민의 85%는 경기도 재난기본소득 지급이 가정 살림살이에 '도움이 된다'고 말했다.

경기도 재난기본소득이 지급된 뒤 자영업 점포의 월 매

출도 코로나19 확산기였던 2020년 2~3월 대비 18% 증가했다.

경기도가 2020년 5월 경기지역화폐 가맹점 1000곳을 대상으로 재난기본소득 효과를 조사한 결과, 월 매출이 '증가했다'는 응답이 56%로 절반을 웃돌았다. 업종별로는 식품·음료(77%) 부문에서, 상권 유형별로는 전통시장 상권(67%) 부문에서 '증가했다'는 응답이 높았다. 경기지역화폐 가맹점의 80%는 재난기본소득이 자영업과 소상공인의 경영난 극복에 도움이 될 것이라고 내다봤고, 52%는 폐업이나 사업 축소 계획 철회에 도움이 되었다고 답했다. 경기도 재난기본소득이 지역경제를 회복하는 데 중요한 밑거름이 된 셈이다.

보편 지급과 지역화폐의 효과

경기도 재난기본소득이 지역경제에 긍정적 효과를 낼 수 있었던 이유는 지역화폐 형태의 보편적 긴급지원금이었기 때문이다. 경기도민으로부터 재난기본소득 신청을 받은 뒤 20일 동안 경기도와 31개 시군이 재난기본소득으로 지급한 금액은 모두 1조 5000억 원이고 이 가운데 5739억 원(38.26%)이 지역 상권에서 사용되었다. 코로나19로 꽁꽁 얼어붙었던 지역경제에 최소한의 응급 처치를 한 셈이다.

여기서 한 가지 흥미로운 사실은 같은 지역화폐(재난지원금) 사용이 가능한 매장이라 하더라도 경기도가 다른 7대 도시(서울, 부산, 대구, 인천, 광주, 대전, 울산)보다 매출이 7%포인트 더 높게 나타났다는 점이다. 이에 대해 기본소득한국네트워크는 "보편적 지급과 지역화폐의 형태가 결합해서 만들어낸 효과"라고 분석했다. '모든 경기도민'에게 지급함으로써 지급 총액이 다른 지역에 비해 훨씬 많았고, 또 가구별이 아니라 개인별로 지급했기 때문에 훨씬 빠르고 다양한 소비가 가능했다는 것이다. 기본소득한국네트워크는 "보편적 지급은 공동체에 대한 신뢰를 굳건히 하고 관계에 대해 고려하게 만든다"며 "지역화폐는 우리가 수행하는 경제활동의 관계를 새롭게 볼 수 있는 계기, 즉 우리가 어디 살고 있고 누구와 거래를 하는 것이 더 나은 일인지를 살피게 한다"고 의미를 부여했다. 재난기본소득이 당장의 응급 처치를 넘어서서 우리에게 좀 더 나은 삶을 가져다주는 대안이 될 수 있을까? 그 성공 여부는 "재난을 함께 당하는 '우리'가 서로를 얼마나 신뢰하는가"에 달려 있다.

소비활동이 달라졌다

경기도의 재난기본소득이나 정부의 긴급재난지원금 전후로 고용유지지원금, 고용안정지원금, 소상공인 대출 지원, 소비 세제 혜택 등 경제위기 파급을 차단하기 위한 다양한 정책이 시행되었다. 따라서 재난기본소득(재난지원금)만 떼어 그 효과와 의미를 분석하기는 쉽지 않다. 그렇지만 주목할 만한 몇 가지 시사점은 분명해 보인다.

　　　　우선 소비 패턴 변화에 대한 경험이다. 동네 상권이 오랜만에 활기를 띠었다. 물론 사용 기간과 지역, 사용처 등을 모두 제한했지만 정부가 재난 상황 극복을 위해 어렵게 마련한 지원금인 만큼 사람들도 그 목적에 맞게 사용해야 한다고 인식했으며 실천에 옮겼다. 실제로 경기도의 '재난기본소득 효과 및 만족도 여론조사' 결과를 보면, 경기도민의 80%가 '평소 가던 대형마트 대신 동네 가게를 이용'한 것으로 나타났다. '한 번도 이용하지 않았던 새로운 동네 가게를 이용(33%)'하고, '전통시장을 방문(34%)'하는 등 소비 패턴에 변화가 생긴 것이다. 특히 이들 중 85%는 재난기본소득 사용을 위한 목적이 아니더라도 동네 가게나 전통시장을 '재방문할 의사가 있다'고 응답했다. 재난기본소득이 자영업자 매출 증대에 영향을 주고, 신규 고객 유입 등 지속 가능한 골목상권 활성화에도 효과가 있음을 보여 준 것이다.

한국리서치가 2020년 6월 전국 만 18세 이상 남녀 1000명을 대상으로 실시한 조사에서도 긴급재난지원금 사용을 위해 '평소 가던 대형마트 대신 동네 가게를 이용한' 경험이 74%, '평소 잘 가지 않던 전통시장 방문' 경험이 24%로 나타났다. 마찬가지로 '동네 가게나 전통시장을 재방문할 의사가 있다'는 응답도 77%를 기록했다.

〈재난기본소득을 검토해보자〉(미디어오늘, 2020년 2월 26일)라는 칼럼에서 '재난기본소득'이라는 용어를 처음 사용한 윤형중 LAB2050 정책팀장은 이를 '구매력의 재발견'이라고 설명했다. 윤 팀장은 2020년 6월 22일 한겨레21에 기고한 글에서도 "소비자는 적정 가격의 질 높은 재화와 서비스만을 선호하는 것이 아니라, 소비활동에 환경·정의·노동 등 다양한 가치관을 부여했다. 이러한 흐름의 연장선상에서 재난지원금으로 자신의 구매력이 지닌 사회적 의미와 효과를 재발견했다"고 분석했다.

세금에 대한 신뢰

또 다른 시사점은 재난기본소득과 긴급재난지원금이 보편적 복지에 대한 우호적 인식을 대폭 강화했다는 점이다. 한국리서치가 2020년 6월 실시한 긴급재난지원금 인식 조사에서 '소득, 재산에 관계없는 지급'에 찬성하는 의견이 80%로 나타났다. 질문 방식이 다소 다르기는 했지만 한국리서치의 4월 조사에서는 '모든 사람에게 지급해야 한다'는 의견이 54%, '선별적으로 지급해야 한다'는 의견이 43%로 차이가 크지 않았는데, 재난지원금을 직접 경험하고 난 뒤 국민의 시각에 큰 변화가 생긴 것이다.

선별 지급이 아닌 보편 지급에 더 많은 사람들이 찬성한 이유는 '코로나19로 인한 어려움을 모든 국민이 겪고 있기 때문에(56%)', '지급 기준에 대한 논란이 있을 수 있기 때문에(27%)', '지급 대상 평가를 위해서 지급 시기가 늦춰질 수 있기 때문에(16%)' 등이었다. '복지정책의 미래'에 대한 질문에서도 '보편 복지 강화(55%)'에 대한 공감 비율이 '선별 복지(41%)'를 비교적 크게 앞질렀다. 연령별로는 30대의 지지가 상대적으로 높았지만, 60세 이상에서는 의견이 팽팽했다. 특히 재난지원금이 '본인의 가정 살림' 및 '자영업자 소상공인'에게 도움이 되었다는 긍정적 평가가 보편 복지에 대한 우호적 인식을 강화한 것으로 분석되었다.

전 국민을 대상으로 한 보편적 현금성 수당은 복지뿐만 아니라 세금에 대한 국민의 인식도 변화시키는 계기가 되었다. 일부에 한정된 복지 수혜를 전체로 확대하자 세금 효용에 대한 신뢰도가 올라갔다. 재난지원금으로 보편적 복지 체험을 한 국민이 세금의 효용에 대해 신뢰하게 된 것은 향후 온전한 사회안전망을 갖추는 데 중요한 자원이 될 수 있다.

한국은 대표적인 저부담, 저복지, 저신뢰 사회다. 2018년 기준 한국의 GDP 대비 공공사회지출 비중은 11.1%로 OECD 평균 20.1%의 절반 수준이다. 공공사회지출을 늘리기 위해서는 증세가 필요하다. 한국의 조세가 GDP에서 차지하는 비중은 2017년 기준 18.8%(OECD 평균 24.9%)다. 조세 저항을 줄이는 방법은 내가 낸 세금이 제대로 쓰이고 있다는 신뢰를 주는 것이다. 2020년 5월 한국리서치 조사에서 '보편 복지 강화'를 선호하는 사람들에게 '재원 마련을 위해 추가 세금을 낼 의향'을 묻자 절반이 넘는 65%가 동의했다는 점은 많은 시사점을 던져주고 있다.

생존을 위한 혁신

"마라톤을 뛰는데 한 10킬로미터 정도 오지 않았나 생각한다."

2020년 7월 20일 당시 중앙방역대책본부장이었던 정은경 질병관리청장이 정례브리핑에서 국내 코로나19 확진자 발생 6개월을 맞는 소회를 밝혔다. 정은경 청장은 "WHO도

'현재 상황으로는 코로나19를 종식시키기는 어렵다'고 언급하고 있어 코로나19 유행에 대한 장기전을 준비하는 것이 필요하다"고 말했다. 백신과 치료제가 언제 개발될지 장담할 수 없는 상황에서 코로나19와 함께 안전하게 살아가기, 즉 '위드with(함께) 코로나'를 정착시키기 위해 환경, 문화, 제도 등 사회 각 분야의 개선이 필요하다는 것이다.

위드 코로나의 핵심은 위기를 극복하는 것이 아니라 위기와 공존하면서 사회안전망과 사회적 신뢰를 구축하는 것이다. 국내는 물론 전 세계적으로 코로나19의 종식을 쉽게 예측할 수 없는 상황이다. 코로나19 확산세가 어느 순간 종료된다고 해도 그 피해로부터 완전히 회복하려면 상당한 시일이 소요될 것이다. 정치권에서 코로나19 경제위기 극복을 위해 3차, 4차 재난지원금을 지급해야 한다고 말하는 것도 이 때문이다. 이재명 경기도지사는 "코로나19가 종식되더라도 경제는 상당 기간 나빠질 가능성이 있기 때문에 최소한 두세 번 정도는 재난기본소득을 더 지급해야 한다"고 말했다. 코로나19 종식 여부와 상관없이 보편적 현금성 수당 지원이 계속 이어져야 한다는 주장이다.

재난지원금은 국민의 세금으로 충당한다. 재난지원금을 받은 국민들은 보편적 복지와 세금의 효용을 경험했다. 그럼에도 추가 재난지원금을 논의할 때마다 재정 건전성 문제 등을 이유로 보편 복지 대 선별 복지 논쟁이 반복된다. 지급 대상자를 선별하려면 너무 많은 행정력과 시간이 소요된다. 당연히 적시에 지원하기도 힘들다. 선별·차등 지급은 코로나19로 삶이 팍팍해진 국민들의 저항과 반발은 물론이고, 국민 간 갈등과 분열을 초래한다. 이는 결국 복지 확대의 길을 어렵게만 할 뿐이다.

세계 경제가 구조적으로 불황을 거듭하는 중에 코로나19 사태가 터지면서 경기침체가 더욱 급격해졌다. 코로나19 사태가 종식되는 날이 와도 불황은 상당 기간 지속될 가능성이 크다. 이제는 3차, 4차 재난지원금 논쟁을 넘어서서 보편적 기본소득을 준비하고 실행에 옮길 방안을 더 적극적으로 고민해야 할 때다. 우리가 이 심각한 재난으로부터 온전하게 회복하면서 동시에 모든 국민의 적절한 삶을 지속적으로 보장하기 위해서다. 과거의 낡은 복지 모델이나 20세기 사회보장제도는 21세기에 더 이상 유효하지 않다. 위기의 시기에는 생존을 위해서라도 혁신이 필요하다. 기본소득과 같은 근본적인 대안만이 위드 코로나 시대에 우리가 직면한 과제를 해결할 수 있다.

'한국형 기본소득'의 새로운 실험

　　우리는 코로나19 위기 극복을 위한 긴급재난지원금(재난기본소득) 이전부터 이미 기본소득의 형태를 띠거나 그 철학을 기반으로 한 다양한 보편적 복지를 직간접적으로 경험해왔다. 단지 우리가 그것을 기본소득과 같은 보편적 복지라고 인식하지 못했을 뿐이다. 대표적인 사례가 바로 무상급식이다. 2010~2011년 당시에도 무상급식 도입에 반대한 사람들은 '부잣집 아이들에게 쓸 돈이 있으면 가난한 아이들에게 더 줘야 한다'며 선별 복지를 주장했다.

　　우리나라에서 무상급식을 가장 먼저 도입한 지방자치단체는 보수 성향이 강한 경상남도 거창군이었다. 거창군은 2007년 주민들의 요구를 받아들여 전체 학생을 대상으로 무상급식을 시작했다. 거창군에서 시작한 무상급식은 곧 경상남도 전역으로 퍼져나갔다.

　　거창군에 앞서 경기도 과천시에서는 2000년부터 초등학교 일부 학년을 대상으로 무상급식을 시행했다. 과천시는 무상급식 재원을 마련하기 위해 '교육발전 기금 운영·관리 조례'를 제정했고, 교육발전 기금에서 얻은 이자로 2000년 9월부터 초등학교 3~6학년 학생을 대상으로 무상급식을 시작했다. 2007년에는 무상급식 대상을 초등학교 1~2학년까지 넓혔다. 당시 과천시도 시장과 시의회까지 보수당인 한나라당의 아성이었다. 무상급식에 대해 '망국적 좌파 포퓰리즘', '세금 폭탄'이라며 원색적 비난을 퍼부었던 당시 안상수 한나라당 의원의 지역구이기도 했다. 진보 진영이 내세운 보편적 복지의 핵심 어젠다인 무상급식이 '보수 진영의 텃밭'에서 꽃핀 셈이다.

보수 텃밭에서 꽃핀 무상급식

무상급식은 2010년 6·2 지방선거에서 핵심 의제로 부상하는 등 전국적인 주목을 받았다. 김상곤 경기도교육감이 2009년 무상급식을 추진했다가 한나라당 소속 경기도의원들의 반대에 부딪혔고, 이로 인해 한나라당 소속 도의원들은 역풍을 맞았다. 반면 민주당, 민주노동당 등 야당은 무상급식 전면 도입을 공약으로 내걸었다. 이들은 무상급식이 그 자체로 훌륭한 교육의 일환이라는 점을 앞세웠다. 또 헌법 31조 3항에서 '의무교육은 무상으로 한다'고 밝히고 있으므로 급식 역시 무상으로 제공해야 한다고 주장했다. 무엇보다 선별적 무상급식은 심리적 위축이나 수치심을 줄 수 있고, 학생들 사이에 위화감을 조성할 수 있다고 지적했다. 아이들에게 '눈칫밥'만큼은 먹이지 말자는 것이었다.

　　물론 당시 한나라당을 중심으로 한 반대 논리도 만만치 않았다. 한나라당 소속의 오세훈 당시 서울시장은 "무상급식을 안 받아도 되는 고소득층에 쓸 돈이 있으면 차라리 방과후학교에 투자하는 게 낫다"고 말했다. 이명박 대통령은 2011년 신년 좌담 '대통령과의 대화'에서 "삼성그룹 회장 같은 분의 손자, 손녀는 무상급식을 안 해도 되지 않겠는가. 무상으로 가면 감당할 수 없다"며 무상급식 반대론을 거들고 나섰다.

결과적으로 한나라당은 2010년 6·2 지방선거에서 참패했다. 무상급식 반대가 패배의 한 원인으로 꼽혔다. 한나라당의 '무상급식 굴욕'은 여기서 끝나지 않았다. 2011년 전국의 79%에 해당하는 181개 자치구의 초등학교가 무상급식을 시행했는데 이 중 절반인 90개 지역은 전면 무상급식, 나머지 91개 지역은 부분적 무상급식이었다. 그런데 전면 무상급식을 시행한 90개 자치구의 절반인 45개 지역이 한나라당 소속 단체장(구청장, 시장, 군수)이거나 국회의원 지역구였다. '망국적 좌파 포퓰리즘'이라고 강하게 비난하던 무상급식을 자기 당 소속 단체장 또는 의원들이 시행하는 자가당착을 보여준 것이다.

사실 무상급식에 대한 논의 자체는 이념과 무관하다. 여야 성향과 관계없이 무상급식이 선거 구호로 등장한 이유도 이 때문이다. 모든 학생이 눈치 보지 않고 동등하게 밥을 먹어야 한다는 주장에 이념이 개입할 여지도, 필요도 없다. 헌법이 보장하고 있는 무상교육을 좌파 포퓰리즘이라고 할 수 없듯이 무상급식도 좌파 포퓰리즘이 아니다. 현물과 현금의 차이만 있을 뿐 무상급식은 기본소득과 그 맥락이 같다.

누가 포퓰리즘인가

2010년 6·2 지방선거에서 무상급식 어젠다가 국민의 지지를 얻으면서 보편적 복지제도에 대한 논의가 확산될 것이라는 전망이 많았다. 역설적이게도 보수당인 새누리당의 대선후보가 기본소득 개념과 유사한 형태의 보편적 복지제도를 먼저 들고 나왔다. 2012년 박근혜 새누리당 대선후보는 소득과 관계없이 모든 노인에게 월 20만 원의 연금을 지급하겠다고 밝혔다. 거리에는 '모든 어르신에게 기초노령연금 2배 인상'이라는 홍보 현수막이 내걸렸다.

당시의 기초노령연금은 소득 하위 70% 이하의 65세 이상 노인에게 매달 약 10만 원을 지급하고 있었다. 박근혜 후보의 공약은 소득 하위 70%에게만 주던 기초노령연금을 전체 노인으로 확대하고, 급여 역시 2배로 인상하는 안이었다. 모든 구성원은 아니지만 65세 이상 노인 모두에게 '아무 조건 없이 정기적으로 지급하는 소득(현금)'이라는 점에서 보편적 기본소득의 개념과 맞닿아 있다. 부잣집 아이에게는 공짜 밥을 줄 수 없다면서도 65세 이상의 모든 노인에게는 현금 20만 원을 줄 수 있다는 '이상한 논리'이기도 했다. 어쨌든 노인들의 표심을 등에 업은 박 후보는 그해 선거에서 대통령에 당선되었다.

하지만 박근혜 대통령이 취임한 후 이 공약은 새빨간 거짓말로 드러났다. 박근혜 정부가 2014년 10월 2일 입법 예고한 기초연금 방안은 애초 공약과 다르게 대상과 급여에서 대폭 후퇴했다. 65세 이상 소득 하위 70%에게 국민연금 가입 기간에 따라 10만~20만 원씩 기초연금을 차등 지급하는 방식이었다. 소득 상위 30%는 지급 대상에서 제외되었다. 65세 이상 모든 노인에게 아무 조건 없이 매달 20만 원을 지급하겠다던 약속을 깬 것이다.

더 심각한 문제는 '국민연금 가입 기간'이라는 단서 조항이 새로 추가된 점이다. 당시 기초노령연금은 국민연금 가입 여부, 기간과 관계없이 받을 수 있었다. 하지만 박근혜 정부의 기초연금은 국민연금과 연계해 차등 지급하는 방식이었다. 2014년 이전에 국민연금에 가입한 경우, 가입 기간 10~11년은 20만 원을 받고, 12년이 넘으면 1년에 약 1만 원씩 줄어들어 20년 이상 국민연금에 가입한 사람이 받을 수 있는 기초연금은 10만 원에 불과했다. 안정된 노후를 보장하겠다는 정부의 말을 믿고 국민연금을 20년 넘게 냈는데, 아예 가입하지 않은 사람보다 10만 원이나 적은 기초연금을 받게 된 것이다. 결국 박근혜 대통령의 '보편적 기초연금' 공약은 '짝퉁 기초연금 사건'으로 기록되었다.

새로운 사회로의 첫걸음

한국 사회에서 기본소득 논의에 본격적으로 불을 붙인 것은 경기도 성남시의 '청년배당'이라고 할 수 있다. 성남시는 2015년 12월 18일 '성남시 청년배당 지급 조례'를 제정하고, 다음 해 1월부터 청년배당을 지급했다. 3년 이상 거주한 만 24세 청년에게 재산, 소득, 직업에 상관없이 신청만 하면 분기별 12만 5000

원씩 지역화폐(성남사랑상품권)로 지급했다. 애초에는 분기별 25만 원을 지급할 계획이었지만 박근혜 정부의 지방교부금 삭감에 대비해 예산의 절반만 시행했다. 당시 박근혜 정부는 청년배당을 '최고의 포퓰리즘', '달콤한 독약'이라며 극렬하게 반대했다. 지방교부세법 시행령을 개정해 정부가 반대하는 복지정책을 시행하는 지자체의 지방교부금을 삭감한다는 벌칙 조항까지 도입했다. 그러나 당시 이재명 성남시장은 박근혜 정부의 협박에 물러서지 않았다. 이재명 시장은 법적 다툼까지 감수하며 청년배당 지급을 밀어붙였다.

성남시는 2017년부터 애초 계획대로 분기별 25만 원씩 연간 100만 원의 청년배당을 지급하고 있다. 청년들의 반응은 뜨거웠다. 청년배당 시행 첫날 오전부터 성남시 각 주민센터 앞에는 배당금을 받으려는 청년들로 긴 줄이 늘어섰다. 지급 개시 3시간 만에 전체 대상자 1만 1300명 가운데 17.27%에 해당하는 1951명이 배당금을 받아갔다. 2018년까지 총 3년 동안 만 24세 청년 3만 1543명이 청년배당을 받았다. 금액으로 따지면 311억 8900만 원에 달한다.

연간 100만 원이 아주 큰 액수라고는 할 수 없지만, 취업난에 시달리는 청년들에게는 가뭄에 단비 같은 돈이었다. 그동안 정부의 청년 정책은 일자리 대책에 머물렀고, '고용 없는 성장'이 계속되면서 별다른 성과를 얻지 못했다. 그러는 사이 청년들은 대학 재학 또는 구직활동 중에도 등록금과 생활비를 벌기 위해 각종 아르바이트에 나서야 했다. 어렵게 취업해도 저임금의 불안정 일자리가 태반이었다. 경제적 어려움으로 숨통이 조여드는 청년들에게 '월 8만 3000원'은 적은 돈이 아니었다. 경제적 도움만이 아니라 심리적 위로 효과도 작지 않았다. 배당금을 받은 청년들은 "국가가 우리를 보살펴주는 느낌을 받는다", "처음으로 존중받고 있다는 생각이 든다"고 말했다. 청년배당은 주기만 할 뿐 어디에 어떻게 쓰는지 확인하지 않는다. 취업 준비에 쓰든, 책을 사거나 취미활동에 쓰든, 친구를 만나 커피를 마시거나 식사를 하든 상관없다. 인간답게 기본적인 생활을 할 수 있도록 지원하는 게 청년배당의 목적이기 때문이다. 비록 '성남시 3년 이상 거주', '만 24세 청년'이라는 조건이 붙기는 하지만, '재산·소득·취업 여부'에 상관없이 일정 금액을 지급한다는 점에서 성남시의 청년배당은 기본소득을 목표로 하는 보편적 복지정책이라고 할 수 있다.

    이재명 시장은 2018년 7월 경기도지사에 취임하면서 성남시 청년배당을 경기도 전역으로 확대하겠다고 선언했다. 실제로 경기도는 2019년 4월부터 청년기본소득을 시행하고 있다. 경기도에 3년 이상 계속 거주했거나 합산 10년 이상 거주한 만 24세 청년 17만 5000여 명(1753억 원, 2019년 기준)이 대상이다. 역시 재산이나 소득 등 자격 조건과 상관없이 분기별로 25만 원씩 지급한다.

    중앙정부가 아닌 지방정부, 그것도 기초지자체에서 부분적이나마 기본소득 정책 시행이 가능했던 것은 당시 이재명 시장의 '뚝심' 때문이었다. 이재명 시장은 "대한민국의 기본소득 논의가 확대되는 데 청년배당이 역할을 하고 있다"고 자부했다. 기본소득한국네트워크도 "성남시는 기존의 선별적 복지 및 현물 복지와는 다른 새로운 사회·경제적 패러다임을 시도한 첫 번째 지방정부가 되었다"고 환영 논평을 냈다.

국민으로서, 인간으로서 우리는 모두 적절한 삶을 살아갈 권리가 있다. 동시에 국가나 정치공동체는 이를 보장할 의무가 있다. 청년배당은 말 그대로 그런 정신과 가치에 따라 마땅히 나누어줘야 할 것을 나누어준 것이다. 기본소득한국네트워크가 성남시의 청년배당을 의미 있게 평가한 것은 '새로운 사회로 가는 첫걸음'이 될 수 있다고 봤기 때문이다. 기본소득한국네트워크는 "변화가 있기 위해서는 많은 사람이 낡은 사고방식을 버려야 하는데, 그러한 계기는 구체적인 사례의 경험 속에서 오는 경우가 많다"고 말했다.

기본소득으로 가는 마중물

서울시는 2016년부터 '청년수당'을 지급하고 있다. 만 19~29세 중위소득 60% 이하 미취업 청년에게 최대 6개월 동안 월 50만 원을 지원하는 방식이다. 하지만 수당을 받으려면 엄격한 선별 과정을 거쳐야 한다는 점에서 성남시의 청년배당과 차이가 있다. 기본소득 개념보다는 청년 취업을 촉진하는 구직수당에 더 가깝다. 지원 동기, 활동 목표, 활동 계획 등 정성평가와 가구소득, 미취업 기간, 부양가족 수 등 정량평가를 거쳐 선별된 청년은 초창기에 3000명 수준이었다. 공정한 선별을 위해 서울시가 투입한 행정 비용도 만만치 않았다. 이후 서울시는 대상자의 연령 폭(만 19~34세)이나 소득 범위(중위소득 150% 이하)를 확대해서 7000명까지 지원했다. 서울시는 또 2020년부터 3년간 대상자를 10만 명으로 늘린다는 계획을 세웠다. 지원 대상을 대폭 늘리는 방식으로 점차 기본소득 도입을 위한 토대를 마련해 나가겠다는 것이다.

    박원순 전 서울시장은 2019년 10월 30일 '여기자 포럼'에서 "90 대 10의 사회에서 99 대 1의 사회로 양극화가 심화하면서 오랫동안 직업을 갖지 못한 사람들에게 기본소득을 제공해야 한다는 논의가 점점 깊어가고 있다"고 말했다. 박원순 전 시장에 따르면, 서울시에서도 기본소득에 관해 많은 연구와 고민을 했지만 아직은 그 효과가 제한적이라고 판단했다. 대신 이미 검증된 청년수당을 대폭 늘려서 평생에 한 번씩은 받을 수 있게 하면 그것이 바로 보편적 복지이며 또한 기본소득으로 가는 마중물이 된다고 봤다. 그래서 박 전 시장은 청년수당을 '한국형 기본소득'이라고 불렀다. 현재 시행 중인 아동수당이나 기초수당을 생애주기별로 좀 더 촘촘하게 체계적으로 정리하면 우리나라도 기본소득을 실현할 수 있다고 믿었다. 또한 기본소득을 도입하기 위해서는 막대한 재정이 필요하므로 지방정부가 아닌 중앙정부에서 체계적이고 종합적으로 기본소득을 논의해야 한다고 제안했다.

    무상급식의 경우도 도입 초기에는 많은 논란과 반발이 있었다. 하지만 이제 더 이상 무상급식에 대해 반론을 제기하는 사람은 없다. 그동안 우리 사회는 기존 복지 시스템의 한계를 극복하기 위해 진보와 보수 가릴 것 없이 기본소득에 주목해왔고, 코로나19로 경제위기가 심화하면서 기본소득에 대한 관심이 더 높아졌다. 코로나19 사태는 우리 일상뿐 아니라 일터에까지 근본적인 변화를 가져왔다. 기존 복지 시스템으로는 소득 불안정과 불평등 문제를 해결하는 데 역부족이며 국가가 나서서 새로운 보편적 복지정책을 설계하고 제공할 필요가 있다. 모든 사회 구성원에게 조건 없이 제공되는 기본소득이야말로 이러한 문제를 획기적으로 해결할 수 있는 좋은 대안이다.

이미 당신은 기본소득을 받고 있다

기본소득지구네트워크는 기본소득을 "자산 심사나 노동 요건 없이 개인 단위로 모든 사람에게 조건 없이 지급되는 정기적인 현금소득"이라고 정의했다. 여기서 중요한 특징은 보편성, 개별성, 무조건성이다. 가구 단위가 아니라 개인에게 주는 것, 가난한 사람뿐만 아니라 부자에게도 주는 것, 대가나 조건을 요구하지 않고 무조건 주는 것이다. 기본소득의 이 세 가지 특징이 기존의 기초생활보장제도와 다른 점이다.

보편성, 개별성, 무조건성에 정기적 지급과 현금 지급이라는 두 가지 특징이 추가된 것은 2016년 서울에서 열린 기본소득지구네트워크 총회에서였다. 그러나 기본소득 금액이 최소한의 생활을 보장할 정도로 충분히 커야 한다는, 이른바 '충분성'은 조건에서 빠졌다. 나라마다 이 조건을 넣을 것인지 말 것인지 의견이 엇갈리면서 결국 제외된 것이다.

기본소득의 요건을 좀 더 촘촘하게 강화하지 않고 기본 취지만 살린 채 유연성을 둔 것은 모든 사람에게 지급하는 기본소득을 한꺼번에 도입하는 게 쉽지 않다는 현실적인 문제 때문이다. 모든 연령대가 아니라 일정한 연령대의 사람들부터 단계적으로 지급하면서 점차 대상과 금액을 늘려나가는 방식이 기본소득의 실현 가능성을 높일 수 있다는 것이다. 2017년 프랑스 사회당 대통령 후보로 선출된 브누아 아몽Benoît Hamon도 완전기본소득을 지향했지만, 우선 18~25세 청년을 대상으로 하는 방안부터 내놓았다.

보편적인 아동수당, 보편적인 노인기초연금 등 많은 나라에서 시행하고 있는 제도들이 이미 기본소득 범주에 속해 있다. 영국의 경우, 첫째 아이의 아동수당과 둘째 이후부터 지급되는 아동수당의 금액은 다르지만 어떠한 자산 심사나 노동 조건도 요구하지 않는다는 점에서 기본소득으로 볼 수 있다. 박근혜 전 대통령의 공약이었던 기초연금이나 이재명 경기도지사의 청년기본소득 역시 기본소득의 범주에 속한다.

기본소득의 현실적 방안들

국내에서도 다양한 기본소득 논의와 실천이 진행되고 있다. 특히 농업 쪽에서 가장 활발하다. 농산물 시장 개방에 따른 농가 소득 감소와 농촌 붕괴의 대응책 마련이 절실하기 때문이다. 농업진흥청은 우리나라 농업·농촌의 다원적 공익 기능이 연간 82조 5000억 원의 가치에 달한다고 평가한다. 농업의 공익적 기능에 대한 정당한 사회적 보상 차원에서라도 농민수당(농민기본소득)을 도입하자는 움직임이 전국적으로 확산하고 있다.

농민수당은 전남 강진·해남, 전북 고창, 경기 여주·양평, 충남 부여 등 전국 10여 개 기초지자체에서 시작되어 광역지자체로 점차 확대되는 분위기다. 전라남도는 2020년 5월 1459억 원의 예산을 들여 24만 3000개의 농가에 60만 원씩 '농어민 공익수당'을 지급했다. 충청남도도 같은 달 1320억 원의 예산을 확보해 16만 5000개 농가에 45만 원을 1차로 지급했고, 하반기에 2차로 35만 원을 더 지급했다. 전라북도는 2020년 9월 14개 시·군과 함께 637억 원의 예산으로 '농민 공익수당' 60만 원을 10만 6000여 개 농가에 지급했다. 이 밖에도 강원도와 제주도, 경상남도가 농민수당 지급을 위한 조례를 통과시키는 등 다른 지역에서도 농민수당 도입을 서두르고 있다.

농가가 받는 액수는 대략 연간 50만~240만 원 정도이며 지급 방식도 현금, 지역상품권 등 다양하다. 농민 개인이 아닌 농가에 준다는 점이나 소득 등 일부 자격 심사를 한다는 점에서 기본소득 개념에 정확히 맞아떨어지지는 않지만, 상대적으로 소외된 농업에 대한 공익적 가치를 인정하고 농민의 기본적인 삶을 보장한다는 점에서 의미가 있다.

최대한 기본소득 개념에 충실하기 위해 자격 심사 없이 보편적으로 지급한 사례도 있다. 농가의 면적과 업종의 구분 없이 전체 농가에 농민수당을 지급한 것은 전남 해남군이 전국 최초다. 해남군은 2019년 6월 전체 농가를 대상으로 60만 원(지역상품권)의 농민수당을 지급했다. 해남군은 "농민수당 지급은 농가의 기본소득을 보장하고 농업·농촌의 공익적 가치를 인정하는 것으로 농업 활성화의 혁신적인 선례가 될 것으로 기대한다"고 밝혔다. 경기도에서는 여주시가 처음으로 2020년 9월 농가 1가구당 60만 원씩 지역화폐(여주사랑카드)로 농민수당을 지급했다. 이항진 여주시장은 "농민수당은 농민기본소득으로 가기 위한 첫걸음"이라고 말했다.

경기도는 2021년부터 농민기본소득을 시행하기 위해 '경기도 농민기본소득 조례안'을 마련하고 경기도의회 심의를 기다리는 중이다. 농지 경작 등 특정 조건을 충족한 농가에만 지급하는 농민수당과 달리 보편성, 개별성, 무조건성이라는 기본소득의 핵심 조건을 최대한 충족시킬 예정이다. 특히 농가가 아닌 농민 개인에게 연간 60만 원씩 똑같이 지급한다. 부부가 농사를 지으면 연간 120만 원을 받는 셈이다. 농어업경영체에 등록된 농민 외에도 3년 이상 실제 농어업에 종사하고 있거나 장기 영농 뒤에 은퇴한 농민 등도 대상이다.

경기도는 2020년부터 참여를 희망하는 시·군에서 시작해 3년 안에 전체 43만여 농가로 확대하겠다는 계획을 세웠다. 경기도는 2021년도 예산안에 농민기본소득 지원을 위한 예산 176억 원을 편성했다. 이재명 경기도지사는 "농민의 생존권 보장과 소득 불평등 해소, 침체된 경제 활성화를 위해서라도 농민기본소득이 필요하다"는 강경한 입장이다. 하지만 경기도의회는 농민기본소득에 대해 신중한 입장이다. 재원이 충분치 않은 데다 특정 직업을 대상으로 기본소득을 지급하는 것이 형평성에 어긋난다는 것이다.

생애맞춤형 기본소득

기본소득과 유사한 단계의 새로운 제도들이 이름만 달리할 뿐 전국 곳곳에서 계속 등장하고 있다. 대상이나 분야도 다양하다. '아동수당'은 아이를 키우는 경제적 부담을 줄이고 건강한 성장 환경을 조성해 아이의 기본적 권리와 복지 증진에 기여하기 위해 2018년 9월부터 시행되었다. 대한민국 국적을 가진 만 7세 미만 아동에게 매달 10만 원씩 지급되며 보육료와 양육수당을 받고 있더라도 신청할 수 있다.

아동수당 도입 당시에는 소득인정액 하위 90% 수준이라는 조건이 붙었다. 그러나 나머지 10%를 배제하기 위해서 재산과 소득을 심사하는 행정적 비용이 10%를 배제해서 줄일 수 있는 세금보다 더 많이 든다는 지적이 제기되었다. 이처럼 선별 비용 문제가 제기되자 2019년 1월부터는 소득·재산 조사를 하지 않고 모든 아동에게 보편적으로 지급하고 있다. 연령 제한이 있긴 하지만 아동수당은 기본소득 개념에 정확히 부합한다. 2018년 12월까지 아동수당을 1회라도 받은 아동은 225만 4000명이다.

강원도에서는 아이를 키우는 가정에 기본소득 성격의 '육아기본수당'을 지급하고 있다. 전국 최초이며 정부에서 지원하는 아동수당 등과도 별개다. 강원도에서 태어난 아동은 4년 동안 육아기본수당 30만 원에 정부 지원(가정양육수당 10만~20만 원+아동수당 10만 원)을 포함해서 월 최대 60만 원을 받을 수 있다. 강원도는 출생 통계를 기준으로 2019년 7665명, 2020

년 1만 5695명, 2021년 2만 4455명, 2022년 3만 3945명, 2023년 3만 5770명을 지원했거나 지원하게 된다.

서울 중구는 전국 최초로 '어르신 공로수당'을 도입했다. 2019년 2월부터 만 65세 이상 노인 가운데 기초생활보장 수급자와 기초연금 대상자 1만 1000여 명에게 매달 10만 원씩 공로수당을 지급하고 있다. 어르신 복지 향상은 물론 골목상권 활성화를 위해 관내에서만 사용할 수 있는 지역화폐(체크카드) 형태로 지급한다. 지급 대상은 1만 1000여 명(2019년 기준)이다. 재원은 전시성 행사나 불필요한 토목·경관 사업 등을 줄여서 마련한다는 계획이다. 중구는 서울시에서 노인 빈곤이 가장 심각한 자치구 중 하나다. 65세 이상 노인 인구 비율이 17%(서울시 평균 14%)로 다른 자치구에 비해 높다. 특히 85세 이상 초고령층 빈곤율, 노인 고립·자살 우려 비율은 서울시 자치구 중 1위다.

제주도는 2017년 9월부터 만 70세 이상 해녀에게 매달 10만 원, 만 80세 이상 해녀에게 매달 20만 원의 '고령 해녀수당'을 지원하고 있다. 해녀수당은 '해녀 어업 보존 및 육성에 관한 조례 시행규칙'에 근거하고 있다. 만 70세 이상 고령 해녀들의 소득 보전을 통해 생계 안정을 도모하고 자긍심을 고취하기 위한 목적으로 도입했다. 제주도는 또 고령 해녀들의 안전사고 예방과 은퇴 후 안정적인 생활 여건을 조성하기 위해 '고령 해녀 은퇴수당'을 도입했다. 만 80세 이상 고령 해녀에게 더 이상 물질(바다에 들어가서 해산물을 따는 일)을 하지 않는 조건으로 향후 3년간 매달 30만 원의 수당을 지급하는 것이다. 2019년 6월 기준 제주도 내 80세 이상 고령 해녀는 전체 3898명 중 17%인 661명이다. 또 70세 이상의 현역 고령 해녀는 2312명으로 전체 해녀의 절반이 넘는다.

전국 최초의 청소년 기본소득

청소년에게 주는 기본소득도 있다. 경남 고성군은 전국 최초로 13~18세 중고생에게 매달 5만~7만 원씩 '청소년수당'을 지급하기로 했다. 고성군의회는 2020년 9월 청소년수당 지급 내용을 담은 '청소년 꿈키움 바우처 지원 조례안'을 통과시켰다.

백두현 고성군수는 2018년 7월 취임 후부터 관련 사업을 준비해왔다. 전국 최초로 아동과 청년의 중간인 13~18세 청소년 2386명에게 청소년기본소득을 지급한다는 계획이었다. 청소년의 복지 향상과 자기계발을 돕고, 학부모의 경제적 부담을 줄이는 것이 목적이다. 1인당 월 10만 원을 지급하려던 계획은 보건복지부와의 협의 과정에서 중학생 5만 원, 고등학생 7만 원의 '꿈키움 바우처 카드'를 지급하는 것으로 변경되었다. 지급되는 포인트는 청소년 이용이 가능한 고성 지역 가맹점에서만 사용할 수 있다. 고성 지역 13~15세 청소년은 1087명, 16~18세 청소년은 1989명으로 한 해에 필요한 총예산은 23억 원 정도다.

백두현 군수가 보편적 복지 차원에서 청소년 기본소득 도입에 나선 것은 선별적 복지가 아이들에게 상처가 될 수 있다는 판단 때문이다. 아울러 단순한 복지정책이 아니라 '고성의 미래를 위한 투자'라는 거시적인 차원에서 접근했다. 백두현 군수는 "이 사업이 청소년들과 학부모들에게 실질적인 도움을 줄 수 있을 것으로 기대한다"며 "앞으로는 초등학생을 포함해 모든 청소년에게 지원할 수 있도록 노력하겠다"고 밝혔다.

'위드 코로나'와 기본소득

문화체육관광부의 2018년 실태 조사에 따르면, 예술인들의 73%가 예술활동으로 얻는 소득이 월 100만 원 미만이고, 28.8%는 전혀 소득이 없는 것으로 나타났다. 한류 등으로 상업적 성공을 거뒀다고는 하지만 문화예술인들의 삶은 이처럼 가난하고 고달프다. 창작의 고통보다 더 큰 배고픔의 고통으로 생존의 벼랑 끝에서 힘겹게 살아가는 문화예술인들이 너무 많다.

이런 문화예술인들을 위한 기본소득 논의가 한창 진행 중이다. 경기 부천시에 거주하는 예술인들은 2019년 7월 '부천시 예술인 기본소득 추진위원회'를 출범시켰다. 추진위는 경기도, 부천시와 협력해 기본소득에 대한 홍보 및 여론 확산을 위한 각종 행사를 개최하고, 부천시 예술인 실태 파악 등 관련 사업을 진행하고 있다.

경기 안산시에서도 예술인 기본소득을 위한 논의가 진행 중이다. 문화예술 사회적 협동조합 '컬처75'와 '안산의제 21'은 2018년 1월 '예술인 기본소득, 꿈꿀 수 있을까'라는 주제로 토론회를 개최하는 등 예술인 기본소득에 대한 다양한 의견을 제시했다. 기본소득을 받은 예술인들이 재능기부 예술활동을 벌이면 시민들도 다양한 문화적 혜택을 누릴 수 있다는 것이다.

2018년 6·13 지방선거 당시 광주광역시에서는 30여 개 문화예술단체가 모여 '6·13 지방선거 문화정책연대'를 구성했다. 이들은 광주시장 후보를 상대로 자신들이 발굴한 '10대 핵심 문화정책'을 공약에 반영해달라고 요구했다. 10대 정책 중에는 '문화예술인 기본소득 보장조례 제정'이 담겨 있었다. 문화정책연대는 "지역 문화계의 척박한 현실을 근본적으로 개선해야 한다"면서 기본소득 도입의 필요성을 강조했다. 당시 시장 선거에 나선 나경채 정의당 후보와 윤민호 민중당 후보가 이 제안을 공약으로 받아들였지만 당선되지 못했다. 박남춘 인천시장도 지방선거 당시 인천 지역 예술인들이 창작활동에 전념할 수 있도록 문화 기본조례와 문화예술인 기본소득을 보장하는 조례를 제정하겠다고 공약했다. 다만 아직 실현은 되지 않고 있다.

우리가 만약 기본소득이 시행되는 곳으로만 이사를 다닌다면 다음과 같은 이야기가 가능할 것이다. 강원도에서 태어난 아기는 눈을 뜨자마자 육아기본수당으로 건강하게 자란다. 청소년 시절에는 부모님을 따라 경남 고성으로 이사해 청소년수당을 받으며 꿈을 키운다. 청년이 되면 독립해 경기도에서 청년기본소득으로 사회 진출을 준비한다. 중년기에는 열심히 일해서 돈을 벌고, 더 나이가 들면 서울 중구에 터를 잡은 뒤 어르신 공로수당을 받으며 편안한 노년을 보낸다.

이미 기본소득은 우리 삶 속에 깊숙이 스며들어 있다. 더구나 코로나19 사태를 계기로 모든 사람들이 기본소득을 체험하면서 다양한 사회·경제적 문제를 해결할 방안으로 기본소득에 주목하기 시작했다. 이제 진지하게 기본소득을 준비하고 논의할 때가 되었다. 1년 전에 우리가 위드 코로나 시대를 살게 될 것이라고 그 누구도 상상하지 못한 것처럼, 1년 뒤에 우리의 일터와 소득이 어떻게 바뀔지는 아무도 예측할 수 없다. 새로운 세상을 위한 새로운 사회적 계약은 불가피하다. 순전히 시간문제일 뿐이다.

3부

이재명, 기본소득을 말하다

청년배당, 삶의 패러다임을 바꾸다

이재명 경기도지사는 성남시장 시절인 2016년 기본소득 개념의 청년배당을 처음 시행하면서 기본소득 논의를 주도하기 시작했다. 청년배당은 한국소비자브랜드위원회가 주최한 '2017 올해의 브랜드 대상'에서 정책 분야 대상을 받기도 했다. 이재명 지사는 2017년 대선후보 경선 과정에서도 국토보유세 도입을 통한 토지배당과 함께 아동, 청소년, 청년, 노인, 장애인, 농어민 등을 대상으로 지급하는 기본소득 공약을 전면에 내세우면서 관심을 모았다. 경기도지사에 취임한 뒤에는 2019년 17만 5000여 명의 경기도 청년을 대상으로 청년기본소득을 시행했다. 2020년에는 코로나19 경제위기가 확산되자 이에 대응하기 위해 기본소득 개념의 재난기본소득을 경기도민 전체에게 지급했다.

    영국의 가디언은 2017년 2월 핀란드의 기본소득 실험을 소개한 기사에서 일론 머스크(테슬라 최고경영자), 로버트 라이시Robert Reich(전 미국 노동부 장관), 브누아 아몽(프랑스 사회당 정치인)과 함께 이재명 지사를 세계적인 기본소득 주창자로 꼽았다. 국내에 기본소득 개념의 정책을 처음 도입하고 기본소득 논의를 확산하는 데 앞장서온 그가 '기본소득을 이끄는 세계적 리더 중 한 사람'으로 평가받은 것이다. 이재명 지사가 이처럼 기본소득에 집중하는 이유는 무엇일까?

전 국민 기본소득의 꿈

이재명 지사는 2017년 1월 더불어민주당 대선후보 경선에 출마하면서 기본소득을 생애주기별로 우선 지급한 뒤 단계적으로 확대하는 방안을 주요 공약으로 제시했다. 0~12세 아동배당, 13~18세 청소년배당, 19~29세 청년배당, 농어민(30~64세)·장애인(전 연령) 특수배당, 65세 이상 노인배당 등의 방식으로 1인당 연 100만 원씩 지역상품권으로 지급하는 방안이었다. 지역상품권은 그 지역의 전통시장이나 골목상권에서만 사용할 수 있고, 백화점과 대형마트에서는 사용할 수 없는 지역화폐다. 이재명 지사는 이에 필요한 재원 28조 원(전체 예산의 7%)을 400조 원대인 정부 예산의 구조조정을 통해 마련하겠다고 밝혔다. 뿐만 아니라 기본소득을 위한 목적세 성격의 국토보유세(15조 5000억 원)를 신설해 전 국민에게 연 30만 원씩 지급하겠다는 구상도 함께 내놓았다.

　　이재명 지사는 당시 기본소득제 공약을 전면에 내세우면서 다른 대선 주자들과의 차별화에 성공했다. 노동 여부, 소득 수준과 관계없이 모든 사람에게 지급한다는 점에서 불평등 문제, 일자리 문제를 해결할 파격적인 방안이라는 평가도 나왔다. 국가의 예산 낭비를 막고 토지 불로소득의 일부를 국민에게 나눠주는 등 서민 경기를 살리기 위한 대안이라는 점에서도 주목을 받았다. 이재명 지사는 당시 기본소득과 관련한 여러 행사와 개인 SNS 등을 통해 "기본소득은 더 이상 취약계층을 구제하는 복지 개념이 아니라 4차 산업혁명 시대의 새로운 경제 질서와 성장을 위한 새로운 패러다임"이라고 강조했다.

보수층은 기본소득에 대해 비판적이었다. "지나치게 좌파적", "공산주의 정책" 등의 이유로 경계했다. 이에 대해 이재명 지사는 "미국, 핀란드, 프랑스, 캐나다 등 여러 나라들이 기본소득을 실험하고 있으며 아이러니하게도 지속적인 수익 창출과 시장의 경제순환 효과를 바라는 실리콘밸리가 기본소득 논의에 가장 앞장서고 있다"며 "소수 특권층만 잘사는 나라가 아니라 모든 국민이 지속적으로 사회생활을 영위할 수 있는 대한민국을 함께 준비하려면 기본소득이 반드시 필요하다"고 강조했다.

상처받은 청년들의 좌절

이재명 지사가 대선후보 경선에서 기본소득 정책을 주요 공약으로 자신 있게 제시한 배경에는 성남시장 시절에 시행한 청년배당의 성공이 있었다. 이재명 지사가 처음 청년배당을 실시하겠다고 발표할 당시만 해도 우려의 목소리가 컸다. 사람들은 우선 재정문제를 걱정했고, 실현 가능성에 대해서도 의문을 제기했다. 심지어 청년배당의 당사자인 만 24세 청년들조차 의아하다는 반응을 보였다.

2016년 5월 녹색전환연구소가 성남시 청년배당 대상자 가운데 무작위로 13명을 모집해 심층 인터뷰[FGI]를 진행한 결과, 대부분의 청년들이 처음에는 "도대체 왜 나에게 배당을?"이라고 되물었다. 당시 인터뷰에 응한 청년들은 대부분 자신의 미래에 대해 상당히 불안해하고 있었으며 "이전 세대보다 물질적으로는 윤택하겠지만 살아가는 길은 더 힘들 것"이라는 생각을 공통적으로 갖고 있었다. 특히 한 청년은 "나는 내 아버지보다 잘살 수 있을까"를 여러 번 되뇌다가 "나는 이미 망했다"는 결론에 도달했다고 말했다.

청년들은 이른바 '이생망'(이번 생은 망했다의 줄임말)을 외치며 절규하고 있었다. '금수저', '흙수저'라는 말이 태어날 때부터 불평등한 사회에 대한 분노의 표출이라면, '이생망'은 분노조차 하지 못하는 체념의 언어였다. 갈수록 치열해지는 경쟁 속에서 아무리 노력해도 희망을 찾을 수 없는 청년들은 절망하고 좌절했다. 정부와 정치권에서 앞다투어 청년 정책을 쏟아내도 청년들의 피부에는 와닿지 않았다. 대부분의 청년 정책은 이미 사회적 보호를 받지 못해 상처받은 청년들을 다시 다양한 잣대로 선별하고 심사했다. 청년들은 자신이 왜 지원과 혜택을 받아야 하는지를 끊임없이 증명해야 했고, 아무리 증명을 해도 결국 자격 기준에 미달해 탈락하는 경우가 많았다. 그런 청년들에게 성남시의 청년배당은 '단비' 같은 존재였다. 녹색전환연구소 심층 인터뷰에 참여한 청년들은 "피부에 와닿은 청년 정책은 청년배당이 유일하다"고 말했다. 한 청년은 주민센터에 가서 서명을 하고 13장의 상품권을 손에 쥔 순간, '진짜 청년 정책이 시행되는구나'라고 실감했다.

성남시가 2016년 4월 청년배당을 받은 청년 2866명을 대상으로 만족도를 조사했을 때도 '도움이 되었다'는 응답률이 무려 96.3%였다. 성남시 복지정책에 만족한다는 응답도 97.1%로 높게 나타났다. 당시 청년배당을 받은 청년들의 월 소득은 30만 원 미만(36.2%)이 가장 많았고, 정규직은 21.7%에 불과했다. 나머지는 대학생, 무직, 아르바이트, 계약직 등으로 소득이 미미하거나 불안정했다. 청년들은 자신의 꿈을 위한 투자는커녕 생활비 지출에 가장 큰 부담을 느꼈다. 실제로 청년배당을 받은 청년들 가운데 40.9%가 그 돈을 생활비로 사용했다. 자기계발비(17.9%), 여가문화비(11.1%)로 쓴 청년보다 압도적으로 많았다. 청년배당이 당시 성남시 청년들의 생활에 얼마나 유용했는지 짐작할 만하다.

무엇보다 청년배당은 성남시에 3년 이상 거주한 만 24세 청년이면 누구나 받을 수 있었다. 당시 중앙정부나 지방자치단체 차원에서 숱한 청년 정책들이 발표되고 시행되었지만, 보편성을 띤 청년배당만큼 뜨거운 호응을 받지는 못했다.

청년들은 가난을 증명하기 위해 각종 서류를 제출하거나 심사를 받아야 하는 과정 없이 누구나 평등하고 편리하게 배당받는 보편 복지에 매우 만족해했다. 청년들은 "나를 게으름뱅이로 여기지 않고 믿어줘서 고맙다", "국가가 나를 응원하는 것 같다"고 말했다. 청년배당은 절박한 삶을 살아가는 청년들에게 유용한 생활비였을 뿐만 아니라 그들의 삶을 '응원'하는 힘이 되어준 것이다.

당시 박근혜 정부가 지방재정을 개편하면서까지 성남시 청년배당 정책의 발목을 잡았지만, 이 지사는 100만 원의 지역화폐를 분기별로 나누어 청년들에게 지급했다. 이 지사에게는 "이전 세대보다 물질적으로 윤택한 시대를 살고 있지만, 삶은 더 힘들어진" 청년들에게 꼭 필요한 정책이라는 확신이 있었다. 많은 사람들의 우려와 냉소에도 불구하고 이재명 지사가 청년배당을 포기하지 않은 이유였다. 이 지사에게 청년배당은 "기본소득으로 가기 위한 실험"이기도 했다. 그래서 대선후보 경선 당시 청년배당뿐만 아니라 아동, 청소년, 청년, 노인, 장애인, 농어민에게 연 100만 원씩 지역화폐로 배당하는 '6대 응원배당'을 실현하겠다고 선언했다. 이 지사는 "소득의 패러다임을 바꿔야 한다"고 주장했다.

4차 산업혁명 시대에 일자리는 빠르게 줄어들 전망이다. 소득이 더 이상 '노동의 대가'가 될 수 없는 시대가 다가오고 있다. 누구도 전 지구를 휩쓰는 이 거대한 운명을 피하기는 어려울 것이다. 그렇다면 없어지는 일자리에 연연하며 국민들의 생계 위험을 방치해선 안 된다. 소득은 '소비의 조건'이다. 자본주의적 시장경제 체제에서는 소득이 줄면 소비가 준다. 소비가 줄면 기업이 생산한 상품을 팔 길이 없다. 판매가 줄면 기업은 생산을 줄이고, 생산이 줄면 일자리가 줄어든다. 실업률이 올라가면 다시 소득이 줄고 결국 소비도 준다. 소비가 줄면서 생기는 '빈곤의 악순환'을 막기 위해서는 소비를 늘리거나 최소한 현상 유지라도 해야 한다. 자본주의 체제에서 모두가 살아가기 위해서는 별다른 방법이 없다. 사람들에게 최소한의 생존을 위한 소득을 줘서 소비를 늘리는 구조를 만들어야 한다. 기본소득과 차이는 있지만, 자유주의 경제학자인 밀턴 프리드먼도 기존의 복지제도 대신 '음의 소득세 negative income tax'라는 제도를 통해 일정 수준의 소득을 보장해야 한다고 제안했다. 음의 소득세란 정부가 저소득자에게 세금을 걷는 게 아니라 반대로 보조금을 주는 제도다.

  생산적인 일을 전혀 하지 않아도 한 명의 소비하는 시민이 되어 살아가는 것만으로도 이 사회에 기여하는 방식이 바로 자본주의적 시장경제 체제다. 따라서 이 사회는 그 기여에 대해 적절한 보상을 해야 할 의무가 있다. 보수층에서 주장하는 것처럼, 모든 사람에게 주는 기본소득이 '공짜 밥'이 아닌 이유도 이 때문이다. 기본소득이 사회적 약자에게 선심을 쓰는 시혜적 복지가 아니라 시민의 이러한 권리에 대한 정당한 사회적 보상이라는 점에서 기본소득을 '시민배당'이라고 부르자는 주장도 있다. 사람들에게 아무 대가 없이 괜히 주는 게 아니라 원래 이 사회가 시민들의 정당한 권리에 대해 지급했어야 하는 대가라는 의미를 강조한 것이다.

어떤 기본소득이 필요한가

대선후보 경선에서 패배한 이재명 지사는 2018년 6월 지방선거에 출마해 경기도지사에 당선되었다. 이를 계기로 기본소득 논의에 다시 활력을 불어넣었다. 이 지사는 성남시 청년배당을 청년기본소득이라는 이름으로 바꿔 경기도 청년 17만 5000여 명을 대상으로 확대 시행했다. 이로써 향후 국가 단위의 정책으로 발전할 수 있는 토대를 마련한 것이다. 또한 저축이 가능한 현금이 아니라 지역화폐로 지급해 정책적 효과의 극대화를 노렸다. 이 지사가 청년배당에서부터 구현한 '지역화폐형 기본소득'을 본격화한 것이다.

진보 진영의 화두로만 여겨졌던 기본소득에 대해 보수 진영에서도 관심을 보이기 시작했다. 코로나19 경제위기를 겪으면서 기본소득이 전국적 의제로 급격히 떠올랐지만 그 이전에는 주로 4차 산업혁명에 대한 대응 차원에서 논의되는 경우가 많았다. 보수 진영의 유승민 전 미래통합당 의원은 2019년 4월 연세대 사회복지대학원에서 열린 특강에서 "인공지능 시대가 도래하고 정보통신기술이 발달해 직업 중 상당수가 사라진다면 로봇세를 도입해야 한다는 주장도 있다. 황당한 발상 같지만, 유럽에서는 기본소득 도입 여부를 놓고 투표를 하기도 했다"며 "당장 실현은 어렵더라도 앞으로 고민해볼 문제"라고 말했다. 자유한국당 여의도연구원장을 지낸 김세연 전 의원은 국회의원 연구모임 '어젠다 2050'에서 "기본소득은 좌파든 우파든 공통으로 주목을 끌고 있다. 좌파적 관점에선 기존 복지제도의 완성된 버전으로, 우파적 관점에선 기존의 복잡한 복지 체계를 단순화하는 '작은 정부'의 시도로 각광 받는다"고 진단했다.

2016년 7월 서울에서 열린 16차 기본소득지구네트워크 대회에서 당시 김종인 더불어민주당 대표는 "지금 우리나라 실정에 기본소득 이야기를 하면 저 사람 정신 나간 거 아니냐는 소리를 들을 수도 있다. 최근 세계적으로 불평등 격차 해소 방법의 하나로 기본소득 논의가 시작되었다는 것을 주목해야 한다"고 말했다. 4년 뒤 총선에서 완패한 미래통합당을 수습하기 위해 비대위원장으로 자리를 옮긴 그는 다시 "배고픈 사람이 빵을 먹을 수 있는 물질적 자유 극대화가 정치의 목표"라며 기본소득 공론화에 불을 지폈다. 그는 미래통합당의 당명을 국민의힘으로 바꾸면서 새 정강·정책 1호에 기본소득을 명문화하기도 했다. 다만 국민의힘 정강·정책에 새겨진 기본소득은 선별 지급을 원칙으로 한다는 점에서 본래의 기본소득과는 거리가 멀다.

보수 진영에서는 기본소득을 통해 복지 체계를 재구성하는 작은 정부를 지향한다. 적극적 복지 구현을 위한 큰 정부를 지향하는 진보 진영과 접근 방식이나 관점이 다르다. 어쨌든 기본소득 논의가 좌우를 넘나들며 정치권의 화두로 떠오른 것은 기본소득운동에서 매우 고무적인 일이다. 기본소득을 진영 논리로만 바라봐선 안 된다는 사회적 공감대도 형성되고 있다. '과연 기본소득이 실현되겠어?'라는 의문에서 이제는 '어떤 기본소득이 필요한가'라는 실행 단계로 논점이 옮겨지고 있다.

공정한 세상의 실현

이재명 지사는 기본소득 정책의 전국 확산과 지역화폐 활용을 홍보하기 위해 2019년 4월 '2019 대한민국 기본소득 박람회'를 개최했다. 세계 각국의 기본소득 전문가와 행정가들이 함께 머리를 맞대고 토론하며 공감대를 형성하는 자리가 한국의 한 지방자치단체에서 처음 열린 것이다. 기본소득과 관련된 세계적 권위자들이 총출동한 만큼 기본소득 확산을 위한 의미 있는 논의가 진행되었다는 평가를 받았다. 참가자들은 해외 석학들이 말하는 기본소득, 해외 기본소득 정책 사례, 경기도형 기본소득의 현재와 미래 등을 토론하며 기본소득에 관한 다양한 논의를 진행했다.

이날 행사장에 마련된 기본소득 및 지역화폐 전시회는 경기도는 물론 전국 각 지방자치단체에서 청년, 농민, 문화예술인 등을 대상으로 추진 중인 기본소득 정책과 지역화폐에 대해 폭넓게 이해하고 체험하는 기회가 되었다. 본 행사에 앞서 경기도 30개 시·군을 비롯해 경남 고성군, 충남 부여군, 전북 고창군, 전북 부안군, 울산 울주군 등 35개 지방자치단체가 모여 '기본소득 지방정부 협의회' 출범을 선언하기도 했다. 이들은 선언문에서 기본소득 도입에 대한 전 국민적 공감대 확산, 기본소득 제도화를 위한 기본소득기본법 제정, 기본소득 재원 마련을 위한 국토보유세 도입 등 3개 항목을 위해 노력하겠다고 밝혔다.

'2020 대한민국 기본소득 박람회'는 코로나19 여파로 한 차례 연기된 뒤 2020년 9월 10일부터 11일까지 온라인으로 개최되었다. 이 행사 역시 경기도에서 시작한 기본소득 정책의 의미를 대한민국과 세계에 널리 알리겠다는 취지였다. 슬로건은 '사람을 사람답게'로 내걸었다.

이재명 지사는 2019년 기본소득 박람회 개회사에서 "공정하게 경쟁하고, 모두에게 공정한 가치가 부여되고, 각자 기여한 만큼의 몫이 보장되는 사회일 때 구성원 모두가 열정을 다할 수 있고 효율이 발휘된다"면서 "기본소득은 4차 산업혁명 시대를 맞아 공정한 세상의 실현을 위한 대안이 될 것"이라고 말했다. 본인이 기본소득을 통해서 실현하고 싶은 세상의 가치가 '공정'이라는 점을 분명히 한 것이다.

이재명 지사가 정치를 하면서 가장 중요하게 삼은 화두 역시 '공정'이다. 2018년 7월, 그의 취임사는 "공정함이 살아 숨 쉬는 경기도를 만들겠다"로 시작했다. "누구나 공평한 기회를 누리고 기여한 만큼의 몫을 보장받는 사회, 모두가 함께 자유로울 수 있는 사회"를 만들겠다는 것이다. 이 지사는 '공정'이라는 도정 운영 가치를 앞세워 선제적이면서도 적극적인 행정을 펼쳐 대중의 지지를 얻었다.

이재명, 기본소득을 만나다

이재명 지사의 '공정' 철학은 과거 소년공 시절에서 영향을 받았다. 이 지사는 1964년 경상북도 안동 깊은 산골에서 가난한 화전농의 7남매 중 다섯째로 태어났다. 초등학교(당시 국민학교)를 졸업한 뒤 고향을 떠나 가족과 함께 경기도 성남의 한 가파른 언덕 꼭대기에 새 터전을 꾸렸다.

가난의 굴레는 쉽게 벗어나기 어려웠다. 그는 13세의 어린 나이에 교복을 입고 학교에 가는 대신 작업복을 입고 공장으로 가야 할 만큼 가난했다. 공장에 취업할 수 없는 나이였지만, 먹고살기 위해 어쩔 수 없이 다른 사람의 신분과 이름을 빌려야 했다. 그렇게 해서 '소년공 이재명'이 받은 첫 월급은 1000원이었다. 가족의 생계에 보탬이 되기에는 턱없이 부족한 돈이었다.

그는 공장의 유해한 화학 약품과 작업반장의 폭력으로 후각 장애와 부분 청각 장애를 얻었다. 장갑 공장에서 프레스기에 왼팔이 눌리는 사고를 당해 크게 다쳤지만 그 누구도 책임을 지지 않았다. 제때 치료받지 못한 소년의 팔은 비틀어졌고, 그때부터 굽은 팔을 가리기 위해 사시사철 긴소매만 고집했다. 폭력과 비인간적인 대우로 점철된 공장 생활을 통해 그는 '공정한 세상의 가치'가 왜 중요한지 깨달았다. 불공정한 현실에서 벗어날 방법은 공부밖에 없었다. 공부 대신 돈 벌어오길 바라는 아버지 몰래 밤마다 불을 밝히고 공부에 매진했다. 검정고시로 중고등학교 과정을 마쳤다. 그리고 장학금을 받으며 중앙대학교 법학과에 입학했다.

대학 시절, 바닥에 뿌려진 유인물에서 5·18 광주민주화운동의 진실과 마주했다. 정권의 나팔수가 된 언론의 말만 믿고 광주 시민들을 폭도라고 생각했던 그는 권력과 언론에 속아왔다는 사실에 분노했다. 1986년 사법고시에 합격하고, 판검사와 변호사 중 선택의 갈림길에 섰을 때 당시 노무현 변호사의 특강을 듣고 감명을 받아 인권변호사의 삶을 살기로 결심했다. 사법연수생 시절에는 군부독재 정권에 반대하는 뜻으로 정기승 대법원장 임명에 반대하는 연판장을 돌리기도 했다.

그는 성남시에서 인권변호사로 활동하면서 시민운동을 시작했다. 2003년 당시 성남시 소재 종합병원 두 곳이 경영난 등으로 폐업하면서 의료공백이 심각해지자 성남시립의료원 설립 운동에 앞장섰다. 주민 2만 명의 뜻을 모아 시의회에 주민발의 시립의료원 설립 조례안을 제출했다. 하지만 이 조례안이 시의회에서 심의조차 되지 못한 채 47초 만에 폐기되자 그는 성남시립의료원을 직접 만들겠다며 정치 입문을 결심했다. 그로부터 10년이 지난 2013년 11월, 그는 성남시장이 되어 시립의료원 기공식 버튼을 누르게 된다. 그 뒤로도 시공사들의 잇따른 부도와 코로나19 사태 등으로 준공과 개원이 미뤄지다가 2020년 5월 6일 드디어 성남시에 공공의료원이 문을 열었다.

2015년 메르스가 전국적으로 확산되었던 몇 가지 이유 중 하나는 환자들을 격리 수용할 병실은 물론이고 음압병상이 턱없이 부족했기 때문이다. 당시 메르스 환자가 입원할 수 있는 음압병상은 전국 17개 병원 105개 병상에 불과했다. 심지어 국내 최고의 종합병원이라는 삼성의료원에도 음압병상이 전혀 없었다. 반면 성남시립의료원은 메르스 사태가 발생하기 2년 전에 이미 32개의 음압병상을 만들도록 설계되었다. 삼성의료원과 같은 영리병원이 아닌 공공의료원이기에 가능한 일이었다.

코로나19 사태에서 공공의료원의 진가는 여실히 드러났다.

  당시 공공의료에 대해 적자라는 이유로 반대하는 사람들을 향해 이 지사는 2015년 6월 SNS를 통해 "세금으로 하는 공공의료 서비스는 당연히 무상이고 당연히 적자이며 공짜가 아니라 바람직한 예산 집행일 뿐"이라고 반박했다. 그는 또 "건강증진을 위한 스포츠센터나 공원은 많은 예산을 들여 운영해도 되는데 왜 국민의 건강회복을 위한 의료에는 예산을 쓰면 안 되느냐"고 반문했다. 이 지사는 "세금을 내는 국민이 '내가 낸 세금으로 내 건강을 지켜달라'고 요구하는 것은 정당하다"고 주장했다. 국민이 건강한 삶을 누릴 수 있도록 국민이 낸 세금을 국민 건강을 위한 공공의료체계 확립에 쓰는 것이야말로 국가의 의무이고 공정이라고 본 것이다. 공공의료에 대한 그의 신념은 국민의 삶의 질을 향상하기 위한 정치의 책무로서 기본소득을 추진하는 원동력이 되었다. 공공의료원을 건립하기 위해 정치를 시작한 그는 지금 기본소득 실현에 매진하고 있다.

  그는 2010년 성남시장이 된 후 부정부패, 예산 낭비, 탈세 등 각종 비리를 없애고 세금이 허투루 새 나가지 못하도록 정비했다. 이를 통해 마련한 재원으로 안전, 의료, 교육 등 공공성을 강화했으며 취임하면서 물려받은 성남시 부채 6500억 원을 해결했다. 이재명 시장은 시장실에 CCTV를 설치해 뇌물 제공 가능성을 사전에 차단하는 등 강력한 투명 행정을 펼쳤다. 그 결과 성남시는 2013년도 경기도 '반부패 경쟁력 평가'에서 경기도 내 31개 시·군 중 1위를 차지했다.

돈이 없는 게 아니라 부정부패와 방만한 운영이 문제였다. 복지정책 역시 의지의 문제다. 이 시장은 대부분의 사업을 취소하거나 축소하며 허리띠를 졸라맸다. 세금을 철저히 징수하는 한편 보도블록 교체, 도로 포장, 토목 공사 같은 불요불급한 예산 낭비를 차단했다. 이러한 재정 건전화를 통해서 어르신 일자리, 성남형 교육, 시민순찰대, 청년배당, 산후조리비 지원, 교복 지원, 성남시의료원 건립 등 다양하고 차별화된 복지정책을 확대했다. 특히 이재명 시장은 "복지는 세금을 내는 시민들의 당연한 권리"라는 인식을 바탕으로 기본소득의 씨앗을 키워 나갔다. 무상급식 확대에 이어 무상교복, 무상 공공산후조리원 설립이 대표적이다.

  보편적 복지를 강화하면서 '공정한 세상'을 향해 나아가던 그가 기본소득을 본격적으로 만난 것은 2015년이다. 이 지사는 기본소득한국네트워크 이사장인 강남훈 한신대 교수를 자신의 '기본소득 스승'이라고 부른다. 강 교수를 통해 기본소득을 접한 그는 자신이 꿈꾸던 공정한 세상의 실현 가능성을 엿보게 된다. 하지만 예산이 문제였다. 전면 시행은 아직 어렵다고 판단한 그는 만 24세 청년만을 대상으로 청년배당을 도입했다. 그리고 그 성과를 바탕으로 지금까지 '기본소득 전도사'로 쉼 없이 활약하고 있다.

어느 중학생이 이재명에게 쓴 편지

"현재 경기도 고양시에 거주 중인 16세 소년 김○○입니다."

2019년 4월 9일 이재명 지사는 한 중학생으로부터 편지를 받았다. 중학교 3학년인 이 학생은 편지에서 "도지사님이 작년에 경기도 도지사에 당선되어 저희 학생들이 많은 혜택을 받았다"며 "가장 뜻깊은 정책은 무상교복 제도"라고 말했다. 경기도는 당시 중학교 신입생에게만 지원하던 무상교복을 2020년부터 고등학생까지 확대하기로 했다. 이 정책 덕분에 혜택을 입게 된 이 학생은 "어렸을 때는 왜 정치가 중요한지 몰랐다. TV를 켜면 맨날 정치인들의 비리·싸움·분열만 나와서 정치라는 개념을 부정적으로 생각했다"며 "하지만 점점 정치가 왜 중요한지 깨닫게 되었다"고 했다. 무상교복 정책을 경험하면서 정치에 대한 혐오가 긍정으로 바뀐 것이다. 중3 학생이 보낸 작은 편지 한 장이었지만 정책 수혜자의 소중한 의견이라는 점에서 경기도 공무원들은 무척 고무되었다.

무상교복 지원 정책은 청년배당, 무상 산후조리 지원과 함께 이재명 지사의 '3대 무상복지' 정책 중 하나다. 그는 2016년 성남시장 시절, 113억 원의 예산을 확보해 3년 이상 시에 거주한 만 24세 청년 1만 1300여 명에게 청년배당을 지급했다. 중학교 신입생 8900여 명에게는 무상으로 교복비를 지급했고, 성남시 신생아 9000여 명을 대상으로 무상 산후조리 지원 사업을 벌였다. 경기도지사에 취임한 후에는 '3대 무상복지' 정책을 경기도 전역으로 확대했다. 무상교복 지원 정책은 무한경쟁 시대에서 고통받는 학생들에게 차별 없는 공정한 혜택을 보장하려는 취지였다. 그는 2019년 11월 18일 경기교육발전협의회에 참석해 "우리 사회 공동체의 가장 중요한 가치는 '공정함'에 있으며, 그중에서도 교육에서의 공정한 기회는 정말 중요하다"며 "공정한 기회는 말로만 되는 것이 아니다. 먹는 것에서부터 교육비 지출, 교육의 기회, 교육의 내용에 이르기까지 공교육이 충분히 감당하고 제 역할을 다해야 한다"고 강조했다.

밥그릇을 대하는 태도

홍준표 전 경남도지사는 한때 밥을 두 그릇씩 먹는 것으로 유명했다. 그것도 늘 흰 쌀밥만 찾았다. 유년 시절에 겪었던 배고픔과 가난의 기억 때문이다. 작은 키에 마른 체형도 어렸을 때 밥을 잘 못 먹었기 때문이라고 한다. 공부는 늘 1등이었다. 어려운 집안 형편 때문에 한곳에 정착하지 못하고 초등학교만 여섯 번이나 전학을 다녔다. 대구시 영남중학교에 다닐 때는 직물 공장에 취직한 누나의 사글셋방에서 숙식을 해결했다. 누나가 싸준 꽁보리밥 도시락을 먹거나 그마저도 형편이 안 될 때는 학교 운동장에서 수돗물로 배를 채웠다. 원래는 학비와 생활비가 들지 않는 육군사관학교에 진학해 장교가 되려고 했다. 그런데 어느 날 아버지가 시장통에서 무시를 당하고, 경찰에 의해 억울한 누명을 쓰고도 아무 말 못 하는 모습을 본 뒤 검사가 되겠다고 마음먹었다.

홍준표 전 지사와 이재명 지사는 어렵고 불우한 환경에서 자란 점이나 나중에 법조인이 되었다는 공통점을 가지고 있다. 그러나 정치권에 들어와서 보여준 두 사람의 행보는 극명하게 대조된다. 특히 아이들의 밥그릇을 대하는 태도에서 큰 차이를 보였다. 홍 전 지사는 2015년 전국에서 처음으로 학교 무상급식 보조금 지원을 중단했다. 뼛속까지 사무친 가난이 '어린 홍준표'를 철저한 시장주의자로 바꿔놓은 것일까. 홍 전 지사에게 무상급식은 도저히 용인할 수 없는 '좌파 포퓰리즘'이었다.

전체 학생에 대한 무상급식 지원이 중단되고, 가난한 집 아이들만 무상급식을 먹게 되면서 '공짜 밥을 먹는다'는 낙인이 시작되었다. 무상급식을 중단한 돈으로 실시한 '교육복지카드' 제도 역시 아이들에게 낙인과 상처를 안겼다. 경상남도 교육복지카드는 학부모들 사이에서 '가난 증명서'로 불렸다. 실제로 아이들은 가난을 증명해서 발급받은 50만 원짜리 카드로 학습교재를 사고 각종 수강권을 끊어야 했다. 카드를 쓸 때마다 주위의 시선에 주눅이 들었다.

이재명 지사는 홍 전 지사와 분명한 대척점에 서 있었다. 당시 성남시장이었던 이 지사는 초중고교 무상급식은 물론이고 예산을 더 늘려 '친환경 무상급식'을 제공했다. 이 지사는

SNS를 통해 "사춘기 학생들에게 '가난을 증명하라'며 먹는 밥으로 상처를 주어야겠느냐"며 홍 전 지사를 정면으로 비판했다. 학부모들도 홍 전 지사에 대한 주민소환 운동에 나서는 등 거세게 반발했다.

무상급식을 둘러싼 논쟁은 경상남도가 처음은 아니다. 2011년 서울시에서는 오세훈 전 시장이 서울시교육청의 무상급식을 막기 위해 주민투표를 시행했다가 결과적으로 시장직에서 물러나고 말았다. 경남 지역 무상급식 중단 사태는 1년여 만에 종결되었다. 이제는 교육이 보편적 복지로 자리 잡으면서 무상급식은 논쟁거리조차 되지 않는다.

김종인 당시 미래통합당 비상대책위원장은 2020년 5월 전국 조직위원장 특강에서 "2011년 서울시의 무상급식 주민투표는 정말 바보 같은 짓이었다"며 "당이 시대정신을 못 읽었다"고 한탄했다. 당시 특강 현장에 있었던 오세훈 전 시장도 "무상급식에 대한 생각이 변했다"며 김 위원장의 지적을 수용했다. 김 위원장은 한발 더 나아가 기존의 보수 진영이 추구해 온 '자유'라는 가치는 형식적 자유에 불과하다며 "빵을 살 자유"를 주장했다. "김이 모락모락 나는 빵을 보고 먹고 싶은데 돈이 없기 때문에 먹을 수가 없다면 그 사람한테 무슨 자유가 있겠느냐"면서 물질적 자유의 확대가 정치의 기본 목표가 되어야 한다고 말했다. 미래통합당은 국민의힘으로 당명을 바꾼 뒤 '기본소득'을 이슈로 꺼내 들었고, 이를 새 정강·정책 1호로 명문화했다. 아이들이 먹는 밥에 포퓰리즘과 종북 논란까지 일어났던 5년 전과 비교하면 격세지감이 느껴지는 대목이다.

'어린 홍준표'가 가난을 선택한 것이 아니듯 가난은 우리가 살아가는 사회 구조의 산물이다. 가난한 아이와 부자 아이를 나누고, 가난한 아이를 동정의 대상으로 전락시키며 사회적으로 낙인찍기를 해선 안 된다. 유엔아동권리협약은 '모든 아동이 차별 없이 중등교육을 이용할 수 있도록 조처를 할 의무'가 있다고 밝히고 있다. 대한민국도 이 협약을 비준한 당사국이다. 따라서 친환경 무상급식은 소득 수준에 상관없이 모든 아이들이 누려야 할 당연한 권리다.

보편적 복지는 가난한 사람이든 잘사는 사람이든 모두에게 공평한 혜택이 돌아간다는 점에서 빈민 구제와 다르다. 국민건강보험 혜택을 가난하든 아니든 모두 받는 이유도 그래서다. 재벌 회장의 손자도 국민건강보험 혜택을 받는 것처럼 무상급식 혜택 역시 받아야 한다. 홍 전 지사가 무상급식 중단을 선언했을 때 경남 하동의 한 초등학생은 일기장에 "무상급식을 안 하는 이유를 말해달라"고 썼다. 점심시간에 수돗물로 배를 채워야 했던 '어린 홍준표'는 이 초등학생의 질문에 뭐라고 답할 수 있을까.

차별 없는 무상교복

무상급식보다 비용이 덜 들면서 학생 비차별의 원칙이 전면 적용된 정책이 바로 무상교복이다. 무상교복은 학부모의 교육비 부담을 덜어주기 위해 지방자치단체가 중학교와 고등학교 신입생에게 무료로 교복비를 지원하는 것으로 무상급식과 같은 보편적 복지정책이다.

2020년 5월 서울시 금천구의 한 중학교 교사가 1인 시위에 나섰다. 피켓에는 "외국 국적 청소년도 우리 학교 학생이고 우리 반 친구입니다. 학교에서 차별을 당하지 않게 해주세요"라는 글이 적혀 있었다. 금천구를 비롯해 서울시 일부 자치구가 중고생 교복비 지원 사업에서 외국 국적 학생을 제외해 차별 논란이 일었다. 서울시 25개 자치구 중 교복지원 조례가 있는 자치구는 강동구, 금천구, 중구, 마포구, 동대문구 등 5개다. 그나마 동대문구는 2019년 구의회에서 교복지원 예산이 삭감되면서 2020년 사업은 추진하지도 못했다. 나머지 4개 구는 모두 학생 1인당 30만 원씩 교복지원비를 지급하고 있다. 하지만 외국 국적 학생들은 지원 대상에서 제외되었다. 지원 대상을 해당 구에 주민등록을 둔 학생으로 제한했기 때문이다. 교사들은 "차별하지 말자고 다문화 교육을 하면서 외국 국적 학생에게 교복지원을 안 한다면 무슨 교육 효과가 있겠느냐"고 자조했다.

더 큰 문제는 이 5개 구를 제외한 나머지 서울시 자치구의 학생들은 아예 교복비를 지원받지 못한다는 사실이다. 그동안 자치구별로 교복나눔 행사 등을 통해 교복비 부담을 줄여왔지만, 2020년에는 코로나19로 인해 그런 행사마저 전면 취소되었다. 교사와 학부모들은 자치구가 아닌 서울시 차원에서 전체 학생들을 대상으로 무상교복 지원이 이루어져야 한다고 요구했지만 별다른 진전이 없었다.

　　이 때문에 2016년 성남시에서 전국 최초로 시작되어 현재 경기도 내 31개 시·군 전 지역으로 확산된 차별 없는 무상교복 지원 사업이 재조명되었다. 경기도뿐만 아니라 전국적으로 10여 개 지자체가 무상교복 정책을 시행하고 있는데, 유독 서울시만 무상교복 도입에 지지부진한 이유는 무엇일까?

　　결정적으로 서울시는 단체장이나 교육감이 무상교복 지원 사업을 공약으로 내걸지 않았다. 또한 박원순 전 서울시장과 조희연 서울시교육감은 무상교복 지원 예산을 두고 갈등을 빚었다. 박 전 시장은 2019년 8월 서울시의회 임시회에 출석해 "무상교복 예산을 서울시교육청과 5 대 5로 한다면 당연히 하겠다"고 말했으나 조희연 교육감은 "서울시가 100% 부담해야 한다"고 맞섰다. 보다 못한 더불어민주당 소속 서울시의회 의원들이 무상교복 지원 조례 제정에 나섰지만 조희연 교육감은 정책 추진을 유보해달라는 입장문까지 내며 반대했다. 그는 "지금 이 시기에 무상교복 정책을 채택한다면, 획일적 교복 문화를 탈피하려는 '탈교복' 선택을 뒤집게 하는 정책 효과를 가져올 것"이라며 우려했다. 어떤 학교들은 이미 '탈교복'을 선택했거나 앞으로 선택할 계획인데, 무상교복 정책이 시작되면 형평성에 맞지 않는다는 것이다.

　　결국 2020년에도 서울시 차원의 무상교복 지원 사업은 무산되었다. 그러는 사이에 무상교복 사업은 일부 자치구를 중심으로 추진되었다. 2018년 9월 서울시 자치구 최초로 교복 지원 조례를 제정한 강동구는 2019년 고등학교 신입생 3120명에게 교복 구입비를 지원했다. 2020년에는 지원 대상을 중학교 신입생까지 확대해 약 4000명을 추가로 지원했다. 무상교복 지원을 하지 않는 자치구들은 "왜 우리 아이에게는 교복 비용을 지원하지 않느냐"는 구민들의 민원에 시달려야 했다.

박근혜 정부의 비뚤어진 복지

성남시에서 처음 시작된 무상교복 지원 사업이 경기도 전역으로 확대된 배경에는 이재명 지사의 보편적 복지에 대한 강한 의지가 작용했다고 볼 수 있다. 특히 이 지사는 '탈교복'을 지향하는 조희연 교육감과 생각이 달랐다. 이 지사는 '교복을 없애자'는 주장에 대해 "교복이 왜 유지되고 있는지 모르고 하는 이야기"라고 반박했다. 사복을 입게 되면 값비싼 브랜드 옷을 입는 부유한 집 학생들이 그렇지 못한 학생들을 따돌리거나 놀리는 등 차별이 발생할 수 있다는 것이다.

물론 교복이 '학생의 자율권과 자유'를 침해한다는 문제가 있지만, 학부모의 경제적 부담이 제기되면서 여전히 많은 학교에서 교복을 유지하고 있다. 그렇다면 교복이 사복보다 더 저렴해야 하는데 현실은 또 그렇지가 않다. 업체의 담합과 이권 개입 등으로 교복 가격은 계속 치솟고 있다. 2019년 기준 동복 와이셔츠, 바지(치마), 조끼, 재킷 등 한 벌을 갖춰서 사면 30만 원을 가뿐히 넘는다. 교대로 입을 여벌에 하복까지 고려하면 비용은 더 늘어날 수밖에 없다.

이재명 지사는 성남시장 시절에 전국 최초로 중학교 신입생에 대한 교복비 지원을 시작하면서 애초 고등학교까지 확대하려고 했다. 하지만 박근혜 정부가 막아섰다. 박근혜 정부는 이재명 성남시장이 추진한 무상교복 지원 정책뿐 아니라 무상산후조리 지원, 청년배당 등 3대 무상복지 정책을 '망국적 포퓰리즘'이라며 반대했다. 그리고 '사회보장제도 신설·변경 협의 운용 지침'을 변경해 지자체가 복지제도를 신설할 경우 반드시 중앙정부와 협의를 거치도록 했다. 성남시는 변경된 지침에 따라 당시 보건복지부와 협의에 나섰지만 예상대로 '불수용' 결정이 내려졌다. 사회보장기본법을 악용해 지방정부가 복지제도를 신설하지 못하도록 통제하고, 심지어 통제에 따르지 않으면 중앙정부가 지방정부에 주는 교부금을 삭감하겠다며 시행령을 마음대로 바꾸는 전횡을 일삼았다.

이재명 시장도 포기하지 않았다. 무상교복 지원 사업을 고등학교로 확대하는 추경 예산안을 지속적으로 성남시의회에 제출했다. 그러자 당시 자유한국당 소속 시의원들이 번번이 예산안을 부결시키며 발목을 잡았다. 자유한국당 시의원들은 '정부 협의를 받아오라'는 명분을 내세웠지만 사실상 무상교복 지원 사업을 저지하려는 의도였다. 실제로 '성남시가 (무상교복 등) 3대 무상복지 사업을 강행한다고 하는데, 정부가 할 수 있는 모든 조치를 다해 강력히 대응할 것'이라는 지시 사항이 담긴 박근혜 정부 당시 청와대 문건이 세상에 공개되기도 했다.

2017년 9월 22일은 성남시의회에서 '고교 신입생 교복 무상 지원' 예산안이 네 번째로 부결된 날이었다. 이재명 시장은 다음 날 SNS에 '무상교복 네 번째 부결한 성남시의원들입니다'라는 제목의 글을 올리고 반대표를 던진 것으로 추정되는 시의원 8명의 이름과 소속 정당을 공개했다. 이 글은 급속히 퍼져나갔고, '기생충 박멸', '다음 선거 때 심판' 등의 댓글이 달렸다. 명단 공개에 대해 '양심과 소신에 따라 투표'하는 비밀투표의 취지를 훼손한다는 비판이 나왔지만, 이재명 시장은 "공인의 공적 활동은 공개되고 책임을 져야 한다"고 반박했다. 그는 또 "무기명 비밀투표라는 장막 뒤에 이름을 숨겼지만, 상임위 기록이 있다"며 명단을 공개한 근거를 제시했다. 실제 비밀투표로 진행된 본회의와 달리 상임위와 예결위 단계에서는 회의 내용이 속기록에 남는다. 성남시의회 더불어민주당 의원들도 "의사 결정 내용을 숨기기 위해 본회의에서 무기명 투표를 일삼는 악습은 주권자의 알 권리를 침해하는 반민주주의적 행태"라며 "시의회 홈페이지에도 공개된 무상교복 정책에 대한 찬반 의결은 결코 기밀이 아니다"라고 이 시장의 주장에 힘을 보탰다. 그러나 명단에 포함된 이기인 바른미래당 성남시의원은 한 달 뒤에 이 지사를 명예훼손과 모욕 등의 혐의로 경찰에 고소했다.

지역 주민들도 무상교복을 실현하기 위해 발 벗고 나섰다. 성남시 초중고 학부모 네트워크 협의회와 고교 무상교복 실현을 위한 학부모연대는 집회를 개최하고 서명운동을 벌이며 자유한국당 소속 시의원들을 압박했다.

무상교복 정책의 나비효과

아홉 번의 도전 끝에 예산 확보가 이뤄졌다. 2018년 4월 9일 성남시의회 본회의에서 중학교 신입생만 지원하던 무상교복 사업을 고교로 확대하는 추경 예산안이 마침내 통과된 것이다. 지방분권을 국정과제로 제시한 문재인 정부가 들어서고 나서야 성남시 중고교 무상교복 지원 사업에 대한 사회보장위원회의 '수용' 결정이 내려졌고, 자유한국당의 반대 명분도 사라졌다. 26억 6000만 원의 고교 교복 지원비를 확보한 성남시는 그해 입학한 고등학생 9000여 명에게 교복비를 지원했다. 성남에서 시작된 고교 무상교복 지원 사업은 용인, 광명, 과천, 오산시 등 인근 지자체로 퍼져나가는 '나비효과'를 낳았다.

2018년 경기도지사에 취임한 이재명 지사는 무상교복 지원 사업을 경기도 전역으로 확대하겠다고 공언했다. 이 지사는 "무상교복은 헌법 정신에도 부합하고, 재정적 부담도 무상급식에 비해 크지 않다. 학부모들의 과중한 교육비와 가계 부담을 줄이고 교육의 공공성을 강화해 보편적 교육복지가 실현되는 경기도를 만들겠다"고 밝혔다. 경기도는 2019년 도내 31개 시·군 전체 중학교 신입생을 대상으로 교복을 무상 지원했고, 2020년부터 고등학교 신입생까지 대상을 확대했다. 중고생 25만 9000명을 대상으로 약 777억 원(2020년 기준, 도 194억 원, 시군 194억 원, 교육청 389억 원)의 예산이 소요되었다.

이 지사는 무상교복 지원 사업을 확대하면서 도내 중고등학교 입학생뿐만 아니라 도에 주민등록이 되어 있는 비인가 대안 교육기관 입학생과 타 시도 소재 중학교 입학생도 지원 대상에 포함했다. 외국 전입생, 다문화 가정과 외국인 가정 학생에게도 지급해 최대한 차별을 없앴다. 2019년 기준으로 경기도 내 외국인 가정과 다문화 가정 중고생은 2897명이었다.

기본소득은 경제정책이다

경기도 성남시 분당구 대장동은 원래 분당·판교 신도시 옆에서 유일하게 개발제한지역으로 남아 슬럼화된 지역이었다. 혐오시설인 저유소(유류 임시 저장소)를 일방적으로 떠맡는 등 주민들의 희생도 적지 않았다. 2004년 12월 한국토지주택공사가 '한국판 베벌리힐스'로 만든다며 대장동 일원 택지(91만 2000여 제곱미터)에 대해 공영개발을 추진했다. 당시 평당 1600만~1700만 원 수준이었던 인근 분당·판교 신도시를 고려하면, 산으로 둘러싸인 논밭으로 평당 몇십만 원에 불과했을 대장동 땅에 아파트를 지을 경우 엄청난 개발이익이 예상되었다. 이를 노린 투기 세력들은 민영개발로 전환하라며 거센 압력을 넣었다. 정치권과 민간 건설업체의 유착, 투기 세력의 개입 등으로 '대장동 개발사업'은 장기간 난항을 겪었다. 이 과정에서 성남 지역 전 국회의원의 동생이 건설업자에게 뇌물을 받아 징역 1년 6월에 집행유예 3년을 선고받는 등 비리가 드러나기도 했다. 결국 한국토지주택공사가 2010년 4월 사업을 포기하면서 민영개발로 바뀌었다.

하지만 2010년 6·4 지방선거에서 이재명 성남시장이 당선되면서 상황이 달라졌다. 대장동 개발사업이 부정한 로비 때문에 공영개발에서 민영개발로 변경되었다고 판단한 이재명 시장은 최종적으로 성남시 공영개발로 전환하는 강수를 두었다. 대장동 개발사업 인허가권이 성남시장에게 있었기 때문에 가능한 일이었다. 성남시(성남도시개발공사)가 개발사업의 주체가 되면서 대기업 건설사들은 엄청난 개발이익을 독점하지 못하게 되었다. 성남시는 자체적인 건설 능력이 없었기 때문에 대신 민간 건설업체에 조건을 내걸었다. 대장동에 아파트를 지어 분양하고 싶으면 성남시에도 그 이익을 보장하라고 제안한 것이다.

민간 건설업체들은 성남시의 조건을 받아들였다. 5503억 원의 이익을 보장하겠다고 약속하고 계약서도 작성했다. 이른바 '확정이익 방식'이다. 이재명 시장은 2019년 1월 기자들과 만난 자리에서 "국민이 위임한 권한인 인허가권을 행사해서 생긴 불로소득은 국민의 몫, 시민의 몫이 되어야 한다는 신념에 따라 공영개발로 전환했으며 성남시 몫으로 5503억 원을 확정했다"고 설명했다. 그는 "개발하고 난 다음에 이익을 나누는 방식으로 하면 부정부패가 발생하고 다툼이 생기기 때문에 사전에 5503억 원을 성남시 몫으로 확정했다"고 밝혔다. 민간 건설업자가 모두 챙길 뻔한 개발이익을 시민의 몫으로 돌려받은 것이다.

시민배당이 보여준 가능성

이재명 시장은 공영개발사업을 진행하면서 사전에 확정이익을 분명하게 정한 뒤 해당 이익을 주민에게 환수하는 이른바 '개발이익 환수제'를 고안했다. 민간업체가 도시개발 인허가 전후의 시세 차익을 모두 독점함으로써 지역 주민들이 그 이익을 누릴 수 없었던 그동안의 문제점을 개선한 것이다. 해결의 출발점은 시민이 맡긴 권한인 '인허가권'이었다. 이 시장은 지방자치단체장에게 있는 인허가권의 효능을 최대한 활용했다. 그 결과, 민간업체와 그 결탁세력 등이 불로소득으로 독점할 뻔한 5503억 원이 주민 몫으로 환수되었다. 우리나라 지자체에서 보기 드문 경영혁신으로 꼽히는 사례다. 강원도, 김포, 수원, 광명, 고양 등 많은 지자체 도시공사에서 이 사업 방식을 벤치마킹하기 위해 성남시를 방문했다.

개발사업을 통해 환수한 이익을 어떻게 분배할 것인가도 중요한 문제다. 성남시는 5503억 원 중 2761억 원을 수정구 신흥동 일원 옛 1공단 용지 매입과 공원 조성 사업비에 투입하기로 했다. 이를 위해 대장동과 1공단 부지를 묶어 결합도시개발구역으로 지정했다. 920억 원도 인근 도로와 터널 개설 등 기반시설 확보에 썼다. 도시를 개발하면서 나온 수익을 다시 그 도시에 투자한 것이다. 또한 1822억 원에 달하는 임대주택 용지도 사전에 확보했다. 공영개발이 아닌 민영개발로 사업을 진행했다면 모두 건설업자들의 배를 불리거나 로비를 받은 정치인들의 주머니를 채울 돈이었다.

아울러 이재명 시장은 2018년 1월 환수 대상인 임대주택 용지를 매각해 1822억 원의 현금을 확보한 후 이를 시민배당으로 분배하겠다고 발표했다. 애초 임대주택용으로 용지를 확보했지만 이미 주변에 임대주택이 많아서 다른 용도로 사용할 것을 고민하다가 시민배당을 하기로 한 것이다. 성남도시개발공사로 입금되는 1822억 원을 2019년부터 시민들에게 지역화폐로 지급하겠다는 방안이었다. 대장동 개발이익금 조성 방식도 우리나라에서 첫 사례였지만, 개발이익을 시민배당으로 분배하겠다는 발상도 처음 있는 일이었다. 이재명 시장의 이러한 발상은 공적 자산으로 발생한 이익을 시민들에게 배당 형태로 돌려준다는 점에서 기본소득 철학에 기반을 두고 있다. 일시적인 지급이라는 점에서는 한계가 있지만, '공공개발이익'을 재원으로 삼았다는 점에서 주목할 만한 사례였다.

이재명 시장이 개발이익 5503억 원 중 1822억 원을 성남 시민들에게 배당하기로 한 것은 '불로소득의 원천인 개발허가권은 시민의 것'이라고 판단했기 때문이다. 부동산의 가치가 올라가는 것은 누군가의 노력에 의한 것이 아니다. 인허가권을 쥐고 있는 지자체가 개발지역으로 지정만 해도 땅값은 몇 배씩 폭등한다. 그동안은 그 개발이익을 모두 민간 건설업자들이 가져갔지만, 원래 주인은 인허가권을 지자체장에게 부여한 시민들이기 때문에 당연히 그들의 몫으로 돌려받아야 한다.

이재명 시장은 1822억 원의 시민배당을 기본소득의 개념에서 바라봤기 때문에 모든 성남 시민들에게 나이나 소득에 상관없이 개별적으로 지급하는 것을 원칙으로 했다. 시민들이 맡긴 주권을 행사해서 얻은 일종의 불로소득을 특정 연령이나 계층 등으로 제한하면 안 된다는 논리였다. 당시 1822억 원은 성남 시민 약 100만 명이 1인당 약 18만 원씩 배당받을 수 있는 규모였다. 지역경제 활성화를 위해 현금이 아닌 지역화폐로 지급한다는 원칙도 세웠다. 다만 1822억 원의 환수금이 당장 성남시 예산으로 들어오는 게 아니기 때문에, 그의 시장 임기 내에는 시민배당을 실현할 수 없는 상황이었다.

결과적으로 시민배당은 성사되지 못했다. 이재명 시장은 2018년 6·13 지방선거에서 경기도지사로 출마하면서 시장직을 내려놓았다. 후임으로 취임한 은수미 성남시장은 2018년 7월 기자회견에서 "대장동 개발이익금 1822억 원을 공공주택이나 공용주차장 등 주거와 교통 분야에 우선 쓰겠다"고 밝혔다. 비록 시민배당은 실현되지 못했지만 이재명 시장의 '시민배당금 구상'은 공공개발사업 이익을 기본소득의 재원으로 활용할 수 있다는 가능성과 구체적인 방법을 보여준 획기적인 사건이었다.

공공개발이익을 기본소득으로

이재명 경기도지사는 대장동 개발사업에 적용했던 '개발이익환수제'를 경기도 전역에서 시행할 수 있도록 '공공개발이익 도민환원제' 도입을 추진했다. 공공개발이익 도민환원제는 각종 개발을 통해 발생하는 천문학적 개발이익을 공공기관이 일부 환수해서 이를 지역 내 임대주택이나 공공시설 등에 재투자하거나 복지 재원으로 사용하는 것이다. 경기도는 2020년부터 남양주 다산·수원 광교 신도시 경기융합타운, 평택·파주 지역균형개발 산업단지에서 공공개발이익 도민환원제를 시행했다. 또 남양주 왕숙, 하남 교산, 고양 창릉, 부천 대장 등 3기 신도시에도 도민환원제를 적용하는 방안을 검토하고 있다.

개발이익 도민환원제 도입을 위한 국회 차원의 법제화 작업도 한창이다. 김철민 더불어민주당 의원은 2020년 11월 24일 국가와 관할 기초자치단체에만 각각 50%씩 배분되고 있는 민간 개발자의 개발부담금을 광역자치단체에도 20% 배분하도록 하는 '개발이익 환수에 관한 법률 일부 개정안'을 발의했다. 더불어민주당 박상혁 의원은 '공공주택 특별법 일부 개정법률안'과 '택지개발촉진법 일부 개정법률안'을 대표 발의했다. 이 개정안이 통과되면 공공택지개발 사업자가 개발이익을 활용해 공공·문화체육시설은 물론 주차장, 운동장 등을 만들어 지방자치단체에 귀속할 수 있게 된다. 이들 시설은 지방자치단체가 재정적 부담 때문에 설치하지 못하고 미루는 경우가 많았다. 이와 함께 개정안에는 공공택지개발 사업자가 개발이익의 전부 또는 일부를 기반시설 및 공공시설 설치 비용 등에 의무적으로 사용하도록 하는 '재투자 조항'도 포함되었다.

이에 앞서 2019년 8월 국회의원 23명이 '개발이익 도민환원제 정책 토론회'를 개최했다. 이재명 지사는 이 토론회에 참석해 자신이 성남시장 시절에 개발이익을 환수한 사례인 '대장동 개발사업'을 소개했다. 이 지사는 "개발이익의 과도한 사유화 등 부동산으로 인한 불로소득 문제는 시장 교란, 소득 양극화, 근로 의욕 감퇴, 사회적 갈등 등 많은 문제점을 일으키고 있다"면서 "공정하고 정의로운 사회 구현을 위해 공공의 권한 행사에 따른 개발이익은 공공의 몫으로 환원되어야 한다"고 강조했다.

이재명 지사는 우리 사회가 직면해 있는 각종 모순의 근본 원인이 부동산 불로소득의 사유화에 있다고 보고 있다. 해마다 천문학적인 규모로 발생하는 부동산 불로소득의 사유화는 불평등 심화의 주범이다. 또한 부동산 불로소득의 사유화는 분배 구조를 더욱 왜곡하고 자산과 소득의 양극화를 심화한다.

국토교통부와 통계청이 2019년 말에 발표한 토지 소유 통계자료에 따르면, 토지를 많이 소유한 상위 50% 세대가 가액 기준으로 99.1%를 소유하고 있다. 반면 하위 40%는 토지를 전혀 소유하고 있지 않으며, 하위 50%가 가진 토지는 전체의 0.9%에 불과하다. 개인보다 법인의 상황이 훨씬 더 심각하다. 토지 소유 법인 상위 1%가 가액 기준으로 70.5%를, 상위 10%가 89.3%를 소유하고 있다.

결국 공공개발사업에서 발생하는 과도한 이익에 대한 환수·환원 장치가 시급하다. 지자체가 인허가권을 행사하고 또 행정적으로 지원하는 과정에서 발생하는 개발이익은 사실상 공공의 몫이기 때문에 특정 집단에서 이 이익을 독점하는 문제를 더는 방치하면 안 된다. 개발이익을 특정 집단이 아닌 시민 모두를 위해 어떻게 사용할 것인가를 논의해야 한다. 공공개발로 환수한 이익은 기본소득처럼 시민 개개인의 삶의 질을 향상할 수 있는 사회안전망 확충 예산으로 사용하는 게 옳지 않을까? 공정하고 정의로운 사회를 만들기 위해서라도 그렇게 바로잡아야 한다.

실용적 포퓰리스트

이재명 지사가 성남시장 시절에 대장동 공공개발을 통해 환수한 개발이익을 시민배당으로 분배하겠다고 했을 때 보수언론과 정치권에서는 이 시장을 '포퓰리스트'라고 공격했다. 그들이 주장하는 부정적 의미의 포퓰리즘과 달리 '대중의 견해와 바람을 대변하고자 하는 정치사상 및 활동'이라는 본연의 의미로 본다면 이재명 지사는 '실용적 포퓰리스트'가 맞다. 다수에 의한 지배와 직접적인 정치 참여를 목적으로 한다는 점에서 포퓰리즘은 진정한 민주주의와 같은 맥락이다. 동시에 기득권 정치 세력을 비롯한 엘리트주의와는 반대 개념이다. '실용적 포퓰리스트'는 지혜로우면서도 치열하게 기득권과 전투를 벌이며 다수 서민의 대변자를 자처한다.

그가 "노무현 대통령이 지역주의와의 투쟁에 목숨을 걸었듯이 저는 공정 국가를 위한 재벌체제 해체에 제 목숨을 걸겠다"고 했을 때도 포퓰리스트라는 비판에 휩싸였다. 그렇다고 이 지사가 실제 재벌기업을 없애야 한다고 생각하는 것은 아니다. 재벌기업은 재벌가의 노력만으로 성장하지 않았다. 재벌기업은 해방 이후 온갖 특혜와 국민의 희생을 딛고 성장했다. 산업화 과정에서 은행, 도로, 항구 등 공공재의 기반 위에서 성장을 거듭했다. 결국 재벌기업은 국민의 피와 땀으로 만들어진 국민 모두의 자산이라고 할 수 있다. 또한 재벌기업은 형식상 주주들의 것이기도 하다. 하지만 소수의 지분을 가진 재벌가가 일방적이고 과도하게 지배권을 행사하고 있다.

그 폐해는 국가 경제의 악화로 드러났다. 우리나라 1위, 세계 7위 컨테이너 선사였던 한진해운 사례가 대표적이다. 한진해운은 경영진의 경영전략 실패와 도덕적 해이 등으로 사상 최대의 위기를 맞다가 결국 2017년 2월 17일 파산하면서 역사의 뒤안길로 사라졌다. 2018년 6월 20일 OECD가 발표한 '2018 OECD 한국경제보고서'에는 '재벌'이 한국 경제에 미치는 영향력과 폐해를 분석한 내용이 실려 있다. 이 보고서가 지적한 한국 재벌의 문제점 중 하나는 '주주의 이익을 침해한다'는 것이다. 보고서는 "총수 일가가 낮은 지분으로 계열사 전체를 지배하면서 소유 구조의 왜곡을 초래하고 주주의 이익을 침해한다"고 지적했다. 보고서는 또 "한국 재벌이 불공정거래 관행을 초래해 경쟁과 효율성을 저해한다", "과도한 경제력이 집중되면서 총수 일가의 영향력이 정치, 언론, 법조계까지 미치고 부패를 초래할 가능성이 크다"는 점을 문제로 꼽았다.

재벌체제를 해체하자는 이재명 지사의 주장은 재벌가의 비정상적인 지배구조를 바로잡아야 한다는 의미다. 지금의 재벌체제를 바로잡는 가장 좋은 방법은 기업의 의사결정에 노동자가 직접 참여하는 등 공공성을 강화하는 것이다. 또 정경유착과 부패, 특혜의 고리를 끊어 기업 간의 공정한 경쟁을 가능하게 하는 것이다. 그렇게 하면 소수 재벌가가 독점하던 자원과 부를 복지 증대 등을 통해 사회에 환원하게 되고, 모든 경제주체가 골고루 잘살 수 있는 건강한 경제 생태계를 만들 수 있다. 기본소득 제도가 추구하는 '기여한 만큼 배분받는 정의로운 나라'가 가능해진다.

이재명 지사는 2017년 더불어민주당 대선후보 경선에 나서면서 '전투형 노무현'이라는 별명을 얻었다. 명확한 주관과 가치에 기반을 둔 뚜렷한 원칙적 태도, 강력한 추진력과 활발한 소통 능력 등이 노무현 전 대통령과 닮았다는 것이다. 돌려 말하지 않는 특유의 직설적인 말투나 솔직함, 민주당에게 불모지였던 성남 지역 선거에서 승리해 깃발을 꽂은 점, 같은 당 내부에 이 지사를 배척하는 세력이 있다는 점 등도 비슷하다. 그는 스스로 "기득권 체제를 무너뜨리는 데 있어서 노 전 대통령보다 더 원리주의자"라고 말한다. 그는 대중을 상대로 기본소득의 필요성을 설득해가는 과정에서도 이러한 태도를 견지하고 있다.

이재명의 최대 무기는 SNS

이재명 지사의 최대 장점은 소통이다. 그의 말대로 "소통은 자질이나 미덕이 아니라 그 자체로 민주정치의 본령"이다. 그는 SNS를 가장 성공적으로 잘 활용한다는 평가를 받는 정치인 중한 명이다. 성남시장이던 2012년 전국 최초로 'SNS 시민소통 관제'를 도입했다. SNS를 통해 매달 수백 건 이상의 민원을 공개적으로 접수하고 해결했다. 트위터 등을 통해 주기적으로 '이재명 라이브'를 진행한다. 행정에 대해 설명하거나 사업 추진 계획을 알리고 실시간으로 질문과 답변을 주고받으며 시민, 지지자들과 소통한다. SBS 〈동상이몽〉에 출연할 때는 거의 중독 수준으로 스마트폰과 SNS에 빠져 있는 모습이 대중들에게 공개되었다. 지방자치단체장과 관련된 기사는 아주 큰 성과를 내지 않는 이상 언론에 한두 줄 실리기도 어렵다. 그가 죽기 살기로 SNS 등 뉴미디어에 매달리는 이유다.

이재명 지사에게 SNS는 기득권과의 싸움에서 가장 중요한 무기일 뿐 아니라 기본소득을 국민에게 설파하는 요긴한 창구다. 그에게 SNS가 없었다면, 기본소득과 관련된 논의가 지금처럼 풍성하게 대중적으로 확산되었을지 의문이 들 정도다. 그는 2016년 1월 본격적으로 시작한 청년배당에 대해 여권과 보수언론이 '망국적 포퓰리즘'이라며 집중포화를 쏟아내자 SNS에 "나는 밟힐수록 커지는 돌멩이"라고 일갈했다. 그리고 청년배당보다 더 많은 액수를 성남시 재향군인회 회원에게 지급한다는 사실을 트위터로 인증하면서 청년배당을 비난하는 악플을 잠잠하게 만들었다. '아무 대가도 치르지 않고 공짜로 복지 혜택을 누린다'는 주장에 대해서는 "국민이 낸 세금을 열심히 아껴서 다시 돌려주는 게 왜 공짭니까?"라며 적극 반박했다.

초기에는 트위터를 애용했지만, 도지사 취임 이후에는

페이스북을 더 많이 활용한다. 쉽지 않은 기본소득 관련 논쟁을 트위터의 '140자'로 압축하기에는 한계가 있고, 긴 글을 쓸 수 있는 페이스북이 상대적으로 메시지 전달에 더 효과적이라고 본 것이다. 2020년 9월 2차 재난지원금에 대한 '보편 대 선별' 지급 논쟁이나 지역화폐 효용성 논쟁이 벌어졌을 때도 자신의 논리를 뒷받침할 다양한 사례와 통계 등이 담긴 긴 글을 거의 매일 페이스북에 올렸다.

이재명 지사가 사용하는 언어는 다른 정치인과 다르다. 두루뭉술하거나 추상적이지 않고 직설적이다. 엘리트주의적인 기름진 언어가 아니라 땀내 찌든 노동의 언어다. 해석의 여지가 다분하고 애매한 정치적 언어가 아니라 단박에 이해할 수 있는 대중의 언어를 쓴다. 너무 격식을 따지지 않아 거칠다는 평가도 받지만, 솔직하고 예리하다는 평가도 받는다. 그래서 대중은 그의 한마디 한마디에 카타르시스를 느끼고, 속이 시원하다는 뜻으로 '사이다'라는 별명을 붙여주었다. 업무나 관련 회의를 할 때는 차분한 어조를 유지하지만, 현장을 방문하거나 비교적 자유로운 강연을 할 때는 재밌는 에피소드나 비유도 적절하게 섞어 말한다.

그의 직설적인 표현은 종종 오해를 부르거나 위험한 발언이라는 주변의 걱정을 듣지만 내용이 시원시원하고 무엇보다 솔직하다는 점에서 사람들을 끌어당기는 힘이 있다. 기본소득을 연구하는 어떤 전문가들보다 훨씬 효과적인 방법으로 대중을 설득할 수 있는 배경이기도 하다. 2016년 10월 13일 국정감사에서 신보라 전 자유한국당 의원이 성남시의 청년배당을 비판할 때 그는 다음과 같이 반박했다.

"지금 이것보다 더 나은 정책이 있으면 제가 하지요. (중략) 정부에서 하는 것처럼 4대강이나 파고, 자원외교 한다고 마구 낭비하고, 방산 비리처럼 쓸데없는 데 돈 쓰는 것보다는 이 아낀 돈을 세금 내는 국민에게 되돌려주는 게 잘하는 거라고 생각하거든요, 저는."

이재명 지사 특유의 직설적이고 선명한 화법은 지지자들에게는 '사이다'로 환영받을 수 있지만 지지하지 않는 사람들에게는 오히려 반감을 살 수도 있다. 정치인들이 대체로 그렇지만, 이재명 지사도 자신의 화법 때문에 적극적인 팬층이 많은 만큼 적극적인 반대 세력도 적지 않다. 일각에서는 그를 시민들의 분노를 이용하는 선동가라고 비판한다. 반대로 국민이 분노하는 지점을 정확히 알고 '가려운 부분을 긁어주는' 정치인이라는 평가도 상존한다. 여러 가지 평가에도 불구하고 거침없는 그의 언사는, 눈치 보기에 바쁜 기존 정치인들과 차별화되는 요소였다. 기존 정치인들에게 '증세'는 마치 금기어와 같지만 이 지사는 보편적 복지를 위해 증세가 불가피하다고 주장한다. 물론 증세를 위해서는 가진 사람도 혜택을 보는 기본소득만이 유일한 해법이라고 강조한다. 그는 더 나아가 "국민을 빚쟁이로 만들지 않으려면 국가가 빚을 내라"고 목소리를 높인다.

성공한 버니 샌더스가 되고 싶다

일각에선 이재명 지사를 좋은 의미든 나쁜 의미든 미국 대통령 도널드 트럼프에 비유한다. 하지만 이재명 지사는 언론 인터뷰 등에서 "성공한 한국의 버니 샌더스Bernie Sanders가 되고 싶다"고 말했다. 버니 샌더스는 소수에게 편중된 부를 중산층과 빈곤층에 분배하고 99%를 위한 세상을 만들겠다며 2015년 5월 미국 민주당 대선후보 경선에 출마했다. '민주적 사회주의자'를 자처하는 샌더스의 당시 지지율은 3%였지만 곧 다크호스로 떠올랐다. 공교롭게도 이재명 지사 역시 2015년 4월 한국갤럽 여론조사에서 1%의 지지율을 기록하며 처음으로 대권 잠룡에 이름을 올렸다.

2020년 4월 8일 샌더스는 민주당 대선후보 경선 포기를 선언했다. 경쟁자인 조 바이든Joe Biden과의 격차를 뒤집는 것이 불가능하다고 판단한 것이다. 하지만 2015년 첫 출마 선언 이후 5년 동안 그는 두 번의 미국 대선에서 다크호스로 큰 영향력을 발휘했고, 무엇보다 미국 진보운동의 의제를 중앙정치 무대로 끌어올리는 데 성공했다. 경쟁자였던 조 바이든조차 "버니는 단순히 정치적 선거운동을 한 것이 아니라 운동movement을 만들어냈다"고 인정했다.

샌더스는 1941년 뉴욕에서 가난한 페인트 판매원의 아들로 태어났다. 1960년대 민권운동에 동참했고, 1981년 버몬트주 벌링턴 시장에 무소속으로 당선되면서 정계에 입문했다. 그는 부자가 아닌 평범한 시민들의 후원금을 모아 선거 자금을 마련한 것으로 유명하다. 가난한 소작농의 아들로 태어나 인권 변호사, 시민운동을 거쳐 성남시장으로 정치를 시작한 이재명 지사와 여러모로 닮았다. 이 지사도 2017년 대선 당시 청년, 장애인, 노동자, 농민, 학생, 해고노동자, 소상공인 등 사회적 약자와 서민들이 모여 만든 일명 '무수저(흙수저) 후원회'의 도움을 받았다.

샌더스는 풀뿌리 정치운동으로 하원의원을 여덟 번, 상원의원을 세 번째 하고 있지만, 민주당과 공화당이라는 양당 체제에서 늘 이단아이자 비주류였다. '민주적 사회주의자'를 자처하는 샌더스는 진보 진영의 권유로 대선 출마를 결심했다. 그러나 무소속의 한계를 느껴 민주당 대선후보 경선에 뛰어들었다. 그는 민주당의 유력 대선주자였던 힐러리 클린턴 Hillary Clinton의 정책을 진보적 방향으로 이동시키는 게 경선에 참여한 목적이라고 말하기도 했다. 그러나 막상 경선이 시작되자 그가 제시한 진보적 의제들에 대해 시민들이 관심을 보이기 시작했고, 청년층과 지식인층을 중심으로 돌풍이 불었다. 아이오와 경선에서 클린턴과 0.3% 차이로 2위를 하더니 이후 벌어진 뉴햄프셔 경선에서는 클린턴을 꺾는 파란을 낳았다. 민주당 대선후보가 되지는 못했지만 23개 경선에서 승리하는 등 그의 도전은 성공적이었다. 실제 클린턴은 경선 때 샌더스가 했던 주장을 수용해 자신의 선거 공약 일부를 진보적으로 바꾸었다.

샌더스는 2020년 11월 대선을 앞두고 다시 민주당 경선 레이스에 참여했다. 이번에도 그는 조 바이든과 지지율 1, 2

위를 다투며 유력 대선주자로 선전했지만 다시 좌절을 맛봐야 했다. 미국 민주당 주류 기득권의 공고한 벽을 넘지 못한 것이다. 하지만 샌더스의 도전이 빈손으로 끝난 것은 아니었다. 그가 내세운 전 국민 공공의료보험, 공립대 무상교육 같은 진보적 의제는 젊은 층의 지지를 끌어냈고 그를 통해 미국의 진보 진영은 새롭게 세력을 정비하고 확대했다.

이재명 지사가 '성공한' 샌더스가 되고 싶다고 한 것은 자신이 추진하는 기본소득을 '실패'하지 않겠다는 의지의 표명이라고 할 수 있다. 이 지사는 필생에 기본소득을 꼭 이루고 싶다는 말을 자주한다. 일자리가 사라지는 4차 산업혁명 시대에 심각해지는 소득 불평등과 사회경제적 양극화 문제를 해결하기 위한 방안으로 기본소득 도입을 주장한다는 점에서 샌더스와 지향점이 비슷하다. 문제는 실현 가능성이다. 이 지사는 기본소득이 단지 일부의 주장이나 운동에 머물러서는 안 되며 실제 우리 사회에 제도적으로 도입되어야 한다는 점을 강조하고 있다.

기본소득은 인간에 대한 애정

2016년 성남시에서 처음 청년배당 정책이 시행될 때만 해도 이재명 지사에게 기본소득은 보편적 복지정책이었다. 실제로 기본소득은 모든 사회 구성원의 '적절한 삶'을 보장하기 위한 보편적 복지라고 할 수 있다. 그런데 이재명 지사는 어느 순간부터 기본소득을 경제정책 또는 복지적 경제정책이라고 부르기 시작했다. 복지정책에서 출발한 기본소득을 경제정책으로 확대·전환한 것이다. 기본적으로 복지정책 자체에 경제적 효과가 담겨 있어 복지정책과 경제정책을 나누는 것 자체는 의미가 없다는 의견도 있다. 하지만 이 지사는 기본소득이 소비 수요를 늘려 경제를 선순환시킨다는 사실에 방점을 찍고, 경제정책이라는 점을 부쩍 강조하고 있다. 이 지사는 2020년 5월 28일 오마이뉴스와의 인터뷰에서 그 이유를 "기본소득의 실현 가능성 때문"이라고 설명했다.

"기본소득은 인간에 대한 애정에서 출발한다. 어떻게 하면 도민들에게 조금 더 도움이 되게 할까, 이런 것이었지만 그 주장을 관철하려고 하면 실현 가능성이 점점 낮아진다. 그러니까 현실적으로 받아들일 수밖에 없도록 논리를 만들고 설계해야 한다. 그래서 기본소득은 경제정책이다. 기본소득이 자영업자에게 훨씬 효과가 있지 않나. 내용이 바뀐 게 아니고 포장이 조금씩 바뀐 것이다."

기본소득을 이야기할 때 인간의 삶의 질을 보장하고 공유부$_富$에 대한 권리를 강조하는 것만으로는 국민을 설득하는 데 한계가 있다고 판단한 것이다. 기본소득의 구성 요건 중 하나가 현금성이지만, 이 지사가 지역경제 활성화를 위해 지역화폐 형태로 지급해야 한다고 주장하는 것도 같은 맥락이다. 실제로 코로나19 경제위기 극복을 위한 경기도 재난기본소득은 지역화폐로 지급했고, 매출 회복에 효과를 본 소상공인과 자영업자들로부터 큰 호응을 얻었다.

그런데 기본소득이 경제정책이라는 점을 강조하다 보

면 복지제도의 효율적·경제적 관리를 내세우는 보수 진영의 기본소득 주장과 만나게 된다. 당장 여당 내부에서 "이재명 지사가 우파 기획에 함몰되었다"는 지적이 나오는 이유다. 신동근 더불어민주당 의원은 2020년 6월 "빌 게이츠나 서구 우파들이 기본소득에 찬성하는 이유와 정확히 부합한다. 본인의 의도와는 상관없이 진보 좌파가 결코 포기할 수 없는 불평등 완화(해소) 대신에 경제 활성화(살리기), 경제 성장이라는 우파적 기획에 함몰되었다고 봐야 한다"며 이 지사를 비판했다.

이에 대한 이재명 지사의 대답은 "저는 양파입니다"였다. 그는 "강단의 학자가 아닌 행정가라서 좌파 정책이든 우파 정책이든 가리지 않고 현장에서 국민에게 도움이 되는 효율적 정책이면 다 가져다 쓴다"고 말했다. 기본소득을 진영 논리로만 보지 말고 국민에게 필요한 정책인지 아닌지를 충분히 논의하자는 것이다. 그러면서 이 지사는 "경기불황이 구조화되는 포스트 코로나, 4차 산업혁명 시대에 재정을 소비역량 확충에 집중함으로써 수요공급 균형을 회복시켜 경제 선순환을 만드는 기본소득은 피할 수 없는 경제정책"이라고 거듭 강조했다. 또한 "필요하고 가능한 정책을 포퓰리즘으로 몰거나 포퓰리즘 몰이가 두려워서 해야 할 일을 포기하는 것이 진짜 포퓰리즘"이라고 선을 그었다. 굴하지 않겠다는 확고한 의지를 표현한 것이다.

이재명의 질문 "국가란 무엇입니까?"

2016년 9월 8일 서울 종로구 헌법재판소 앞. 이재명 성남시장이 기자회견을 하기 위해 마이크 앞에 섰다. 이날 이 시장은 지방교부세법 시행령 관련 권한쟁의심판의 공개변론 출석을 앞두고 있었다. 성남시의 3대 무상복지(청년배당, 무상교복, 공공산후조리)에 반대한 박근혜 정부는 지자체의 독자적 복지사업을 사회보장법 위반으로 규정하고 지방교부세를 감액하는 시행령을 만들었다. 이에 성남시는 "정부가 헌법에 보장된 지방자치단체의 권한을 침해하고 있다"며 박근혜 대통령을 상대로 권한쟁의심판을 청구했다. 이 시장은 광화문광장에서 11일간 단식 농성을 하기도 했다.

그는 이날 헌법재판소 앞 기자회견에서 "지방자치단체는 정부에서 독립해 고유의 자치권과 자치 재원으로 주민복지 정책을 펼칠 권한이 있다"며 "박근혜 정부의 지방자치 탄압이 극에 달하고 있다"고 성토했다. 지지자들은 '교육은 권리와 의무! 무상교복도 권리', '청년배당, 청년에게 작지만 큰 희망입니다'라고 적힌 피켓과 현수막을 들고 "이재명"을 연호했다. 이 시장은 지지자들을 향해 "이재명 말고 민주주의를 외쳐달라"고

화답했다.

이 시장의 발언으로 기자회견 분위기가 한껏 달아오를 때쯤 어디선가 날카로운 목소리가 날아들었다. "노란리본 좀 그만 차면 안 돼요? 지겨워서 그래!" 주변을 지나가던 한 중년 여성이 이 시장의 외투 옷깃에 달린 세월호 노란리본을 보고 "지겹다"고 한 것이다. 이 시장은 그 여성의 말이 믿기지 않는다는 듯 "뭐라고요?"라고 반문했다.

"노란리본이 지겹다"는 말을 다시 확인한 이재명 시장의 표정이 순간 차갑게 굳었다. 이어 그 여성을 향해 "우리 어머님의 자식이 죽어도 그런 말 하실 겁니까?"라고 목소리를 높였다. "그거와 그거는 다르다"는 답변이 돌아오자 이 지사는 "내 자식과 남의 자식이 왜 다르냐"며 분노를 감추지 못했다. "같은 사람입니다. 어머니 같은 사람이 나라 망치는 거예요. 어떻게 사람이 죽었는데 그런 소리를 합니까? 본인의 자식이 그런 일을 당할 날이 있을 겁니다."

세월호 참사와 코로나19

이날의 현장 모습이 담긴 영상은 언론과 커뮤니티 사이트, SNS 등에서 빠르게 퍼져나갔고 뜨거운 반향을 일으켰다. "그런 일을 당할 날이 있을 것"이라는 호통은 다소 과하다는 지적도 있었지만 대쪽 같은 그의 캐릭터를 대중에게 각인시키는 계기가 되었다. 2015년 4월 16일 세월호 1주기 추모식 당시의 추모사도 사람들의 뇌리에 오래 남았다.

"죄송합니다. 그냥 죄송합니다. 저도 그 역할을 다하지 못했습니다. 국가의 가장 큰 의무는 국민의 목숨을 지켜주는 일입니다. 한 번의 일이 벌어지면 반성하고 다시는 그런 일이 생기지 않게 해야 했습니다. 우리가 남의 일로 외면하고 관심 갖지 않았기에…… 똑같은 일이 반복되고 말았습니다. 제 잘못입니다. 우리 모두의 잘못입니다."

이재명 시장은 세월호 참사가 발생하고 보름 뒤, 희생자를 기억하고 진상규명을 촉구하는 의미로 성남시청에 노란리본이 그려진 세월호기를 처음 달았다. 세월호기는 평창 동계올림픽 성공을 기원하는 올림픽기로 교체되기까지 3년 9개월 동안 시청사 깃발 게양대에서 내려오지 않았다. 새누리당 소속 시의원이 세월호기를 내리라고 요구했지만 "진실이 밝혀질 때까지 게양하겠다"며 거부했다.

경기도지사에 취임한 후에는 경기도청 앞 깃발 게양대에 세월호기를 걸었다. 그는 2019년 4월 16일 '세월호 참사 5주기 기억식' 추도사에서 "국가란 무엇인가? 국가는 왜 존재하는가? 세월호 참사는 우리에게 근본적인 질문을 던졌다. 생명의 가치를 한없이 무겁게 여기는 사회, 모든 이들의 인권이 존중받는 나라, 정의로운 나라, 공정한 세상을 만드는 데 제가 할 수 있는 최선을 다하겠다"고 말했다.

이재명 지사는 자신의 인생을 바꾼 세 가지 사건으로 소년공 시절과 5·18 광주민주화운동, 그리고 세월호 참사를 꼽는다. 그에게 세월호 참사는 헌법적 가치와 법질서, 상식과 도덕이 제대로 지켜지지 않아 발생한 재난이었다. 국민의 안전을 위해 존재해야 할 국가가 그 역할을 제대로 하지 못한 것이다. 이 지사는 세월호 참사 6주기인 2020년 4월 16일 SNS에 글을 올렸다. "6년의 시간이 흘렀지만 해결된 것이 없어 더욱 안타깝고 답답하다"면서도 "우리가 지난 시간을 마냥 허비한 것만은 아니"라고 말했다.

"전 세계를 휩쓰는 코로나19 사태 속에서 국민의 생명을 지키기 위해 분투하는 정부의 모습을 보고 있다. 6년 전 어디에서도 보이지 않던 국가가 이제 국민 한 명 한 명을 보호하고 있다. 그만큼 우리는 전진했다. 생명을 존중하고 인간의 존엄을 지키는 나라, 모든 국민이 안전하게 살아가는 나라, 함께 사는 세상을 만들기 위한 유가족 여러분의 피땀, 수많은 시민의 연대가 만들어낸 성과다."

각 지방자치단체의 코로나19 사태 대응 가운데서도 이재명 지사의 신속하고 과감한 '행동주의 방역'이 특히 눈길을 끌었다. 그는 사태 초기에 대구 신천지교회를 중심으로 집단감염이 확산되자 '신천지와의 전쟁'을 선포하고 강제 역학조사 실시와 신도 명단 확보 등 거침없는 행보에 나섰다. 종교의 자유가 도민의 생명보다 우선할 수 없다는 판단이었다. 전광훈 목사의 사랑제일교회를 중심으로 코로나19 집단감염이 대유행할 때도 예배, 소모임 등 교회 행사 참석자와 광화문 집회 참석자에게 코로나19 진단검사를 받도록 행정명령을 내렸다. 행정명령에도 불구하고 검사를 거부하거나 연락 두절 등의 사유로 검사를 받지 않으면 끝까지 추적해 민형사상 책임은 물론 구상권을 청구하겠다고 경고했다.

코로나19 경제위기 극복을 위해 소득과 나이에 상관없이 경기도민 모두에게 1인당 10만 원의 재난기본소득을 지급한 것도 전국 17개 광역시도 가운데 경기도가 처음이었다. 애초 정부는 1차 긴급재난지원금을 소득 하위 70%에게 선별 지급하려고 했지만, 경기도 재난기본소득의 영향을 받아 전 국민에게 주는 방식으로 결정했다. 마스크 사재기 금지 건의, 확진자 이동경로 상세 공개, 폐렴 환자 전수조사, 역학조사관 확대, 드라이브스루 선별진료소 설치 등 경기도가 먼저 주장하거나 선제적으로 취한 조치들은 얼마 후에 정부 주도로 전국에서 시행되는 '나비효과'를 가져왔다.

이재명 지사는 코로나19 국면에서 일부러 행정명령, 긴급명령 등 '명령'이라는 단어를 많이 사용했다. 긴박하고 위험한 코로나19 상황에 신속히 대처하기 위해서였다. 그는 시장, 군수, 도지사 역시 국민이 뽑은 법률상 대표체이기 때문에 법에 따른 권한과 명령권이 있다고 강조했다. 코로나19를 통해 '정부의 역할'이 무엇인지 국민이 재인식할 수 있는 계기가 되었다고도 했다.

국가는 국민을 위해 존재한다. 국가의 가장 중요한 목적은 전쟁과 질병, 재해와 위험으로부터 국민의 생명과 안전을 지키는 것이다. 국민으로부터 권한을 위임받고 세금을 걷어 재정을 운영하는 것도 결국 국민을 위해서다. 그런데 세월호 참사, 메르스 사태 등 국민의 생명과 안전이 위협받을 때 국민을 지키려는 국가의 모습은 어디에서도 찾아볼 수 없었다. 국민들은 "이게 나라냐"고 외치며 촛불을 들었다. 신자유주의와 기술혁신으로 일자리와 소득이 줄면서 빈곤층으로 전락하는 사람들이 늘어나고 있지만, 국가는 까다로운 복지급여 심사 기준만 내세우며 벼랑 끝으로 내몰린 사람들을 외면하고 있다. 불평등과 양극화의 고통을 온몸으로 호소하며 공정 사회를 갈망했지만, 국가는 국민의 고통스러운 절규를 듣지 않았다.

기여한 만큼 가져가는 분배 정의는 보이지 않는다. 모두의 몫인 공유자산에서 나온 이익을 특정 소수가 독점하고 있지만 국가는 이를 오히려 조장하고 있다. 그동안 국민들은 이렇다 할 저항도 하지 못한 채 침묵하거나 애써 정치를 외면했다. 이제는 상황이 달라졌다. 정보통신의 발달로 언론의 정보 독점이 무너지고, 네트워크로 촘촘히 연결된 국민은 스스로 정보를 생산하고 전파하며 정치적 요구를 관철해나가고 있다. 국민의 뜻을 존중하지 않는 국가와 정치권은 국민으로부터 배척을 받게 되었다. 집권 여당이 압승할 것이란 예상을 뒤엎은 2016년 총선 결과가 그랬고, 다음 해 봄까지 이어진 '박근혜 탄핵' 촛불집회가 그랬다. 코로나19로 생존 위기에 내몰린 국민은 보편적으로 지급된 재난기본소득과 긴급재난지원금을 통해 기본소득을 경험했다. 국가적 재난과 경제위기로 국민의 삶이 파탄 직전까지 내몰렸을 때 국가가 어떤 역할을 해야 하는지를 우리 국민은 깨닫게 되었다.

국가는 국민이 안전하면서도 인간다운 삶을 누리도록 해야 한다. 국민의 실질적인 자유를 보장하고 삶의 질을 향상시킬 방안을 제시해야 한다. 합리적이고 공정한 경쟁 속에서 누구나 기여한 만큼 분배를 보장받는 정의를 구현해야 한다. 마음 놓고 도전할 수 있는 사회, 실패해도 다시 훌훌 털고 일어설 수 있는 사회를 만들어야 한다. 그러려면 국가는 국민에게 투자를 지속해야 한다. 국민이 낸 세금을 어디에 얼마만큼 쓸 것인지 그 효율성과 공평성을 고려해 결정하는 것이 국가가 하는 일이다. 국민이 무엇을 요구하는지 귀 기울여야 한다. 국민의 지갑은 이미 마를 대로 말라서 쥐어짤 무엇도 없다. 그런데 경제를 살려보겠다고 수십 조에 달하는 재벌기업의 법인세만 감면해주면 어떻게 될까? 재벌 곳간에 쌀이 차곡차곡 쌓여갈 때 국민은 어디선가 굶주려야 한다. 재벌기업으로부터 적절한 법인세를 걷어 지역화폐로 기본소득을 지급해 골목상권과 재래시장에 흘러가게 한다면 말라버린 바닥 경제에 단비가 되고 윤활유가 되어 마침내 국가 경제도 살릴 수 있게 될 것이다.

세계 최초의 데이터 주권 실천

이재명 지사는 정치가 억강부약抑强扶弱(강자를 누르고 약자를 도움)의 역할을 해야 한다고 믿는다. 이를 통해서 이루고자 하는 세상은 대동세상, 즉 모두가 함께 존중하면서 살아가는 공동체다. 노무현 전 대통령이 말한 '사람 사는 세상'도 이와 비슷하다. 노 전 대통령이 말한 '이상적인 사회'는 "더불어 사는 사람 모두가 먹는 것 입는 것 걱정 안 하고, 더럽고 아니꼬운 꼴 안 보고, 그래서 하루하루가 신명 나게 이어지는 세상"이었다. 이는 기본소득이 지향하는 세상과 맞닿아 있다. 이재명 지사는 2020년 5월 오마이뉴스와의 인터뷰에서 이렇게 말했다. "정치하겠다는 사람은 그런 세상을 만들기 위해서, 부당하게 많은 사람에게 피해를 끼치는, 원칙과 상식에 어긋나는 사람을 제어해야 한다. 저는 당연히 정치가 해야 할 일을 하는 것이다."

이재명 지사의 도정 운영은 '공정'의 가치에 기반한다. 이 지사가 경기도 공공배달앱 개발에 나선 것도 '공정'에서 출발했다. 2020년 초 국내 배달앱 1위인 '배달의민족'이 일방적으로 수수료 체계를 바꾸는 등 독과점 문제가 불거졌다. 이 지사는 플랫폼 시장 독과점에 따른 폐해를 방지하고 소비자와 소상공인, 플랫폼 노동자 모두를 위한 새로운 대안이 필요하다며 공공배달앱 개발에 나섰다. 경기도 공공배달앱 시범 지역인 화성, 파주, 오산에서 가맹점 사전 신청을 받은 지 한 달 만에 1700건(목표치 3000건의 약 57%)을 돌파하는 등 지역 소상공인들의 뜨거운 반응이 이어졌다. 2020년 12월 1일 서비스를 개시한 경기도 공공배달앱 '배달특급'은 12월 3일 현재 5만여 명의 회원이 가입했고, 서비스 첫날 약 4500건(누적 거래액 1억 1500만 원)의 주문이 몰리는 등 순조로운 출발을 보였다.

일각에서는 '공공이 만든 배달앱으로 민간배달앱을 이길 수 없다', '시장에 공공이 개입하는 것은 부적절하다'는 우려와 비난도 제기되었다. 그러나 이재명 지사는 "실패의 저주를 뚫고 성공할 것"이라고 장담했다. 2020년 4월 14일 SNS에 글을 올리고, 자신의 정책 중에 실패한 정책이 있으면 예를 들어 보라고 반박했다. 3대 무상복지, 닥터헬기, 지역화폐, 성남시의료원, 분양원가 공개, 개발이익 도민환원제, 수술실 CCTV, 모란 개고기 시장 정비, 서울외곽순환도로의 수도권순환도로 명칭 개정 등 자신이 성남시장 시절부터 추진해 성공한 대표적 사업이나 정책 사례들을 그 근거로 제시했다. 이 지사는 공공배달앱에 대한 성공도 자신했다. "지역화폐 인센티브로 소비자인 도민에게는 편리함과 혜택을, 소상공인들에게는 수수료와 광고비 절감을, 배달노동자에게는 처우 개선과 안전망 확보를, 국가에는 디지털 SOC(사회간접자본) 확충을 해주는 공공앱은 국민의 지지와 경기도 지역화폐 유통망 위에서 성공할 수 있는 조건을 충분히 갖추었다."

경기도가 개발하고 있는 공공배달앱은 기본적으로 수익이 발생하지 않는다. 배달앱 이용자와 배달노동자, 배달앱 가맹점 소상공인들에게 모든 혜택이 돌아가도록 설계하기 때문이다. 물론 공공배달앱 이용자가 받는 혜택은 민간배달앱 이용자가 받는 혜택보다 적을 수밖에 없다. 공공배달앱 특성상 배달노동자는 과속이나 교통법규 위반 없이도 적절한 수입을 보장받고 4대 보험 등 노동자의 지위를 인정받아야 한다. 그리고 가맹점 소상공인들은 민간배달앱보다 낮은 수수료를 원한다. 여기에 플랫폼 관리 비용까지 제하고 나면 공공배달앱 이용자에게 돌아갈 혜택은 적을 것이다.

민간배달앱과 경쟁하는 상황에서 공공배달앱 이용자를 더 많이 확보하기 위해서는 다른 전략이 필요하다. 금민 정치경제연구소 '대안' 소장은 2020년 4월 25일 열린 기본소득한국네트워크 쟁점토론회에서 공공배달앱으로 발생한 이윤을 모든 경기도민에게 무조건적, 보편적, 개별적으로 배당해야 민간배달앱과의 경쟁에서 이길 수 있다고 제안했다. 금민 소장은 "아무리 적은 금액이라도 도민 모두에게 배당한다면, 1년에 한두 번 배달앱을 사용하는 사람도 주인의식을 가질 수 있고 자기 회사라고 생각해 자주 사용하게 될 것"이라고 말했다. 그는 특히 공공배달앱을 운영하는 데 수집되는 빅데이터가 경기도민의 공동소유이기 때문에 그 이윤을 경기도민 전체에게 기본소득으로 배당해야 한다고 강조했다.

배달플랫폼은 자영업자 데이터, 이용자 데이터, 플랫폼 노동자 데이터를 수집한다. 그러면 배달플랫폼을 이용하지 않는 사람들의 데이터는 어떻게 될까? 역설적으로 배달플랫폼을 이용하지 않는 사람들로 인해서 어떤 사람들이 주로 배달앱을 이용하는지, 언제 어떤 지역에서 많이 이용하는지에 대한 데이터를 얻을 수 있다. 금민 소장은 "빅데이터는 경기도민의 활동을 기반으로 개별 데이터 전체가 모이면서 형성되기 때문에 빅데이터의 주인은 모든 경기도민"이라고 말했다.

경기도는 이에 앞서 2020년 2월부터 지역화폐 데이터 거래를 통해 발생한 수익을 지역화폐 이용자들에게 되돌려주는 '데이터 배당 data dividend'을 시행했다. 데이터 배당이란 소비자들의 데이터를 수집·활용해 기업이 수익을 창출할 경우 데이터 생산에 기여한 소비자들에게 수익 일부를 되돌려주는 것을 말한다. 사용자가 생산한 데이터를 수익으로 돌려주는 세계 최초의 데이터 주권 실천 사례다. 이재명 지사는 데이터 배당을 시행하면서 "앞으로 다른 민간 영역으로, 경기도에서 전국으로, 지방정부에서 중앙정부로 확산하는 첫 출발지가 되기를 기대한다"고 밝혔다.

기본소득은 좌도 우도 아닌 '미래'
언론은 3대 무상복지, 기본소득 등 보편적 복지 확대 정책이나 재벌체제 해체 주장 등을 근거로 이재명 지사를 강경 진보주의자로 분류한다. 하지만 정작 이 지사는 스스로를 새로운 사회체제로의 변혁을 원하는 게 아니라 기존에 있는 법과 질서를 잘 지키는 게 중요하다고 생각하는 '보수주의자'라고 말한다. 그는 줄곧 법과 상식이 지켜지는 공정한 세상을 만들고 싶다고 말해왔다. 또 공정한 경쟁의 장을 만드는 것이 국가의 핵심적 역할이라고 강조했다.

사실 현재 우리 사회가 가진 자원들이 제대로 효율을 발휘하지 못하는 것은 지나친 불평등과 불균형 때문이다. 이 불평등과 불균형을 바로잡을 수 있는, 이 지사가 말하는 '공정'의 핵심 키워드가 바로 기본소득이다. 그는 대선 출마 선언을 앞둔 2017년 1월 16일 SNS에 이렇게 적었다. "재벌과 소수 특권층이 부와 기회를 독점한 것이 사회 양극화의 이유다. 재벌 독점과 특권을 해체하고 부가 중소기업과 가계, 노동자에게 흘러가게 해야 한다. 박근혜 게이트의 뿌리인 재벌체제를 해체해야 한다. 이재용 구속에만 그치지 말고 재벌의 불법, 특권, 불공정을 뿌리 뽑아야 경제가 살아난다."

이재명 지사가 법치, 법질서의 공정, 공평을 위해 기본소득 도입을 주장하는 것은 사회적으로 합의된 헌법적 가치를 존중하자는 의미다. 재벌체제를 해체하자는 주장이 매우 선동적으로 보이지만, 재벌이 가진 주식만큼만 권한을 행사하게 해야 경제 정의가 확립된다는 사실은 경제학 교과서에도 적혀 있는 내용이다. 복지 확대 정책 역시 엄연히 헌법에 규정된 국가의 의무에 부합한다. 헌법 제34조 2항은 '국가는 국민의 복지증진을 위해 노력할 의무가 있다'고 규정하고 있다. 보수 진영은 복지를 시혜적인 것으로 왜곡하지만, 복지는 행정을 통해 시민이 내는 세금을 환원하는 것이다. 국가는 시민의 기본적인 삶의 권리를 보장하기 위해 불요불급한 지출을 막아 시민들에게 환원해야 할 책무가 있다. 국가가 헌법 질서를 따르는 것을 두고 진보니 보수니 나누는 것 자체가 어찌 보면 구태의연하다. 기본소득에 대해서도 색깔론을 제기하며 사전에 재단하기보다는 그 내용의 정당성과 효율성에 집중해야 한다.

이재명 지사에게 '진보냐, 보수냐'보다 더 중요한 것은 '실력과 실적'이다. 정치가 국민의 지지를 얻기 위해서는 믿음을 주고 좋은 정책을 제시해야 하는데, 그 믿음은 단순히 말과 약속이 아니라 과거의 실력과 실적으로 만들어진다는 것이다.

이 지사는 자신이 성남시장으로 재임하던 시절에 '강남 벨트'로 불리던 분당의 정치지형이 변화한 것을 예로 들었다. 2010년 성남시장 선거 당시 전통적으로 보수 정권에 압도적 지지를 보냈던 '천당 아래 분당'(강남과 가깝고, 인구밀도가 상대적으로 낮아 거주환경이 쾌적하다고 해서 붙여진 별칭)에서 이 지사는 다른 지역보다 상대적으로 낮은 지지를 얻으며 어렵게 당선되었다. 하지만 시장 취임 후 박근혜 정부와 싸우면서 복지정책 강화 등 진보적인 정책을 밀어붙였음에도 분당 주민들로부터 높은 지지를 얻었다. 그는 분당에서 얻은 압도적 지지를 발판으로 시장 재선에 성공했고, 3대 무상복지 시행 등 더 공격적으로 복지정책을 확대해나갔다.

2015년에는 본시가지(원도심)보다 분당의 시정만족도가 훨씬 높게 나타났다. 2016년 4·13 총선에서는 분당 지역 국회의원 의석을 민주당이 모두 차지했다. 공약 이행률 96%, 모라토리엄 극복, 증세 없는 복지 확대 등의 성과로 인해 '강남 벨트' 분당이 '과격한 진보' 이재명을 믿고 지지를 보낸 것이다. 분당 주민들에게 '진보냐, 보수냐'보다 더 중요한 선택의 기준은 '유능하냐, 아니냐'였다. 자기 이익을 대변할 정치 세력을 선택하지 못한 이른바 스윙 보터 swing voter (부동층)의 판단 기준도 이와 다르지 않을 것이다.

고소득자나 보수 성향의 시민들도 기본소득이 자신을 포함해 사회 구성원 대부분에게 이득이고 효율적인 정책이라는 판단이 서면, 이재명 지사가 추진한 복지 확대에 분당 주민들이 지지를 보낸 것처럼 기본소득도 받아들일 가능성이 크다. 이 과정에서 기본소득이 좌파 이념이냐 우파 이념이냐 하는 문제는 중요하지 않다. 기본소득 활동가들도 기본소득은 좌도 우도 아닌 '전진', '미래'의 문제라고 말한다.

위드 코로나 시대와 '큰 정부'

이재명 지사는 공정한 경쟁을 보장하는 국가의 역할을 중요하게 여긴다. 편중된 부로 인한 불평등과 격차를 해소하고, 잠시 실패하더라도 다시 일어설 수 있는 탄탄한 사회안전망을 구축하는 큰 정부를 지향한다. 사실 큰 정부냐, 작은 정부냐의 논쟁은 더는 의미가 없을지도 모른다. 글로벌 금융위기에 이어 코로나19 팬데믹까지 겪고 있는 많은 선진국들이 이미 파격적인 규모의 재정 지출에 앞장서고 있다. 정부의 적극적인 역할 없이는 시장이 존재하기 어렵다는 판단 때문이다.

무엇보다 '위드 코로나' 시대에 큰 정부는 필연이라고 할 수 있다. 코로나19 위기를 겪으면서 우리는 국가가 국민을 보호하기 위해 국민의 삶에 어떻게 영향을 미치는지를 매일 TV를 보면서 경험했다. 바로 정은경 대한민국 초대 질병관리청장을 통해서다. 한국에 첫 코로나19 확진자가 나온 뒤 보이지 않는 적과의 숨 막히는 전쟁 속에서도 그나마 버틸 수 있었던 것은 'K-방역'의 최전선을 진두지휘하는 질병관리본부(현 질병관리청)와 정은경 본부장이 있었기 때문이다.

한국의 공적 의료체계가 얼마나 좋은지 한국 사람만 모

른다는 말이 있다. 누구나 아프면 쉽게 병원에 갈 수 있는 나라는 전 세계에서 손에 꼽을 정도다. 세계적으로 명성을 크게 얻은 'K-방역'의 기반은 공적 의료체계였다. 한국의 공적 의료체계 기초는 김대중 정부 때 수립되었고, 노무현 정부 때 확대되었다. 정은경 청장을 질병관리본부의 첫 여성 본부장으로 임명한 것은 문재인 정부다.

반면 코로나19 보건 방역의 성공만큼이나 중요한 경제 방역에서 현 정부가 제대로 역할을 하고 있는지에 대해서는 끊임없이 의문이 제기되고 있다. 코로나19 위기를 맞아 경제 회복을 위해 시중에 140조 원이 풀렸지만 실물경제에는 돈이 돌지 않는다. 한국은행에 따르면, 2020년 7월 시중 통화량은 3094조 2000억 원을 기록했다. 정부와 한국은행이 코로나19에 대응하기 위해 시중에 자금을 공급하자 2월(2954조 6000억 원) 시중 통화량보다 140조 원가량 늘어난 것이다. 그러나 돈이 얼마나 잘 도는지를 나타내는 통화유통속도(명목 국내총생산을 시중 통화량으로 나눈 값)는 2분기에 0.63으로 사상 최저치를 기록했다. 가계와 기업의 활동이 크게 위축되었다는 의미다. 시중에 풀린 돈이 금융권과 자산시장에서만 맴돌고, 소비·투자 등 실물경제로는 흘러가지 않은 것이다. 금융권의 총예금은 2020년 2월부터 7월까지 63조 원이나 늘었다. 그사이 주식과 부동산 등 자산가격도 급등했다. 이른바 '자산·실물 괴리' 현상이다. 부동산과 증시에만 유동성이 몰리면서 '자산 거품' 우려도 커지고 있다.

이재명 지사는 2020년 9월 15일 SNS를 통해 "물을 개천에 줘야 흐르는데 저수지에 주고서 물이 안 흐른다 하니 답답하다"고 지적했다. 기업이나 은행에 돈을 아무리 푼다 한들 소비 수요가 늘어나지 않는다면 경기침체에서 벗어날 수 없다는 뜻이다. 코로나19로 소득이 감소한 국민은 소비할 돈이 없다. 그에 따라 생산이나 투자가 줄면서 수출이 막혔다. 이런 상황에서는 기업이나 은행 등 공급 측면에 아무리 돈을 쏟아부어도 시중에 돈이 돌지 않는다. 그래서 이재명 지사는 일정 기간 내에 소비해야 하는 지역화폐를 재난지원금과 같은 이전소득으로 국민에게 지급하자는 주장을 하고 있다.

"수요가 부족한 상태에서 공급 측면에 140조가 아니라 1400조를 퍼부어도 돈이 돌지 않는 건 당연하다. 국가부채 2.5% 상승을 감수하고 50조 원(국민 1인당 100만 원)만 가계에 지역화폐로 지급해 소비하게 하면 가계부채 증가도 줄고, 매출과 생산 증가, 이에 따른 고용 투자 증가로 경제가 어느 정도 숨을 쉬게 될 것이다."

약 16조 원(중앙정부와 지방정부의 1차 재난지원금 총액)의 지역화폐형 재난지원금으로도 두 달 이상 경제 활황을 경험했기 때문에 50조 원의 가계 지원이면 더 큰 효과를 얻을 수 있다는 것이다.

이 지사는 특히 "경제는 과학이 아니라 정치"라면서 국가부채를 늘려야 한다고 제안했다. 실제 세계 각국은 국채 비율을 올려가며 가계 지원(이전소득)과 경제 살리기에 나서고 있다. 그는 "OECD 평균 국채 비율이 우리보다 2배가량 높은데도 코로나 위기로 가계 지원 등 경제 살리기를 위해 10~30%포인트 더 늘려 국채를 발행하는데, 우리나라만 유독 보수언론이 '40% 넘으면 나라 망한다'며 국채 발행을 막고 있다"고 지적했다. "지금 국가가 저리의 국가채무를 회피하면, 그 대신 국민이 고리의 가계부채를 짊어져야 한다"는 것이다. 경제위기에서 정부가 빚을 지지 않으면 국민이 빚을 떠안게 된다는 의미다.

우리나라의 GDP 대비 국가부채 비율은 40%를 약간 넘는다. 100%가 넘는 미국, 영국, 일본 등 주요 선진국들의 절반에도 못 미치는 수준이다. 게다가 OECD는 건전재정의 기준을 60%, IMF는 85%로 정하고 있어 기획재정부의 '재정 건전성 우려'도 설득력이 약하다. 기재부의 재정 건전성 집착이 국민을 빚더미로 내몰고 있는 셈이다. 이재명 지사는 '국채 1000조 원 시대가 열린다'며 정부의 국채 발행을 막고 있는 보수언론에 대해 "OECD 평균 국가부채 비율이 110%면 2200조 원인데 1000조 원, 즉 50% 넘는다고 나라 망할 것처럼 호들갑 떠는 언론이 이해되느냐"고 비판했다.

코로나19로 인한 경제위기는 어차피 장기화할 것이다. '작은 정부, 큰 시장'을 모토로 하는 신자유주의도 함께 위기를 맞고 있다. 신자유주의의 종주국으로 불리는 미국조차 코로나19에 대응하기 위해 국채를 두세 배 늘리며 국가의 역할을 키우고 있다. 비단 코로나19 때문만은 아니다. 그 이전부터 세계적인 흐름은 국가의 역할 확대로 기울었다. 기술혁명에 따른 디지털화와 노동 소멸, 소득의 극단적 양극화와 소비 수요 절벽에 따른 경기침체에 대응하기 위해서다.

문제는 국가가 누구를 위해서 그 돈을 쓰는지 또 어떻게 쓰는지다. 그런 점에서 국가는 코로나19 이후 뉴노멀 시대에 필요한 질적으로 새로운 정책을 고민해야 한다. 기본소득은 우리의 삶이 앞으로 어떻게 변할 것인지 상상하게 한다. 기본소득은 새로운 비전을 논의할 수 있는 시작점이며 우리가 만들고 싶은 사회로 안내하는 나침반이다.

내 삶에 유익한 변화가 일어났다

대학을 졸업하고 사회운동가로 활동하는 20대 청년 김준호 씨는 가정의 달 5월이 되면 부담스러운 마음이 들었다. 일반 회사에 취업한 친구들은 부모님을 위해 선물을 사거나 용돈을 드리는데, 준호 씨는 오히려 부모님으로부터 "돈은 있느냐"는 걱정을 들어야 했다. 준호 씨는 "엄마 생신이면 필요한 것 없으신지 여쭤보긴 하지만 사실 속으로는 걱정이 되고 부담이었다"며 "늘 통장 잔액이 얼마나 남았는지 계산할 수밖에 없었다"고 말했다. 그런 준호 씨에게 작은 변화가 생겼다. 2019년 1, 2분기에 경기도 청년기본소득을 받은 것이다. 경기도는 청년들의 삶의 질 향상을 위해 경기도에 거주하는 만 24세 청년 모두에게 분기별로 25만 원씩 1년에 100만 원의 기본소득을 지역화폐로 지급했다. 청년기본소득은 이재명 경기도지사가 성남시장 재임 시절 시행했던 '청년배당'을 경기도 전역으로 확대한 것이다. 청년기본소득을 받은 준호 씨는 오랜만에 가족들에게 외식을 하자고 제안할 수 있었다.

2019년 10월 26일 서울을 포함한 전 세계 여러 도시에서 '기본소득 행진 Basic Income March'이 열렸다. 기본소득을 지지하고 널리 알리기 위한 최초의 거리 행진이었다. 서울 대학로 마로니에 공원 앞에도 '기본소득 행진'에 참여하려는 수많은 사람들이 모여들었다. 이날 마이크를 잡은 준호 씨는 "올해 5월에는 사랑하는 사람들과 함께 보낸 시간이 덜 부담스럽고 행복했다"고 말했다. 그는 "기본소득에 별 관심이 없던 친구들도 이제는 모이기만 하면 기본소득이 좋다는 이야기를 많이 한다"며 "기본소득이 한국에서 제1순위 의제가 되고, 하루빨리 모든 사람들이 기본소득을 받는 날이 오기를 기대한다"고 말했다. 김준호 씨는 2020년 4·15 총선에서 첫 국회의원을 배출한 기본소득당에서 대변인으로 활동하고 있다.

마음 편히 일할 곳이 없다

기본소득은 모든 개인에게 똑같은 금액을 조건 없이 지급하는 것으로, 새로운 패러다임에 의한 분배 방식이다. 이러한 기본소득을 도입하는 데 있어서 청년기본소득은 매우 중요한 의미를 지닌다. 청년은 노동시장에서 핵심 근로 연령층으로 분류된다. 한창 일할 나이의 청년에게 노동 여부와 상관없이 무조건 기본소득을 지급한다는 것은 일을 하지 못하는 사람 등에게만 선별적 복지를 제공하던 기존의 고정관념을 완전히 깨는 일이다. 따라서 청년기본소득은 완전한 기본소득으로 가기 위한 중요한 토대가 되는 셈이다. 김교성 중앙대 사회복지학과 교수는 2019년 11월 '한국기본소득포럼'에서 "경기도 청년기본소득은 일을 할 수 있는 인구집단(청년)에게 거의 최초로 기본소득을 준 세계적 사례이기 때문에 의미가 있다"고 평가했다.

현재 한국 청년들이 처해 있는 불안정 노동시장을 고려하면 청년기본소득과 같은 현금성 복지제도의 도입 논의는 더욱 시의적절하다. 기존 사회복지 정책으로는 불안정 노동시장에서 고통받는 청년들의 문제를 해결할 수 없기 때문이다. 청년층은 현재 심각한 문제가 되고 있는 노동시장 이중구조에서 안정적인 일자리를 구하는 데 어려움을 겪으면서 '자발적 실업자'로 전락하고 있다.

한국의 노동시장은 대기업·정규직 중심의 1차 노동시장과 중소 및 영세기업·비정규직 중심의 2차 노동시장으로 분리되어 있다. 1차 노동시장은 주로 내부 노동시장(기업 내부에 형성되는 노동시장)에서 형성된다. 고용의 안정성, 높은 임금, 양호한 근로조건은 물론 인적 투자 기회도 보장된다. 반면 2차 노동시장은 저임금, 열악한 환경, 승진 기회 부재, 높은 이직률 등이 두드러진다.

고용노동부의 고용형태별 근로실태 조사(2018년 6월 기준)에 따르면 300인 이상 사업장 정규직 노동자의 임금 수준을 100%로 했을 때 300인 이상 사업장 비정규직의 임금 수준은 63.2%에 그쳤다. 300인 미만 사업장 정규직은 56.8%, 300인 미만 사업장 비정규직은 41.8%에 불과했다. 1980년대 중반까지만 해도 2차 노동시장 노동자의 임금은 1차 노동시장 노동자의 90% 수준으로 큰 차이가 없었다. 하지만 대기업의 이른바 납품단가 후려치기, 독점 등과 같은 불공정거래 행위로 중소기업의 생산성과 수익성이 낮아지면서 노동자들의 노동환경 격차도 벌어지기 시작했다.

한국은행이 분석한 〈우리나라 고용 구조의 특징과 과제〉 보고서에 따르면, 2017년 8월 기준 1차 노동시장 노동자는 전체 임금 노동자의 10.7%를 차지했다. 나머지 89.3%는 2차 노동시장 노동자다. 10명 중 1명은 대기업·정규직이고, 나머지 9명은 중소기업·비정규직인 것이다. 한국의 2차 노동시장 노동자들은 전 세계에서 가장 높은 빈도로 직장을 옮겨 다니고 있다. 문제는 이들이 1차 노동시장으로 진입할 가능성이 매우 희박하다는 점이다. 한국은행은 또 다른 보고서 〈노동시장의 이중구조와 정책대응: 해외 사례 및 시사점〉에서 중소규모 사업체 임금 노동자가 1년 후 대규모 사업체로 이동하는 비율이 2004~2005년 3.6%에서 2015~2016년 2%로 하락했다고 밝혔다. 같은 기간 비정규직 임금 노동자가 정규직으로 이동하는 비율은 15.6%에서 4.9%로 급감했다.

한국경제연구원에 따르면 2차 노동시장의 근속연수는 2.3년이다. 반면 1차 노동시장의 근속연수는 13.7년으로 약 6배나 길다. 월평균 임금은 1차 노동시장이 2차 노동시장보다 약 2.8배 높은 것으로 조사되었다. 자신의 노력과 능력이 아니라 어떤 노동시장에 속했느냐에 따라 임금과 근로조건이 달라진다면 고임금 노동자와 저임금 노동자 간 소득격차를 줄일 가능성도 희박해진다. 2차 노동시장에서는 아무리 열심히 일해도 저임금에서 벗어나기 어렵기 때문이다. 여기에 자산·지역·세대

격차 등이 맞물리면서 양극화 문제는 더욱 심각해진다.

청년들은 처음부터 대기업이나 공공기관의 정규직으로 취업하기 위해 구직 기간을 늘린다. 한편으로는 1차 노동시장으로의 진입을 포기하고 불안정 노동시장으로 나오는 청년층도 갈수록 증가하고 있다. 2018년 3월 통계청의 경제활동인구 조사 결과에 따르면, 청년층(15~29세) 임금 노동자 가운데 비정규직 비율은 2003년 8월 기준 31.8%였으나 2017년 8월에는 35.7%를 기록해 14년 사이에 3.9%포인트 상승했다. 일자리를 구하기도 어렵지만 취업하더라도 불안정 노동으로 내몰릴 확률이 높은 셈이다. 특히 다른 연령층의 비정규직 비율은 감소하고 있지만 유독 청년층에서만 비정규직이 증가하고 있다. 30~39세의 경우 임금 노동자 중 비정규직 비율이 2003년 8월에는 26.3%였는데 2017년 8월에는 20.6%로 줄었다. 같은 기간 40~49세는 31.2%에서 26.0%로, 50~59세는 40.0%에서 39.9%로 각각 감소했다. 다른 연령층에서는 저임금의 비중이 감소하거나 비슷한데, 유독 청년층만 저임금 일자리로 몰리고 있는 셈이다.

그동안 정부의 청년 정책은 고용 중심적인 접근에서 벗어나지 못했다. 중소기업 청년취업인턴제, 고용촉진 지원 사업, 취업성공패키지 등이 대표적이다. 청년들을 어떻게든 일자리에 진입시키려는 정책들이지만 여러 한계가 있다. 비정규직, 불안정 일자리로 잠시 편입시켜 청년 취업률 수치를 조금 높일 수는 있겠지만, 청년들은 언제 실업자로 되돌아갈지 모르는 살얼음

판을 걸을 수밖에 없다.

　　반면 청년기본소득은 취업 여부, 재산 유무와 관계없이 일정한 나이의 청년에게 지역화폐로 지급하는 현금성 수당이다. 다른 복지정책처럼 근로 의욕이 있는지 없는지 심사하지 않고 무조건 준다. 기존의 고용 중심적 접근 방식에서 벗어난 완전히 새로운 패러다임이다.

청년층 투표율이 50대를 넘어서다

일반적으로 청년층의 투표율은 중장년층이나 노년층에 비해 낮은 편이다. 자신이 거주하는 지방자치단체는 물론 중앙 정부에서 어떤 정책을 어떻게 진행하고 있는지 잘 모르거나 크게 관심이 없다. 앞서 언급한 청년층의 고단한 현실을 고려하면 자연스러운 현상이다. 그런 점에서 2016년 성남시에서 청년배당을 시행한 후 청년들이 정치에 높은 관심을 보인 것은 주목할 만하다. 당시 청년배당을 받은 성남시 만 24세 청년들은 설문조사에서 "국가가 나를 위해서 무언가 해줄 수 있다는 것을 처음 알았다", "정치가 중요하다는 것을 깨달았다"고 말했다.

　　2016년 4·13 총선에서 성남시 20~24세 청년층의 투표율은 다른 지역보다 높았다. 서울, 부산, 대구, 인천, 광주, 대전과 경기도에서 20~24세 투표율이 높게 나타났는데, 어떤 지역도 50대 투표율을 넘어서진 못했다. 그런데 성남시의 투표율을 보면 수정구와 중원구의 경우 20~24세 투표율이 50대 투표율을 앞섰다. 성남시는 이 결과에 대해 "청년배당을 받은 청년들이 '좋은 정책은 내 삶을 변화시킨다'는 인식을 하게 되었다"고 분석했다. 청년배당과 청년층 투표율 상승에 대한 직접적인 연관성을 증명할 수는 없지만 충분히 개연성이 있다는 것이다.

이재명 지사는 2018년 7월 도지사에 취임한 뒤 청년배당을 '청년기본소득'으로 명칭을 바꿔 경기도 전역으로 확산시키기 위한 작업에 착수했다. 2018년 10~11월 토론회, 간담회 등을 통해 도민 의견을 수렴한 뒤 11월 13일 청년기본소득 시행의 제도적 기반인 '경기도 청년배당 지급 조례'를 제정·공포하고 기본소득위원회도 만들었다. 한국에서 '기본소득'이란 용어가 공식적인 법률 문구로 사용된 첫 사례다. 이재명 지사는 사회보장제도 신설을 위해 보건복지부와 협의를 마치고 2019년 4월 1일부터 '청년기본소득 지원 사업'을 본격적으로 시작했다. '경기도에 3년 이상 연속으로 거주하거나 거주한 일수의 합이 10년 이상인 만 24세'라는 것 외에 다른 자격 조건은 없었다.

청년기본소득으로 지급된 지역화폐는 주소지를 둔 시와 군에 있는 전통시장과 소상공인 업체 등에서 현금처럼 자유롭게 사용할 수 있다. 그러나 백화점, 대형마트, 기업형 슈퍼마켓SSM, 유흥업소 등에서는 사용할 수 없다. 2019년 지급 대상은 17만 5000여 명이고 총예산은 1753억 원인데 경기도가 70%, 도내 31개 시·군이 30%로 분담해서 추진되었다.

처음에는 고등학교를 졸업하는 '만 18세에서 만 24세까지' 주는 방안을 추진했지만 예산이 부족했다. 그래서 이재명 지사의 말대로 "잔꾀를 낸" 것이 '만 24세'다. 청소년기본법으로 지원이 가능한 청소년의 최대 나이가 만 24세인데 그 이상 나이의 청년까지 지원하면 법령이나 조례에 근거하지 않고 현금 등을 지급하는 기부행위로 간주되어 선거법에 저촉될 우려가 있었다. 대신에 22세와 23세 등 만 24세 미만의 청년들은 1년 뒤 또는 2년 뒤에 청년기본소득을 받을 수 있다는 기대를 품을 수 있다. 만 24세는 대학을 졸업하고 구직활동을 시작하는 나이다. 학자금 대출을 받은 청년들이 취업 성공 여부에 따라 신용불량자로 전락할 가능성이 가장 큰 연령층인 것이다.

일각에서는 청년기본소득을 위해 예산이 너무 많이 든다는 우려를 제기했지만 정확한 지적은 아니다. 경기도의 1년 예산이 약 24조 원인데 그중 2019년에 청년들에게 쓰인 예산은 청년기본소득을 포함하더라도 1.6%인 4000억 원에 못 미친다. 반면 노인층을 위한 복지 예산은 전체 경기도 예산의 약 10% 정도다. 1753억 원이라는 금액 자체만 보면 크다고 생각할 수 있지만, 경기도 전체 예산과 비교하면 전혀 그렇지 않다. 오히려 청년층을 대상으로 더 많은 예산을 투입해야 하는 상황이다.

2019년 5월 28일 '경기도 청년기본소득 락※ 페스티벌'에 참석한 이재명 지사는 "예산이 너무 적어서 24세에게만 주고, 그것도 낯 뜨겁게 연간 100만 원이어서 미안하다"고 말했다. 사회자가 "청년기본소득으로 청년들이 도덕적 해이에 빠지지 않겠느냐"고 묻자 이 지사는 "기우"라고 잘라 말했다. 한창 사회 진출을 준비하거나 이제 막 취업한 만 24세 청년이 1년에 100만 원을 받는다고 해서 취업을 포기하거나 하던 일을 그만

두지는 않는다는 것이다.

경기도는 청년기본소득 외에도 학자금 지원제도, 군 복무 경기청년 상해보험 가입 지원 등 다양한 청년지원 정책을 시행하고 있다. 하지만 이것도 전체 경기도 예산의 1%를 조금 넘는 수준이다. 이재명 지사는 이날 "청년기본소득을 받은 청년이 이런 말을 했다. '돈이 많아서가 아니라 우리가 국가로부터 무언가 배려를 받고 있다는 생각이 들어서 좋았다.' 이 말을 듣고 내가 정말 잘했다는 생각이 들었다"며 "너무 힘들겠지만 그래도 결국 세상은 여러분이 만들어가는 것"이라고 청년들을 응원했다.

국가에 대한 인식이 달라졌다

경기연구원은 2019년 7월 청년기본소득 1분기 신청자 중 지역화폐를 받아 사용한 청년 3500명을 대상으로 '만족도 조사'를 실시했다. 이 조사에 따르면 응답자의 80.6%는 청년기본소득에 대해 '만족'이라고 답했다. '보통'과 '불만족'은 각각 14.5%, 4.9%에 그쳤다.

대다수의 청년들이 만족한 이유는 무엇일까? 기본소득의 기본 요건인 보편성, 현금성, 무조건성이 피부에 와닿았기 때문이다. 이 조사에서 청년들이 청년기본소득에 만족한 이유로는 '경기도 거주 만 24세 청년 모두에게 지급되기 때문에(35.2%)'가 1위로 꼽혔다. 비록 특정 연령층에 한정되기는 했지만, 그 연령층 모두에게 지급된다는 보편적 특성이 청년들의 만족도를 높인 것이다. 2위는 '현금처럼 사용이 가능한 지역화폐로 지급되기 때문에(31.6%)'였다. 경기도는 재래시장, 골목상권 등 지역경제 활성화를 위해 지역화폐로 청년기본소득을 지급했다. 청년들은 현금처럼 사용할 수 있는 지역화폐로 자유롭게, 그리고 꼭 필요한 곳에 효율적인 소비를 할 수 있었다. 3위는 '구직활동 등 조건이 없기 때문에(11.3%)'로 나타났다. 그동안의 청년지원 정책은 대부분 구직활동 이력 등을 제시해야 하는 까다로운 조건이 붙어 있었기 때문에 청년들은 청년기본소득의 무조건성이 반가웠던 것이다.

반면 불만족한 이유로는 '만 24세에게만 지급되기 때문에(33.3%)'가 가장 많은 비중을 차지했다. '대형마트, 백화점, 유흥주점 등에서 사용할 수 없기 때문에'와 '4회 분기별로 지급되고 매번 신청하기 때문에'라는 응답도 각각 11.7%를 차지했다. 또 지급 확대에 대해서는 '경기도 이외의 다른 지역(시도)에서도 실시해야 한다'는 응답이 68.5%, '만 24세에 국한하지 않고 연령층을 넓혀야 한다'는 응답이 64.6%, '장애인·농민·예술인 등 특정 집단에도 확대 적용해야 한다'는 응답이 61%였다. 청년들의 60% 이상이 기본소득 지급 확대가 필요하다고 생각한 것이다.

경기연구원이 2019년 11월 실시한 2차 '만족도 조사'에서는 응답자의 65.4%가 청년기본소득을 받은 후 '삶에 유익한 변화가 있었다'고 답했다. 이는 1차 조사 결과인 60.3%보다 5.1%포인트 증가한 수치다. 청년기본소득이 청년들의 삶에 긍정적 변화를 일으킨 것이다. 1차 조사에서 삶의 변화와 관련한 구체적 답변(중복 응답)을 분석한 결과, '자기계발을 시도해볼 수 있었다', '친구들과 교류하는 데 돈 걱정을 덜 수 있었다'가 각각 31%였고 '여행·여가를 즐길 여유가 생겼다'가 12.1%, '평소 사고 싶었던 것을 살 수 있었다'가 11%로 조사되었다. 청년기본소득을 받은 후 '사회적 관심도 변화'에 대한 질문(복수 선택)에는 '경제적 자유에 관한 관심이 높아졌다'는 응답이 69.1%, '사회 불평등 해소에 관한 관심이 높아졌다'는 응답이 55.7%, '인권신장에 관한 관심이 높아졌다'는 응답이 50.3%로 집계되었다. 청년기본소득에 따른 인식 조사(복수 선택)에서는 '국가·지자체 역할에 대한 인식이 긍정적으로 변했다'가 66.2%로 가장 높았다. '삶의 자세가 긍정적으로 변했다' 51.6%, '가족의 의미에 대한 인식이 긍정적으로 변했다' 49.4%, '미래 꿈에 대한 인식이 긍정적으로 변했다' 44.6%의 순이었다.

미래 세대와의 새로운 연대

경기도 청년기본소득은 비록 나이를 기준으로 지급 대상을 한정했지만, 특정 연령층을 대상으로 한 시혜적 복지정책이 아니다. '청년'은 앞으로 우리 사회를 책임지고 끌고 나갈 '미래 세대'로서 중요한 상징성을 가진다. 일각에서는 노인이나 아동에게 보조금을 주는 것처럼 청년기본소득도 기존 복지정책의 '청년 버전'이라고 이해한다. 청년을 노동 기회가 적고 소득이 불안정한 취약계층으로 바라보는 것이다. 물론 청년이 상대적으로 노동 경험이 부족하고, 저성장과 노동 불안 시대에서 매우 불안정한 삶을 사는 건 사실이다. 청년 세대를 위한 별도의 복지정책이 필요하다는 주장도 제기된다. 하지만 청년 세대를 취약계층으로만 정의할 경우 '중장년도 힘든데 왜 우리는 안 주나', '노인에 대한 복지를 더 늘려라', '한창 일할 나이의 청년에게 줄 돈이 있으면 더 가난한 사람에게 줘라' 등 세대 간, 계층 간 갈등이 초래된다.

청년 세대는 4차 산업혁명으로 인한 일자리 감소, 저성장 사회, 양극화와 불평등 심화, 기후 변화 등 중요한 사회적 문제 속에서 살아나가야 하며, 동시에 그 문제들에 대응해 해법을 찾아야 한다. 그런데도 그들은 단 한 번도 이 사회에서 안정적인 노동과 소득, 그로 인한 성장은 물론 자신의 문제를 해결하기 위한 청년 정책 참여 등 시민적 권리조차 누려보지 못했다. 애초 우리 사회가 그들에게 어떤 기회나 혜택도 주지 못했기 때문에 그들이 우리 사회와 정치에 갖는 무관심과 무력감은 어쩌면 당연한 결과다. 상호 신뢰가 부재한 청년 세대와 우리 사회가 적극적으로 연대할 가능성은 시간이 갈수록 희박해지고 있다. 하지만 우리 사회는 청년 세대에게 우리의 미래를 맡길 수밖에 없다. 아무것도 해준 것이 없는 청년 세대에게 우리의 사회적 문제 해결을 기대해야 하는 이 역설적인 상황에서 청년기본소득은 청년 세대와 우리 사회 간의 신뢰를 회복할 수 있는 계기가 될 수 있다.

성남시에서 청년배당을 지급한 이후 청년층의 총선 투

표율이 올라간 것은 우연이 아니다. 청년기본소득을 받은 청년 중 상당수가 "경제적 자유와 사회적 불평등 해소에 대한 관심이 높아졌다"고 말했다. 2명 중 1명은 "인권신장에 관한 관심이 높아졌다"고 했다. "국가·지자체 역할에 대한 인식이 긍정적으로 변했다"거나 "삶의 자세가 긍정적으로 변했다"는 청년도 적지 않았다. 그래서 청년기본소득은 지속 가능한 사회를 만들어 갈 미래 세대와의 새로운 사회적 연대인 셈이다.

사람의 얼굴을 한 지역화폐

2019년 8월 22일부터 25일까지 인도 하이데라바드 날사 NALSAR 법학대학교에서 19차 기본소득지구네트워크 대회가 열렸다. 브라질, 남아프리카공화국, 우간다, 오스트리아, 스위스, 대만, 미국, 스리랑카, 인도 등 전 세계 기본소득 활동가와 정치인, 학자 등이 참가했다. 기본소득지구네트워크 설립자이자 공동대표인 가이 스탠딩 Guy Standing 런던대학교 교수와 기본소득 주창자인 필리프 판 파레이스 Philippe Van Parijs 루뱅대학교 교수, 핀란드 기본소득 실험 설계자인 올리 캉가스 Olli Kangas 투르쿠대학교 교수, 사라트 다발라 기본소득지구네트워크 부의장 등이 참석해 전 세계 기본소득운동의 연대 및 교류 활성화 방안에 대해 다양한 의견을 나눴다.

이화영 전 경기도 평화부지사도 이 자리에서 기조발제를 했다. 주제는 '기본소득 아이디어가 구체적인 정책 실행으로 옮겨지기 위한 조건은 무엇인가?'였다. 이 전 부지사는 경기도 청년기본소득의 정책 사례와 만족도 조사 결과를 소개했다. 지역화폐로 지급된 경기도 청년기본소득이 청년들의 복지 향상은 물론 중소 자영업자들과 소상공인들의 전폭적인 지지와 국민적 공감대를 얻고 있다고 설명했다. 지역화폐는 관할 지역 내에서만 사용이 가능하고 백화점이나 대형마트 등에서는 쓸 수 없기 때문에 지역의 돈이 다른 지역으로 빠져나가는 것을 막고 지역경제를 활성화하는 효과도 얻을 수 있다고 부연했다.

이화영 전 부지사가 소개한 경기도 청년기본소득에 대해 에두아르두 수플리시 Eduardo Suplicy 브라질 전 상원의원을 비롯한 전 세계 기본소득 활동가들과 정치인들이 깊은 관심을 보였다. 수플리시 전 의원은 룰라 다 시우바 Lula da Silva 대통령과 함께 브라질 시민기본소득법 제정에 앞장선 인물이다. 이들은 지역화폐와 결합한 청년기본소득 정책에 큰 관심을 보이며 관련 자료를 요청하기도 했다. 한국으로 돌아온 이 전 부지사는 청년기본소득을 포함해 경기도가 추진하고 있는 기본소득 정책 자료를 영문 번역하고 영상으로 만들어 기본소득지구네트워크와 각국 참가자들에게 제공했다.

2020년 9월 10일 밤 MBC 〈100분 토론〉 스튜디오에서는 이재명 경기도지사와 미국의 제러미 리프킨 Jeremy Rifkin 경제동향연구재단 이사장이 화상을 통해 마주 앉았다. 세계적인 석학이자 문명비평가인 리프킨 이사장은 주로 자본주의 체제를 비롯한 경제, 노동, 사회 분야에 관한 연구를 바탕으로 뛰어난 분석과 해법을 제시해 미국은 물론 국제 공공정책에 큰 영향을 미쳐왔다는 평가를 받는다. 특히 대표적인 저서 《노동의 종말》에서 기본소득의 필요성을 주장했다.

이날 토론 주제는 '코로나19 경제위기 속 기본소득'이었다. 이 지사는 경제위기 극복을 위해 보편적으로 지급된 경기도 재난기본소득과 정부 1차 긴급재난지원금의 경제 활성화 효과를 제시하며 기본소득 도입의 필요성을 역설했다. "재난기본소득 등을 통한 가계 지원과 지역화폐를 통한 지역경제 자영업 매출 회복 효과가 확인되었다"는 이재명 지사의 설명에 리프킨 이사장은 "코로나19 팬데믹 장기화에 대비해야 하는 만큼 지역화폐와 연계한 기본소득 정책에 공감한다"고 화답했다.

청년기본소득과 지역화폐

기본소득의 가장 중요한 특징 중 하나는 '현금성'이다. 쌀이나 라면, 기름 등의 현물로 주지 않는 것은 개인의 자유 의지에 따른 소비를 보장하기 위해서다. 그래야만 자유로운 삶을 영위하기 위한 사회적, 문화적, 경제적 생계활동이 가능하다. 쌀을 들고 가서 영화를 볼 수는 없기 때문이다.

  기본소득 개념에서 출발한 경기도 청년기본소득은 현금이 아닌 지역화폐를 준다. 지역화폐는 지류상품권, 직불카드, 모바일앱 형태 중 하나로 지급하는데, 수급자의 90% 이상이 직불카드 방식으로 받고 있어서 현금과 큰 차이가 없다. 사실 상품권이나 모바일앱으로도 거의 현금처럼 사용할 수 있다. 더 중요한 문제는 지역화폐의 경우 거주하는 시·군 내에서만 사용할 수 있다는 점이다. 게다가 유흥주점은 물론이고 대형마트나 백화점 등 연 매출 10억 원 이상의 대규모 점포에서는 사용할 수 없다. 물론 지역 내 재래시장이나 안경점, 미용실, 편의점, 주유소, 학원, 헬스장, 병·의원 등 소상공인 업체에서는 얼마든지 사용할 수 있다.

경기도는 2017년 기준 자영업자가 126만 명(서울 95만 명, 경남 50만 명)으로 전국에서 가장 많다. 한국은행 경기본부가 2018년 12월 20일 발표한 〈경기 지역 자영업 현황 및 시사점〉에 따르면, 2000년부터 2017년까지 전국 자영업자가 3.3% 감소하는 동안 경기도는 29.2% 증가했다. 문제는 자영업이 갈수록 쇠퇴하고 있다는 것이다. 경기 지역의 경우 주요 자영업종 가운데 도소매업의 영업이익률은 2010년 14.6%에서 2015년 8.3%로 떨어졌고, 음식·숙박업의 영업이익율은 2010년 27.1%에서 2015년 16.4%로 하락했다.

경기도는 청년기본소득을 지역화폐로 발행함으로써 지역 내 소비 증가를 통한 복지와 경제의 선순환 모델을 추구했다. 또한 기본소득 지급에 대한 시민들의 우려와 반감을 줄이는 효과까지 기대했다. 이와 관련해 이재명 지사는 "청년기본소득은 우리 사회가 청년들에게 '함께 가자'고 보내는 신호이고, 청년들은 이 기본소득을 골목상권에 씀으로써 영세 자영업자들에게 '함께 가자'는 신호를 보내게 될 것"이라며 "청년기본소득이 이 시대의 작은 '희망 바이러스'가 되면 좋겠다"고 말했다. 지역화폐를 통한 '지역경제 활성화'뿐만 아니라 '지역공동체 활성화'까지 기대한 것이다.

지역공동체를 살리다

지역화폐는 지역경제 활성화를 위해 지방자치단체 주관으로 시·군·구별로 발행하고, 해당 지역 내에서만 통용되는 일종의 대안화폐다. 전 세계에서 지역화폐를 처음 사용한 곳은 1983년 캐나다 밴쿠버섬 중부 코목스밸리에 있는 코트니 Courtenay라는 작은 도시다. 당시 이곳은 공군기지가 이전하고 마을의 주력 산업이던 목재업이 침체를 겪으면서 실업률이 최고조에 달해 있었다. 코트니는 경제위기를 극복하기 위해 '녹색 달러'라는 지역화폐를 만들고 재화와 서비스를 주고받는 시스템을 구축했다. 이러한 시도는 캐나다의 다른 지역뿐만 아니라 영국과 호주로 확대되었고 21세기에 들어서는 미국, 일본 등 전 세계로 퍼져나갔다.

우리나라에 지역화폐가 도입된 것은 1997년 외환위기 이후다. 서비스 품앗이, 중고물품 교환 등 공유경제를 통한 시민들의 자발적인 공동체운동 차원에서 소규모로 지역화폐를 사용했다. 시민단체 '미래를 내다보는 사람들의 모임'에서 1998년 3월부터 사용하기 시작한 '미래화폐'가 우리나라 첫 지역화폐다. 이후 정부의 예산 지원을 받은 지방자치단체가 지역 골목상권 보존과 지역경제 선순환을 위해 직접 '할인상품권' 성격의 화폐를 발행하면서 전국적으로 지역화폐가 확산되었다. 서울시 송파구, 대구 중구청 등을 시작으로 2000년대 초반 지역화폐를 도입한 전국 지자체는 70여 곳이나 된다.

지역화폐를 통해 지역공동체 활성화를 이룬 대표적인

사례는 2000년 대전에서 시작된 '한밭레츠'다. 이들은 '두루'라는 지역화폐를 사용한다. 1000두루는 1000원의 가치를 지니며 회원들은 지역화폐를 매개로 노동이나 물품을 주고받는 경제공동체를 이뤘다. 쓰지 않는 물건이나 노동력을 다른 사람에게 제공하고, 또 다른 사람으로부터 필요한 물품이나 노동력을 제공받는다. 일종의 다자간 품앗이 제도다. 회원들은 한밭레츠를 본격적으로 활용하면서 평소 쓰던 카드 대금이 절반 이하로 줄어드는 경험을 했다. 백화점이나 홈쇼핑으로 빠져나가던 비용, 여가 생활을 위해 쓰던 비용 등을 한밭레츠를 통해서 줄이게 된 것이다. 한밭레츠의 전체 회원 수는 2018년 기준 670가구이고, 2017년 한 해에 8070여 건의 거래가 오가며 2억 4200만 원가량의 거래액이 발생했다. 이들은 지역공동체의 연대 의식과 상호 신뢰를 기반으로 공동육아를 하고 민들레의료복지사회적협동조합도 운영한다. '두루부엌'을 통해 먹거리 개선 운동을 벌이고, 대안학교인 '꽃피는 학교'도 만들었다.

    성남시는 2006년 전국 최초로 지역 전통시장과 마트, 각종 상점에서 사용 가능한 '성남사랑상품권'을 발행했다. 2016년에는 이재명 성남시장이 전국 최초로 성남사랑상품권과 복지 정책을 연계해 지역경제 활성화 효과를 극대화했다. 청년배당과 산후조리비를 성남사랑상품권으로 지급한 것이다. 이로 인해 발생한 상품권 판매액은 2015년 133억 원에서 2016년 249억 원, 2017년 278억 원, 2018년 446억 원으로 3년 사이에 3배 이상 증가했다. 2015년 5200개였던 가맹점도 3년 후 약 9000

개까지 크게 늘었다.

성남시상권활성화재단이 분석한 자료에 따르면, 성남 분당구 돌고래·금호 시장의 자영업자 매출은 2015년 23억 7000만 원에서 2016년 30억 3000만 원으로 27.8% 증가했다. 복지정책과 지역화폐를 연계하면서 지역경제 활성화 효과가 나타난 것이다. 이재명 시장에 이어 성남시장에 취임한 은수미 시장은 2019년 초부터 아동수당(월 12만 원)과 첫째(30만 원)·둘째(50만 원) 아이 출산장려금까지 지역화폐로 지급하고 있다.

지역화폐의 놀라운 효과

이재명 지사는 성남시에서의 성공을 발판으로 삼아 주요 복지정책과 연계한 지역화폐를 도내 31개 시·군으로 확대했다. 광역자치단체로는 처음이었다. 이 지사는 2019년 4월부터 31개 시·군에서 지역화폐를 본격적으로 발행하면서 SNS를 통해 이렇게 밝혔다.

"경제 모세혈관에 해당하는 지역이 살아나야 한다. 경기도 지역화폐가 침체한 지역경제를 되살리고 활성화하는 데 중요한 역할을 할 것이다. 지역화폐는 특정 소수가 아닌 다수가 함께 사는 공동체 경제, 합리적 경제구조를 만드는 수단이 될 것이다."

경기지역화폐의 발행권자는 도내 31개 시장과 군수다. 경기도 전역에서 쓸 수 있는 통합 지역화폐로 발행하면 일부 대도시권으로 소비가 쏠릴 수 있기 때문에 해당 시·군 내에서만 사용할 수 있게 했다. 지역 소상공인과 자영업자의 실질적 매출 증대가 목적인 만큼 백화점이나 대형마트, 기업형 슈퍼마켓, 유흥업소 등에서는 사용할 수 없다. 시·군별로 지역화폐의 명칭과 도입 시기, 구매 한도 등은 제각각이지만 일반적으로 액면가의 6%를 인센티브로 지급한다. 예를 들어 10만 원을 충전하면 실제로는 10만 6000원을 쓸 수 있는 것이다. 일부 시·군에서는 한시적으로 인센티브를 10%로 올리거나 군부대 주변 지역경제 활성화를 위해 현역 군인들(병사·부사관)에게 20%의 인센티브를 지급하기도 했다. 2019년 경기지역화폐 발행액은 총 5612억 원이다. 이 가운데 청년기본소득 1753억 원(만 24세 청년 17만 명, 분기별 25만 원), 산후조리비 423억 원(출생아 8만 4600명 기준, 1가정 산후조리비 50만 원) 등 복지정책과 연계된 지역화폐 발행 규모는 2280억 원이며 일반 발행액은 3332억 원이다.

    2020년에는 코로나19 사태가 터지면서 애초 계획보다 훨씬 많은 지역화폐를 발행했다. 경기도민에게 지급하는 재난기본소득을 코로나19 경제위기로 타격을 입은 지역 소상공인과 자영업자를 위해 지역화폐와 연계한 것이다. 2020년 8월 말까지 경기도에만 6조 6211억 원의 지역화폐가 유통되었다. 경기도 31개 시·군이 발행한 지역화폐는 1조 5846억 원이다. 여기에 코로나19 경제위기 극복을 위해 지급한 경기도 재난기본소득 지역화폐 2조 375억 원, 정부 긴급재난지원금(신용체크카드, 지역화폐, 선불카드) 2조 9990억 원이 경기도에서 사용되었다.

    2017년 경기도에서 유통된 지역화폐 규모는 286억 원에 불과했다. 2018년 596억 원으로 규모가 늘기는 했지만 경기도 전체의 경제 규모에 비하면 미미한 수준이었다. 그러다가 2019년 이재명 지사가 31개 시·군에서 경기지역화폐를 발행하면서 규모가 대폭 늘었다. 2020년 경기도 지역화폐 목표액 2조 1783억 원을 전부 발행할 경우 3년 만에 무려 2조 1497억 원이 증가하는 셈이다.

경기도는 추석 경기를 살리기 위해 최대 25%의 인센티브를 지급하는 8333억 원 규모의 '한정판 지역화폐'를 발행했다. 코로나19에 대응하기 위해 저소득층 소비쿠폰 등으로도 5126억 원을 발행했다. 코로나19 관련 취약노동자(병가 소득손실보상금 32억 원) 및 행정명령 대상 영세 자영업자(집합금지 행정명령 특별 경영자금 69억 원)를 지원하기 위한 지역화폐도 발행했다.

지역화폐를 통한 지역경제 활성화 효과는 어느 정도일까? 경기연구원은 〈지역화폐의 경기도 소상공인 매출액 영향 분석(2019년)〉 보고서를 통해 지역화폐 결제액이 증가하면 소상공인 매출액도 57% 추가 증가한다는 연구 결과를 발표했다. 약 3800개 소상공인 업체를 대상으로 매출 변화를 조사한 결과, 분기별 점포당 월평균 매출액은 2019년 2분기 약 1600만 원에서 4분기 약 1800만 원으로 호전되었다. 경기지역화폐 총결제액은 2분기 7억 3000만 원에서 4분기 9억 5000만 원으로 증가했고, 이용 점포수도 2분기 1773개에서 4분기 2061개로 늘어났다. 경기연구원은 "지역 내 점포에서만 사용해야 하는 지역화폐의 특성 때문에 기존에는 이용하지 않았던 동네 가게를 계속해서 이용하는 효과가 발생했다"고 설명했다.

조세연의 '이상한' 보고서
2020년 9월 15일 국무총리실 산하 국책연구기관인 한국조세재정연구원(조세연)이 발표한 보고서가 논란을 일으켰다. 보고서의 제목은 '지역화폐 도입이 지역경제에 미친 영향'이었는데, 조세연은 '지역화폐의 활용성이 떨어지고 경제적 손실이 크다'며 지역화폐의 효과가 없다는 결론을 내렸다. 이에 대해 이재명 경기도지사는 "얼빠진 기관"이라고 성토했고, 한국중소상인자영업자총연합회는 "대기업조세재정연구원으로 명칭을 바꾸라"고 일갈했다.

　조세연 보고서는 지역화폐 발행을 위한 정부 보조금 9000억 원 가운데 소비자 후생 감소 등에 따른 경제적 순손실을 460억 원으로 추정했다. 지역화폐 사용처가 특정 지역 가맹점으로 제한되어 현금보다 활용성이 떨어지고 인접 지역의 소매업 매출을 감소시키는 역효과를 낼 수 있다는 것이다. 상품권 액면가의 2% 정도인 발행·관리 비용(약 1800억 원)까지 고려하면 2020년 지역화폐 발행에 따른 경제적 순손실은 2260억 원에 달하는 것으로 추산했다. 조세연은 "지역화폐 발행은 대형마트에서 소상공인으로 매출이 이전되는 효과도 있지만 부작용도 크다. 코로나19로 타격이 큰 업종, 지역 등에 한해 정부가 발행 보조금을 지급해야 한다"고 밝혔다.

이재명 지사는 조세연 보고서의 문제점을 조목조목 지적하는 글을 며칠에 걸쳐 SNS에 게재했다. 그는 "지역화폐는 골목상권을 살리고 국민연대감을 높이는 최고의 국민 체감 경제정책"이라며 "현금이 아닌 지역화폐로 지급되는 복지 지출은 복지 혜택에 더해 소상공인 매출 증대와 생산 유발이라는 다중효과를 내고, 거주 지역 내 사용으로 지방경제에 효자 노릇을 하고 있다"고 반박했다.

지역화폐의 목적은 유통 재벌사의 대형마트나 복합 쇼핑몰로 집중되는 재화를 지역 내에서 소비하도록 유도함으로써 골목상권과 재래시장이 살아나는 선순환 생태계를 만드는 것이다. 지역화폐는 다른 지역이 아니라 자기가 살고 있는 지역경제의 소비를 촉진한다. 아울러 영세 중소상공인의 매출 증대를 지원함으로써 백화점이나 대형마트 등 유통 공룡으로부터 지역 소상공인들을 보호하는 기능을 한다. 또한 지역화폐는 저축을 할 수 없고 반드시 소비해야 하므로 승수효과가 크다. 이러한 사실은 코로나19 대응을 위해 지원한 긴급재난지원금을 통해서 모두 확인되었다.

공유부의 재분배를 통한 공동체 경제

경기도 광명시에서 20년째 슈퍼마켓을 운영하는 A씨에게는 지역화폐 발행으로 늘어난 매출보다 더 반가운 일이 있다. 그동안 동네 슈퍼마켓을 이용하는 고객들은 주로 나이가 있는 중장년층이었다. 젊은 사람들은 대형마트를 더 선호했다. 새벽배송,

당일배송 등 온라인 쇼핑이 대세가 되면서 오프라인 소매점을 찾는 젊은 층은 더욱 찾아보기 힘들었다. 그런데 지역화폐가 발행되면서 청년 고객층이 부쩍 늘었다. 슈퍼마켓뿐만이 아니다. 골목 사이사이에 숨어 있던 음식점, 옷가게, 잡화점 등에도 젊은 층의 발길이 이어졌다.

A씨는 "지역화폐가 매출에도 도움이 되지만 새로운 고객이 유입되면서 상권 전체에 활기가 돌고 있다"고 반가워했다. 지역화폐 발행을 계기로 전통시장과 골목상권에서 체감한 가장 큰 변화는 '새로운 고객'이 늘었다는 점이다. 젊은 층은 지역화폐를 쓰기 위해 백화점이나 대형마트, 온라인 쇼핑 대신 동네의 가게와 음식점 등을 찾아다녔다. 그동안 잘 이용하지 않았던 동네 가게들을 새롭게 발견하는 계기가 되었고, 한번 이용하고 나니 또다시 찾게 되는 효과도 나타났다. 그렇게 지역화폐 이용자들이 동네 점포를 반복해 방문하면서 전체적인 매출 상승을 견인했다.

이재명 지사가 성남시장 재임 시절 청년배당 정책을 추진했다가 박근혜 정부의 반대에 부딪혔을 때도 가장 먼저 반발했던 사람들은 청년들이 아니라 성남시 상인들이었다. 청년배당으로 지급될 지역화폐의 효과를 기대했기 때문이다. 한창 일해야 할 청년들에게 기본소득을 주겠다고 했을 때도 주민들의 반감이 적었던 것은 다 이런 이유에서다. 복지정책과 연계된 지역화폐가 지역사회 안에 연대 의식을 형성한 것이다.

산업화와 도시화로 인해 공동체가 무너지고 있다. 다양

한 이해집단, 세대, 계급의 장벽을 허물고 갈등을 치유해야 한다. 기본소득 정책과 연계한 지역화폐는 지속 가능한 사회와 환경, 행복한 마을공동체를 만드는 데 중요한 토대가 될 수 있다. 지역화폐를 통해 지역 내 거래가 활발해지면 복잡한 유통단계를 거치지 않기 때문에 에너지 낭비와 폐기물 발생을 줄일 수 있다. 사람들은 더 이상 서로를 경쟁자로 보지 않고 도움을 주고받는다. 그래서 지역화폐는 사람의 얼굴을 한 매우 인간적이고 문화적인 '돈'이다. 지역화폐는 기본소득이 추구하는 '모두의 것을 모두에게', 즉 공유부의 재분배를 통한 공동체 경제와 맞닿아 있다.

4부

피할 수 없는 미래

시민세를 아십니까

"기본소득의 재원은 어떻게 마련할 것인가?"

기본소득에 대해 의문을 갖는 사람들이 가장 먼저 하는 질문이다. 모든 사회 구성원에게 기본소득을 지급하려면 적지 않은 돈이 드는 게 사실이다. 역사상 최대의 복지를 구현했다가 재정적인 어려움을 겪었던 20세기 후반의 유럽 복지국가들을 생각하면 당연히 품을 수 있는 의문이다. '요람에서 무덤까지' 보장한다는 〈베버리지 보고서 Beveridge Report〉 이후 광범위한 사회보장제도를 확립해나간 영국은 1970년대 들어 사회복지 지출이 정부 예산의 40%를 넘어섰다. 결국 이른바 '영국병'으로 불리는 고복지, 고비용, 저효율의 문제가 제기되면서 경기침체를 겪게 되었다. 선심성 복지정책을 편 그리스와 이탈리아 역시 국가재정의 악화로 위기를 맞았다.

우리나라에서 기본소득으로 1인당 연간 360만 원(매달 30만 원)을 지급한다고 할 때 필요한 재원은 약 186조 6000억 원이다(2020년 8월 기준, 총인구수 약 5184만 명). 2019년도 기준 정부 예산(약 469조 6000억 원)의 약 40%에 달하는 규모다. 그런데 현재의 생계비 수준을 고려하면, 매달 30만 원의 기본소득이

'충분하다'고 보기 어렵다. 모든 사회 구성원에게 '충분한' 수준으로 지급되려면 재원 규모는 훨씬 더 커질 수밖에 없다. 아무리 기본소득이 모든 사회 구성원의 '적절한 삶'을 보장할 수 있는 효율적이고 공정한 정책이라 하더라도 재원을 마련할 수 없다면 무용지물이다. 결국 돈의 문제로 귀결된다. 정책 지속성을 위해서라도 어디에서 어떻게 돈을 마련할 것인지에 대한 실질적인 방안이 제시되어야 한다.

  기본소득한국네트워크BIKN는 2019년 1월 정관을 개정하면서 "기본소득은 공유부에 대한 모든 사회 구성원의 권리에 기초한 몫으로서 모두에게, 무조건적으로, 개별적으로, 정기적으로, 현금으로 지급되는 소득"이라고 정의했다. 기본소득 재원의 원천을 '공유부common wealth'라고 명시한 것이다. 공유부는 모든 사람에게 속한 토지, 천연자원 등과 같은 자연적 공유자산과 지식, 기술, 빅데이터 등과 같은 인공적 공유자산을 의미한다. "공유부는 누가 얼마만큼 기여했는지 따질 수 없기 때문에 모두의 몫이 되어야 한다"는 게 기본소득 지지자들의 입장이다. 특정인(특정 법인)의 성과로 귀속시킬 수 없는 공유부의 수익을 모두에게 무조건적, 보편적, 개별적인 형태로 평등하게 분배하는 것이 정의롭기 때문이다. 이는 모든 사람에게 성과에 따라 분배하라는 우리 사회의 분배 원칙에도 부합하는 일이다. 정기성과 현금성도 공유부 배당 원칙에 포함된다. 그러나 충분성은 포함되지 않는다. 어느 정도의 금액으로 배당해야 사회 구성원이 충분히 만족하느냐는 사회·정치적 합의에 따라 달라질 수 있기 때문에 기본소득이냐 아니냐의 판단 기준이 될 수 없다. 충분성은 우리가 어떤 미래 사회를 지향할 것인가, 즉 우리 사회가 나아가야 할 정책적 목표라고 할 수 있다.

기본소득의 점진적 확대 방안

기본소득의 5개 원칙을 완전히 충족하는 이른바 완전 기본소득은 아직 그 구체적인 실행을 위한 형식이나 방법이 제시되지 않았다. 현재 한국에서 모든 국민에게 주는 기본소득 금액은 1인당 월 30만~65만 원 수준으로 논의되고 있다. 2020년 1월 창당해 4·16 총선에서 국회의원을 배출한 기본소득당은 1인당 월 60만 원의 기본소득을 정책으로 제시했다. 기본소득 도입에 비교적 적극적인 노동당은 2016년 총선에서 1인당 월 30만 원을 공약으로 내걸었으며 녹색당은 1인당 월 40만 원을 기본소득 금액으로 책정했다. 민간 독립연구소인 LAB2050은 2019년 10월 1인당 월 30만~65만 원의 기본소득 방안을 발표했다.

 1인당 최대 65만 원을 준다고 해도 이 돈만으로 생계의 위협에서 완전히 벗어나거나 기본적인 삶을 보장하기는 어렵다. 기본소득이 추구하는 '개인에게 실질적 자유'를 주기에도 충분하지 않다. 그렇다고 당장 1인당 월 100만 원 이상의 기본소득을 추진하는 것도 이상적인 바람일 뿐 현실적인 실현 방안이라고 보기 어렵다.

 '충분한' 금액의 기본소득을 주면서 5개 원칙을 모두 지키려면 일단 막대한 재원이 필요하다. 세금을 올려서 해결할 수도 있겠지만, 다양한 견해 차이와 이해관계가 대립하면서 수많은 사람들의 저항에 부딪힐 것이다. 기본소득한국네트워크 이사장이자 경기도 기본소득위원회 공동위원장인 강남훈 한신대 교수는 2019년 4월 30일 '2019 대한민국 기본소득 박람회' 기자단 인터뷰에서 "기본소득 재원은 세금으로 마련해야 하기 때문에 국민이 세금을 더 내도록 설득해낼 수 있느냐가 핵심 과제가 될 것"이라며 "기본소득 재원을 위해 세금을 걷는다고 하면 국민은 엄청나게 많은 세금을 내야 하는 것으로 이해할 수 있다. (기본소득을 도입하기 위해서는) 그렇게 생각하는 국민을 설득해서 3분의 2의 동의를 얻어야 한다"고 주장했다.

현실적으로 당장 시행이 어렵다면 완전 기본소득은 잠시 미뤄놓고, 불완전한 기본소득이나 변형된 기본소득 등 현실적인 실현 방안을 고민해볼 수 있다. 기본소득의 본질적인 정체성을 훼손하지 않으면서 몇 가지 구성 요소의 변형을 통해 실현 가능성을 높이는 것이다. 현실적인 문제에 당면하자 연구자들은 기본소득 실현을 위해 공유부를 어떻게 배당할 것인지를 두고 다양한 전략들을 제시해왔다. 아동, 노인, 청년 등 제한적인 연령에서부터 기본소득을 실현해 점차 전체 인구로 확대하는 '보편성 확대' 전략, 참여 조건을 일부 제한하고 시작한 후에 조건을 완전히 없애는 방향으로 가는 '무조건성 확대' 전략, 낮은 금액의 기본소득에서 시작해 점차 상향 조정하는 '충분성 확대' 전략 등이 있다.

강남훈 교수는 이 전략들 가운데 '충분성 확대' 쪽에 힘을 실었다. 그는 "적은 금액이라도 시작을 해서 국민들이 기본소득의 가치를 피부로 느끼는 게 중요하다"며 "점차 여론의 지지를 받으면서 차근차근 금액을 늘려가는 방향으로 확대해야 한다"고 말했다. 필리프 판 파레이스 등 세계적인 기본소득 권위자들도 같은 입장이다. GDP의 10~15% 수준인 부분 기본소득부터 시작해서 최종적으로 모든 사람에게 실질적 자유를 줄 수 있는 수준으로 확대해나가자는 것이다.

이재명 기본소득 로드맵

'충분성 확대' 전략의 가장 대표적인 사례 중 하나가 바로 경기도 청년기본소득이다. 1년에 100만 원(분기별 25만 원)을 지급하지만 당장 청년들의 삶을 바꾸기에는 충분하지 않다는 지적이 많다. 물론 '도대체 어느 정도의 금액이 기본소득으로 충분한가'는 사회적이고 정치적인 합의가 필요한 문제다. 그러나 앞에서 살펴본 것처럼 경기도 청년기본소득 수급자 10명 중 8명은 '만족한다'는 반응을 보였다. '충분성'을 완전히 충족한 것은 아니지만 대상자들의 만족감은 높다고 할 수 있다.

청년기본소득은 지급 대상을 작은 단위(계층, 지역)에서 시작해 점차 확대하는 '보편성 확대' 전략도 취하고 있다. 지급 대상을 '만 24세의 경기도 청년'으로 한정한 것인데, 사회 구성원 전체를 다 포괄할 수 없다는 현실적 여건을 고려해서 기본소득의 조건인 '보편성'을 특정 범주로 축소한 것이다. 또한 1년에 분기별로 네 차례에 걸쳐서 지급하는 준정기성, 현금이 아닌 지역화폐로 지급하는 준현금성도 특징이라고 할 수 있다.

이런 점에서 볼 때 청년기본소득은 점진적 확대 전략이라고 보기에는 변형이 큰 게 사실이다. 하지만 전체적으로 '부분' 충분성과 '범주' 보편성을 적절히 결합했고, 또 작은 규모에서 시작해 점차 큰 규모로 이행해가는 과정이라고 할 수 있다. 대신 기본소득의 정체성을 확고히 담보하기 위해 '무조건성'은 최대한 지켜냈다. 이재명 경기도지사는 청년기본소득의 성격을 "완전한 기본소득으로 가기 위한 실험"이라고 규정했다. 중앙정부와 달리 독자적 세원 마련이 불가능한 지방자치단체에서 별도의 증세 없이 최선을 다했다고 볼 수 있다. 해외의 기본소득 학자들이나 활동가들도 범주형 기본소득인 경기도 청년기본소득의 점진적 확대 가능성을 주목하고 있다.

청년기본소득에서도 확인했듯이 경기도 기본소득 전략은 지급액과 대상을 점진적으로 확대해가는 단계별 이행 방식이다. 단계별 확대 전략은 재원 조달 규모나 시기와 밀접하게 맞물려 있다. 기본소득 실행 전략을 지속적으로 모색하고, 실제 사업으로 진행할 수 있었던 배경에는 이재명 지사의 판단과 의지가 강하게 작용했다.

2020년 7월 30일 '국회 기본소득 연구포럼'이 만들어졌다. 기본소득제 도입을 위한 정책로드맵 구축과 지속 가능한 실행방안 연구를 목적으로 하는 국회의원들의 연구단체다. 기본소득 도입을 위한 재원 마련 방안, 기존 복지제도와의 조화 방안 등을 다룰 예정이다. 소병훈 더불어민주당 의원이 대표의

원을 맡았고, 용혜인 기본소득당 의원, 김성원 미래통합당 의원 등 12명의 정회원과 20명의 준회원 등 국회의원 30여 명이 참여하고 있다. 포럼 창립식에서 이재명 지사는 "한꺼번에 욕심내지 않고, 1년에 1~4번씩 금액을 늘려간다면 충분히 가능한 정책"이라고 거듭 강조했다. 이 지사는 "우리나라 국민의 가처분소득 중에서 이전소득이 차지하는 비율은 3%대로 전 세계 평균 30%의 10분의 1도 안 된다"며 "정부가 가계에 직접적인 도움을 주는 게 거의 없다는 뜻인데, 가계에 대한 직접적인 정부 지원을 늘리는 방식으로 기본소득만 한 게 없다"고 말했다. 이전소득이란 생산에 직접 기여하지 않고 개인이 정부나 기업으로부터 받는 보조금, 보험금, 연금 등의 수입을 말한다. 이 지사는 "기본소득 도입의 핵심은 국민의 동의를 얻어서 재원을 마련할 수 있느냐다. 기본소득은 복지 혜택을 받는 사람도, 세금을 내는 사람도 모두 혜택을 보는 방식이다. 기본소득은 소비 수요를 늘려 경제를 선순환시킴으로써 경제성장에 실질적인 도움이 되고, 그 경제성장의 혜택을 납세자가 누리는 방식이기 때문에 국민의 동의가 가능하다"고 강조했다. 복지 확대를 위해서는 증세가 불가피한데, 부자에게 세금을 걷어 가난한 사람에게 나눠주는 선별 복지는 조세 저항이 따르지만, 모두에게 균등하게 나눠주는 기본소득은 고소득자 일부를 제외한 국민 대부분이 수혜자가 되기 때문에 국민의 동의를 얻을 수 있다는 것이다.

    이재명 지사는 2020년 6월 5일 SNS을 통해 기본소득의 점진적 확대 필요성을 설명했다. 그는 "(기본소득을 반대하는 사람은) 경제정책인 기본소득을 복지정책이라고 착각하기 때문에 재원 부족, 세 부담 증가(증세), 기존 복지 폐지, 노동 의욕 저하, 국민 반발 등을 이유로 반대하고 있다. 현 상태에서 당장 기본소득을 월 100만~200만 원씩 줄 상상을 하니 당연히 그런 이유를 들어 반대하는 것이고, 기본소득 시행이 어려워지고 있다"고 지적했다. 그러면서 단기목표 연 50만 원, 중기목표 연 100만 원, 장기목표 연 200만~600만 원 등 단계별 기본소득 목표액과 구체적인 재원 마련 방안도 제시했다.

이 지사의 설명에 따르면, 첫해에는 증세 없이 연 20만 원으로 시작하고 매년 조금씩 증액한다. 연 50만 원까지 늘려도 연간 재정 부담은 10조~25조 원 수준이며 이 정도 규모는 일반회계예산 조정으로 얼마든지 마련할 수 있다. 따라서 세 부담 증가(증세), 재정 건전성 악화(국채 발행), 기존 복지 축소, 노동 의욕 저하 등을 걱정할 필요가 없다. 완전 기본소득을 위해 지금 당장 세금을 더 내자고 하면 국민들의 저항이 예상되므로 슈퍼마켓이나 마트의 무료 시식 코너처럼 기본소득도 맛보기부터 시작하자는 것이다.

이 지사는 이렇게 소액의 기본소득으로 경제효과가 증명되면 국민들이 증세(조세감면 축소)에 동의할 것이라며 중기목표인 연 100만 원의 재원 마련 방안도 설명했다. 연간 50조 원에 달하는 현재의 조세감면액을 수년간 순차적으로 축소해 25조 원의 재정을 마련하면 연 100만 원까지 기본소득을 증액할 수 있다는 것이다. 그는 "조세감면을 축소하면 고소득자의 세부담은 늘겠지만, 그들 역시 기본소득을 전액 받게 되므로 가계 재정에 손실이 없다"며 "정부도 국채 발행을 하지 않으니 재정건전성에 문제가 없다"고 말했다.

이 지사는 또 장기목표인 연 200만~600만 원에 대해서도 "수년간 기본소득에 대한 경험이 축적되어 경제 활성화가 증명되면, 기본소득 목적세(율)를 만들어 전액 기본소득 재원으로 사용해도 국민이 반대할 리가 없다"고 자신했다. 증세나 국채 발행 없이 소액으로 시작해 연차적으로 늘려나가다가 국민적 합의가 이뤄지면 그때 기본소득용으로 증세를 하면 된다는 것이다. 기본소득 목적세의 재원으로는 탄소세(환경오염으로 얻는 이익에 과세), 데이터세(국민이 생산한 데이터로 만든 이익에 과세), 국토보유세(부동산 불로소득에 과세), 로봇세(인공지능이 내장된 로봇을 소유한 기업이나 로봇 자체에 대해 과세), 일반 직간접세 증세 등을 제시했다. 장기목표 최대 액수인 1인당 연 600만 원(월 50만 원)은 기초생활보장 1인 세대 수급액을 기준으로 정했다.

한국형 기본소득제를 위한 재정 모형

기본소득 지급 규모를 낮은 단계에서 시작해 점차 확대하는 전략에 대한 논의는 이재명 지사 외에도 오래전부터 다양한 방식으로 진행되어왔다. 가장 최근에는 2020년 9월 16일 조정훈 시대전환 의원이 '기본소득법안'을 대표 발의했다. 기본소득 도입 연구계획을 수립하는 법안은 발의된 적이 있지만, 기본소득 도입을 규정한 법안이 발의된 것은 처음이다. 법안은 2022년부터 전 국민에게 조건 없이 최소 월 30만 원의 기본소득을 지급하고, 2029년에는 지급 금액을 최소 월 50만 원 이상으로 인상하도록 규정했다. 재원은 증세 대신 효과가 중복되는 기존 선별 복지제도와 조세감면 제도를 정비해 마련하는 방식이다. 대통령 직속 기본소득위원회를 설치해 기본소득 지급 금액과 재원 마련 등을 논의하도록 하는 내용도 담겨 있다.

조정훈 의원은 "인공지능·빅데이터·자동화 기술의 발달, 양극화의 심화로 다수의 국민이 최소한의 인간다운 생활을 보장받지 못하고 있다"며 "이 법안이 불안 속에 살아가는 국민의 삶에 완충 역할을 하길 바란다. 또 이 법안이 마중물이 되어 정치권에서 기본소득에 대해 실제적 논의를 했으면 한다"고 법안을 발의한 취지를 설명했다. 이 법안은 더불어민주당 김남국, 김승원, 김민석, 민형배, 서영석, 양이원영, 유정주, 이규민, 이동주, 이수진(비례), 허영 의원과 정의당 류호정 의원, 무소속 양정숙 의원 등 총 14명이 공동 발의자로 참여했다.

앞서 2016년 12월 국책연구기관에서는 처음으로 모든 국민에게 조건 없이 1인당 월 30만 원을 기본소득으로 주자는 제안이 나왔다. 국무총리 산하 국책연구기관인 한국직업능력개발원 주최로 열린 '기본소득의 노동시장 효과에 관한 토론회'에서 정원호 한국직업능력개발원 선임연구위원과 강남훈 교수가 공동연구 결과를 발표했다. 이들은 "모든 국민에게 30만 원의 기본소득을 지급하면 전체 가구의 82%가 순수혜 가구가 된다"

며 "노동시장에도 긍정적인 효과를 미칠 것"이라고 주장했다.

이들이 제안한 '한국형 기본소득 모델'은 시민배당 20만 원, 토지배당 5만 원, 환경배당 5만 원을 합쳐 1인당 월 30만 원을 지급하는 것이다. 이들은 가계에 귀속되는 모든 소득에 대해 10% 세율의 시민소득세(시민세)를 부과해서 재원을 마련하자고 제안했다. 이 방식에 따르면 시민세를 통해 110조 원이 마련된다. 여기에 화력·원자력 발전에 탄소세와 원자력안전세 등 환경세를 부과해 30조 원(2019년 GDP의 약 1.6%)을 만들고, 모든 부동산 보유자에게 토지 공시지가의 0.6%를 세율로 매겨 30조 원을 확보한다. 또 기초연금과 기초생활보장 예산 등을 기본소득으로 대체해 13조 원을 마련한다. 그러면 모두 180조 원의 기본소득 재원을 충당할 수 있다.

예를 들어 연간 소득이 9000만 원이고, 3억 원짜리 주택을 가진 4인 가구가 있다고 해보자. 금융자산으로부터 발생하는 수익은 따로 없다. 이들은 연간 1440만 원(4인×360만 원)의 기본소득을 받을 수 있고 대신 연간 소득 9000만 원의 10%인 900만 원을 시민소득세로 내야 한다. 3억 원짜리 주택의 공시가격이 2억 3000만 원이고, 그중 토지 공시지가가 1억 4700만 원이라면 0.6%인 88만 2000원을 토지세로 내야 한다.

환경세 부담금은 소비 지출과 수요 공급의 탄력성에 관한 정보가 있어야 정확히 알 수 있으므로 1인당 평균 60만 원(1인당 GDP×1.6%)을 부과한다고 가정하자. 또 환경세는 가계와 기업이 나누어서 부담하게 되는데 가계의 부담분이 80%라고 가정하면 이 가구가 부담해야 할 환경세는 192만 원(240만 원×80%)이다. 이렇게 추정할 경우 이 가구가 내야 할 총 세액은 1180만 2000원이다. 즉 이 가구는 연간 소득 외에도 1년에 259만 8000원이라는 추가 수입이 생기는 것이다.

연구팀은 이처럼 내는 돈보다 받는 돈이 더 많은 순수혜 가구가 전체 가구의 82%에 이를 것으로 전망했다. 연간 소득 9000만 원에 3억 원짜리 주택을 가진 가구가 순수혜 가구가 된다면, 기본소득의 필요성을 국민에게 잘 설득할 수 있을 뿐만 아니라 정치적으로도 충분히 실현 가능한 정책이 아닐까? 정원호 연구위원은 전 국민에게 동일한 세율로 과세하고 동일하게 분배하면 대다수가 순수혜 계층이 되기 때문에 복지 확대에 따른 조세 저항을 줄일 수 있다고 강조했다.

가계귀속소득에 시민소득세 10% 부과

강남훈 교수는 《기본소득의 경제학》에서 가계귀속소득에 대한 시민소득세(시민세) 부과 방안을 구체적으로 기술하고 있다. 가계귀속소득이란 가계에 귀속되는 모든 소득을 의미하기 때문에 여기에 부과하는 시민소득세는 근로소득, 사업소득 이외에 이자, 배당, 임대료, 증권투자 수익, 부동산 매매 차익, 상속, 양도 등 모든 소득에 대해 단일한 비율로 매기는 조세가 된다. 한국은행이 2015년 발간한 〈우리나라 국민계정 체계〉에 따르면 가계귀속소득은 가계본원소득과 가계자산소득으로 나뉜다.

우선 본원소득은 가계, 정부, 기업이 생산활동에 직접

참여하거나 생산에 필요한 자본을 제공한 대가로 받는 소득이다. 임금, 이윤, 이자, 지대 따위를 말한다. 가계본원소득은 본원소득에서 가계에 지급되지 않은 부분, 즉 기업의 법인소득과 정부의 이자, 임대료 소득 등을 뺀 금액이다. 강남훈 교수는 시민소득세를 계산하기 위해 국민계정에 있는 총본원소득잔액을 가계본원소득으로 삼았다. 예컨대 통계청에 따르면 2017년 기준 명목 GDP 1730조 원 가운데 가계 및 비영리단체의 총본원소득잔액은 1061조 원이다. 여기에 10%의 시민소득세를 적용하면 106조 원을 기본소득의 재원으로 마련할 수 있다.

다음으로 가계자산소득은 가계에 귀속되는 모든 투자, 양도, 증여, 상속 등의 소득을 말한다. 주식, 현물 및 파생상품, 채권 등 모든 증권의 양도소득과 집합투자펀드 투자소득, 부동산 양도소득, 상속, 증여소득 등이 여기에 속한다. 강 교수는 이러한 가계자산소득에 대해 면세 구간(소득공제) 없이 10%의 시민소득세를 부과하도록 설계했다. 국세청의 '2017년 귀속 양도소득과 금융소득' 자료에 따르면, 부동산 양도 차익 84조 8000억 원, 배당소득 19조 6000억 원, 주식 양도소득 17조 4000억 원, 이자소득 13조 8000억 원으로 불로소득 합계가 무려 136조 원에 달했다. 1가구 1주택 부동산 양도소득 면제 등 각종 면세소득을 포함하면 액수는 더 늘어날 것이기 때문에 여기에 10%를 과세하면 약 14조 원의 재원을 확보할 수 있다.

강 교수는 이를 근거로 "가계귀속소득에 10%의 세율을 부과하는 것으로 시민배당에 필요한 재원 120조 원을 충분히 조달할 수 있다"고 밝혔다. 그는 또 근로소득세 감면 제도를 없애 55조 8000억 원의 세금을 걷을 수 있고, 종합소득세 감면 제도를 없애 5조 원 이상의 세금을 더 걷을 수 있다면서 "소득세 감면 제도를 없앰으로써 60조 원 이상의 세금을 확실하게 더 걷을 수 있다"고 주장했다. 강 교수의 주장대로라면 가계귀속 소득에 시민세 10%를 부과해서 생기는 기본소득 재원은 모두 180조 원이고, 이는 전 국민에게 시민배당으로 1인당 월 30만 원씩 지급할 수 있는 규모다. 여기에 환경세 30조 원, 토지세 30조 원까지 추가된다면 약 240조 원이 확보되므로 1인당 월 40만 원을 지급할 수 있다.

강남훈 교수의 기본소득 재정모델은 기존의 모든 사회복지를 그대로 두고 1인당 월 30만 원의 기본소득을 추가로 지급하는 방안이다. 여기서 강 교수는 현금 지급형 사회복지 중에 몇 가지만 조정해도 기본소득에 필요한 재원 중 약 10조 원 정도를 절약할 수 있을 것으로 내다봤다. 예를 들어 아동수당은 기본소득으로 완전히 대체할 수 있다. 그렇게 하면 2019년 기준 아동수당 예산 2조 1267억 원을 절약할 수 있다. 하지만 10만 원의 수당을 받던 아동은 기본소득으로 30만 원을 받기 때문에 전혀 손해가 아니다.

기초연금도 15만 원 이내에서 기본소득으로 대체할 수 있다. 그러면 2019년 기준 기초연금 예산 11조 4952억 원 중에서 약 5조 7000억 원을 확보할 수 있다. 기존에 기초연금 30만 원을 받던 노인은 기초연금 15만 원과 기본소득 30만 원을 받아 합계 45만 원을 받게 되므로 역시 소득이 더 늘어난다.

　　기초생활보장 대상자 중에서도 생계급여를 15만 원 이내에서 대체할 수 있다. 2019년 기준 기초생활보장 예산 중 생계급여 예산은 3조 7846억 원이다. 따라서 기본소득으로 생계급여 일부를 대체해 확보할 수 있는 금액은 약 1조 2600억 원이다. 기존에 생계급여 40만 원을 받던 사람은 생계급여 25만 원과 기본소득 30만 원을 합쳐서 55만 원을 받기 때문에 이득이다. 이렇게 현금 지급형 사회복지 중 일부만 조정해도 9조~10조 원 정도를 확보할 수 있게 된다. 따라서 1인당 월 30만 원의 기본소득을 지급하는 데 필요한 재원은 180조 원이 아니라 170조~171조 원으로 줄어든다.

기본소득이 가져올 '아름다운 세상'

강남훈 교수 등이 제안한 '한국형 기본소득 모델'은 받는 돈보다 내는 돈이 더 많은 18%의 순부담 가구인 고소득층에게 어떻게 받아들여질까? 강 교수는 《기본소득의 경제학》에서 "세 가지 조세는 모두 비례세다. 아무런 공제도 특혜도 없다. 공정한 조세라고 설득할 수 있을 듯하다"고 말했다. 예를 들어, 연봉 1억 원에 5억 원짜리 아파트(토지 공시지가 1억 8000만 원)에 사는 3인 가구가 있다고 하자. 위 모델에 따르면, 이들은 연간 소득의 10%인 1000만 원의 시민소득세, 108만 원(1억 8000만 원×0.6%)의 토지세, 144만 원(180만 원×80%)의 환경세 등 합계 1252만 원을 내야 한다. 반면 이들이 받을 시민배당금(3인×240만 원

=720만 원), 토지배당금(3인×60만 원=180만 원), 환경배당금(3인×60만 원=180만 원) 등 기본소득의 합계는 1080만 원이다. 따라서 이 가구의 순부담액은 연간 172만 원인 셈이다.

그런데 만약 이 가구에 아이가 한 명 생기면 순부담 가구에서 순수혜 가구로 바뀌게 된다. 이들이 낼 세액은 환경세 60만 원이 추가되어 1348만 원이지만, 받게 될 기본소득은 360만 원이 늘어난 1440만 원이다. 연간 92만 원의 소득을 더 받게 되는 것이다. 강 교수는 상위 1%를 제외하고는 순부담 액수가 얼마 되지 않기 때문에 고소득층 대부분을 순수혜 가구로 봐야 한다고 했다. 그는 "이 정도를 부담해서, 혹시 해고되어 소득이 없을 때도, 혹시 자식들이 SKY 대학도 떨어지고 못살게 될 때도, 그리고 자신이 은퇴한 뒤 죽을 때까지 확실하게 매달 30만 원이 보장된다면, 돈 버는 동안 충분히 부담할 만한 액수가 아닐까"라며 국민적인 동의가 충분히 가능하다고 전망했다.

이재명 지사도 2020년 7월 기자간담회에서 "낮은 수준에서 시작하는 기본소득으로도 충분히 우리와 우리 후손의 삶이 '아름답게' 바뀔 수 있다"고 강조했다. 그는 "기본소득을 단계별로 늘려간다면, 나는 아니지만 우리 자녀 세대는 한 달에 50만 원씩, 부부는 100만 원씩 받을 수 있다. 매달 100만~200만 원만 받아도 삶의 만족도가 높은 직업을 찾을 수 있다"고 말했다. 사진이나 동영상 촬영을 좋아하는 사람이 SNS나 공유 서비스에 자신의 콘텐츠를 올려서 한 달에 100만 원 정도 광고 수익을 내면, 따로 받는 기본소득이 있으므로 월 소득은 200만 원

이상이 된다. 아주 여유롭지는 않아도 하고 싶은 일을 하면서 행복한 삶을 계획할 수 있다. 결혼한 사람들은 자녀를 낳을 때마다 150만 원, 200만 원으로 지급 수당이 늘어난다.

농사를 짓고 싶은 사람은 농촌으로 가고, 바다를 좋아하는 사람은 어촌으로 가서 생활하면 된다. 중산층을 포함해서 많은 사람들의 소득이 안정될 뿐 아니라 수도권 집중화를 완화할 수 있으며 새로운 일자리가 만들어질 수도 있다. 단지 하루하루 생계를 꾸려나가기 위해 돈을 벌어야 할 필요가 없어지면 직업의 선택지가 넓어지고 삶도 풍요로워질 것이다. 문화·예술활동이나 자원봉사도 늘어날 것이다. 비정규직이어도 괜찮다. 해고와 실업의 두려움에 떨지 않아도 되기 때문이다. 택배기사는 더 이상 새벽부터 밤늦게까지 고된 노동을 하지 않아도 된다. 자녀들을 굳이 서울대, 고려대, 연세대 등 이른바 '스카이 SKY' 대학으로 몰아넣을 필요도 없다. 우리 모두에게 노동은 살기 위한 '고역'에서 '자아실현의 수단'으로 바뀐다.

'자기가 먹을 것을 가지고 태어난다'는 말이 있다. 우리 아이들은 태어나면서부터 '기본소득 수저'를 물게 된다. 정치인들은 선거 때마다 기본소득 금액을 올리겠다고 서로 공약할 것이다. 우리 아이가 커서 성인이 될 때쯤이면 기본소득 금액이 훨씬 커질 수밖에 없다. 지금보다 경제적으로 더 안정된 생활을 하면서 정말 하고 싶은 일을 찾아서 할 수 있는 세상이 된다. 우리의 삶은 근본적으로 바뀔 수 있다. 기본소득을 발판으로 새로운 우리의 미래를 마음껏 그려나갈 수 있다.

김육의 대동법과 이재명의 국토보유세

경기도 평택시 소사동 140-1번지. 평택시청을 지나 평택대학교 방면으로 38번 국도를 타고 가면 대단지 아파트가 보인다. 아파트 뒤편으로 원소사마을로 들어가는 길이 있다. 그 길로 접어들면 언덕이 나오고, 언덕 바로 아래에 경기도 유형문화재 제40호로 지정된 '대동법시행기념비'가 자리 잡고 있다. 이 기념비가 서 있는 곳은 서울에서 삼남(충청도, 경상도, 전라도 세 지방을 통틀어 이르는 말) 지방으로 가는 길목이다.

비는 거북받침돌(귀부) 위로 비몸(비신)을 세우고 맨 위에 머릿돌(이수)까지 갖췄다. 거북받침돌은 짧은 목에 과장된 눈, 코, 입을 형상화해서 친근감을 준다. 머릿돌에는 쌍룡이 얽혀 옥을 두고 싸우는 모습을 새겨 넣었다. 섬세하기보다는 투박한 느낌이다. 문화재청 국가문화유산 포털사이트를 찾아보니 비의 높이는 300센티미터, 너비는 85센티미터, 두께는 24센티미터이며 "대동법大同法의 실시를 알리기 위해 세운 비"라고 소개되어 있다. "대동법은 각 지방의 특산물을 공물貢物로 바쳐야 했던 이전의 폐단을 없애고, 쌀로써 대신 바치도록 한 조세제도이다. 조선 선조 41년(1608) 경기도에서 처음 실시되었고, 효종 2

년(1651) 충청 감사로 있던 김육이 충청도에 대동법을 시행토록 상소를 하여 왕의 허락을 얻어 실시하게 되었다. 이로 인해 그동안 어려움에 처했던 백성들의 수고가 덜어지는 등 좋은 성과를 이루게 되자, 왕은 이를 기념하고 만인에게 널리 알리도록 하였다"는 것이다. 마치 대동법 시행을 기념하기 위해 나라에서 비를 세웠다는 뜻으로 읽힌다. 문화재청 공식 사이트에서 확인한 정보지만 시도지정 문화재 자료는 각 지자체에서 입력하고 관리한다고 고지되어 있다.

대동법시행기념비를 관리하는 평택시의 홈페이지를 찾아봤다. 설명이 다르다. "이 기념비는 효종 10년(1659) 백성들이 김육의 업적을 기리기 위해 세운 것이다"라고 되어 있다. 비문의 상단 첫 줄은 '조선국 영의정 김공육 대동균역 만세불망비 朝鮮國 領議政 金公堉 大同均役 萬世不忘碑'로 시작한다. 김육의 이름 사이에 있는 '공公'은 존경을 나타낸다. 대동법과 균역법으로 백성을 위했던 김육의 공로와 마음을 영원히 잊지 않겠다는 의미다. 김육에 대한 백성들의 깊은 존경과 애정이 담겨 있다.

원래 이 비의 이름은 '김육대동균역만세불망비金堉大同均役萬世不忘碑' 혹은 '호서선혜비湖西宣惠碑'라고 한다. 공식 명칭이 왜 '대동법시행기념비'로 둔갑했는지 알 수 없지만 이 이름으로는 비를 세운 주체가 백성이 아닌 중앙 정부나 지방 관청이라고 오해하기 쉽다. 실제 일부 다른 자료들도 나라에서 비를 세웠다고 적거나 누가 세웠는지 언급하지 않는다. 적어도 '대동법시행기념비'라는 이름에서는 김육에 대한 백성들의 간곡한 추도의 마음을 읽을 수 없는 것만은 분명하다.

조선 최고의 조세 개혁 '대동법'

이 비는 1659년 충청도에서 서울로 향하는 첫 번째 역원(조선 시대에 역로에 세워 국가가 경영하던 여관)이었던 소사원에 세워졌다. 당시 김육이 세상을 떠나자 충청도 백성들은 부모를 잃은 것처럼 슬퍼했다. 조의를 표하기 위해 상가를 방문했지만, 김육의 자녀들은 부친의 뜻에 따라 부의금을 받지 않았다. 그냥 돌아설 수 없었던 백성들은 한 푼 두 푼 부의금을 모아 고인의 공덕을 기릴 추모비를 세워달라고 청원했다. 김육이 시행한 대동법이 백성들에게 얼마나 많은 영향을 끼쳤고 백성들이 이를 얼마나 칭송했는지 알 수 있다.

조선 시대에는 크게 세 가지 형태로 세금을 부과했다. 토지에 부과하는 전조, 노동력을 제공하는 군역과 요역, 집마다 지역 특산물을 바치는 공납이다. 이 가운데 백성들을 가장 심하게 괴롭혔던 세금은 전체의 60%를 차지하는 공납이었다. 공납은 빈부와 상관없이 가구를 기준으로 부과했다. 먹을 게 남아도는 부잣집이나 매일 끼니 걱정을 하는 가난한 집이나 똑같이 '한 가구당 얼마' 하는 식이었다. 당연히 가난한 사람들에게 부담이 더 컸다. 가진 자가 더 부담하고, 못 가진 자가 덜 부담하는 당연한 원리는 상상도 할 수 없었다.

게다가 국가의 소요 시기와 백성의 납부 시기가 맞지 않았고, 해마다 풍년과 흉년이 달라서 특산물 납부에도 어려움이 많았다. 특히 하급관리나 상인이 지역 특산물과 진상품을 대신 내주고 엄청난 대가를 받아 챙긴 방납의 폐단으로 농민들의 고통은 극에 달했다. 당시에 조세제도를 바꿔야 한다는 목소리가 없지는 않았지만 기득권자들의 방해 공작에 번번이 가로막혔다. 부자나 양반은 자기들의 부담이 늘어나는 것을 수용할 리 없었고, 방납으로 배를 채운 관청 주변 상인들도 쉽게 포기하지 않았다.

1608년 이원익, 조익 등의 건의로 방납의 폐해가 가장 큰 경기도에서 대동법이 처음 시험적으로 시행되었다. 임진왜란과 병자호란으로 전국의 토지가 황폐화되자 부족한 국가재정을 보완하고 농민들의 부담을 경감시키기 위한 목적이었다. 1623년에는 강원도로 확대 시행되었지만 양반 지주들의 격렬한 반대에 부딪혀 더 확대되지 못한 채 곤란을 겪었다.

인조 16년인 1638년 충청도 관찰사로 있던 김육이 대동법을 충청도로 확대해 시행하자고 주장했다. 김육은 초년 관리 시절에 필화 사건으로 관직을 잃고 가평 잠곡에서 농사와 숯 장사를 하며 생계를 유지했다. 당시 백성의 곤궁한 생활을 직접 목격한 김육은 다시 관직에 오르자 대동법 시행을 강력히 주장했지만 그의 건의는 고위 관료들의 반대로 무산되었다. 1649년 효종의 즉위와 더불어 우의정으로 발탁된 김육은 다시 대동법의 시행을 건의했다. 반대파들의 저항은 여전히 거셌지만, 그는 왕의 신뢰를 얻어 효종 2년(1651년)에 드디어 충청도에서 대동법을 시행할 수 있었다.

대동법의 핵심은 과거 호수별로 세금을 부과하던 공납을 토지의 면적 단위인 결㍲ 수에 따라 부과해서 조세의 공평성을 크게 높인 데 있다. 즉 공납을 가구별로 일률적으로 부과하지 않고 소유한 토지의 많고 적음에 따라 차등적으로 부과했다. 징수 물품도 현물에서 쌀이나 포㍲, 전㍲으로 통일했다. 그 결과 토지가 없는 농민(소작농)은 공납의 부담이 사라졌고, 자영농도 이전보다 공납의 부담이 줄어들었다. 당연히 대부분의 농민들은 대동법 시행을 크게 환영했다.

그러나 막대한 토지를 소유했던 양반 지주들은 공납의 부담이 크게 늘었고, 방납에 간여했던 어용상인과 관리, 향리 등의 부당 이득이 사라졌다. 대동법 시행 후 공부(나라에 바치던 물건과 세금을 통틀어 가리키는 말)의 불균형과 부역의 불공평이 없어졌다. 송곳 꽂을 땅 한 뙈기도 없던 농민들이 드디어 세금의 고통에서 해방된 것이다. 그런 점에서 대동법은 조선 최고의 조세 개혁이었다. 대동법이 시행될 당시 "백성들은 밭에서 춤을 추고 개들은 아전을 향해 짖지 않았다"는 말까지 돌았다. 1654년 영의정까지 오른 김육은 대동법 확대를 위해 '호남대동사목湖南大同事目'을 구상하고, 효종에게 전라도에도 대동법을 시행하도록 건의했다. 대동법에 평생을 바친 김육은 운명하는 마지막 순간까지도 전라도 대동법안을 유언으로 상소할 만큼 대동법에 대한 강한 의지와 집념을 보였다. 당연히 양반 지주들의 거센 저항도 만만치 않았다. 대동법이 우여곡절 끝에 전국적으로 시행되기까지는 무려 100년의 세월이 필요했다.

부동산 공화국과 불로소득

300여 년이 지난 지금 경기도에서 다시 대동법 이야기가 나오고 있다. 이재명 경기도지사가 추진하고 있는 '기본소득형 국토보유세'를 조선 시대 '대동법'에 비유하면서다. 이재명 지사는 취임하고 처음 진행한 공개 간부회의에서 "세금을 사람이 아니라 재산과 이익에 부과하기로 한 것이 대동법인데, 토지 면적에 따라 세금을 매기면서 공평과세가 되었다. 기본소득형 국토보유세는 불평등과 격차 확대의 속도를 줄이기 위한 정책이므로 부동산에 세금을 어떻게 부과하고 또 이것을 어떻게 쓸 것인가에 대한 논의가 필요하다"고 말했다.

이재명 지사의 기본소득형 국토보유세는 '부동산 공화국'의 폐해를 절감하고 있는 국민들을 '기본소득 동맹'으로 묶어세우는 매개체가 될 수 있다. 경기도가 청년기본소득을 지역화폐로 지급하면서 매출 증가 효과를 본 소상공인과 자영업자들은 크게 환영했다. 지역화폐로 지급한 성남시 청년배당에 대해 박근혜 정부가 문제 삼으며 탄압할 때도 가장 거세게 항의한 사람들은 청년이 아니라 성남시 소상공인과 자영업자들이었다. 즉 지역경제를 살리기 위해 시행한 지역화폐형 기본소득이 소상공인과 자영업자를 기본소득의 동맹군으로 끌어들인 것이다.

기본소득형 국토보유세 역시 같은 이유로 국민의 지지를 받을 가능성이 크다. 지금 대한민국은 부동산에서 발생하는 불평등과 불로소득의 폐해로 신음하고 있다. 매년 토지에서 발생하는 불로소득이 300조 원을 넘고, 이 가운데 상당 부분을 토지를 과다 보유한 개인과 기업이 차지하고 있다. 소수의 가진 자는 자손 대대로 부귀와 안락을 누리지만 그렇지 못한 다수는 평생 열심히 일해도 자기 집 한 채, 땅 한 평 마련하기 어렵다. 특별한 노력을 하지 않아도 부동산을 소유했다는 이유만으로 과도한 이익을 누리는 불합리한 사회를 우리는 '부동산 불로소득 공화국'이라고 부른다. 부동산 불로소득의 사유화는 시장 교란, 소득 양극화, 근로 의욕 감퇴, 사회적 갈등 등 많은 문제점을 일으킨다. 우리 젊은 세대의 꿈은 어느새 '조물주 위 건물주'가 되어버렸다. 자산 불평등을 여실히 체감하고 있는 국민들은 부동산 불로소득의 사유화를 막아줄 '대동법'을 기다리고 있다. 기본소득형 국토보유세가 국민을 춤추게 하고 불평등한 시대를 변화시킬 현대의 대동법이 될 수도 있지 않을까?

국토보유세로 1인당 연 30만 원 '토지배당'

이재명 지사는 국토보유세 입법화에 매우 적극적이다. 경기연구원과 정성호 더불어민주당 의원 등 국회의원 9명은 2018년 10월 8일 국회에서 '기본소득형 국토보유세 토론회'를 열었다. 이재명 지사는 이 토론회에서 "매년 자동차 보유세로 차량 가격의 2%를 내지만, 토지의 보유세는 자동차세의 7분의 1에 불과하다. 지방세법에 국토보유세를 만들고 광역지자체에 위임하면 현행 법률 아래서도 시행이 가능하다"고 강조했다. 이 지사는 2019년 3월 8일 열린 더불어민주당 경기도 예산정책협의회에서도 "일하는 사람이 존중받는 사회를 가로막는 가장 중요한 병폐가 바로 부동산 불로소득"이라며 "기본소득형 국토보유세를 당론으로 채택해달라"고 건의했다. 그는 "소수가 많은 것을 갖고 창고에 쌓아두다 보니 사회 전체적으로 자원과 기회들이 활용되지 못하고 있는 게 가장 큰 문제"라며 "이 자원이 공평하게 배분되도록 해야 한다"고 말했다. 이 지사는 이날 SNS에 올린 글에서도 "부동산 보유세율을 높이고, 이를 통해 마련되는 재원을 4차 산업혁명 시대의 기본소득 재원으로 사용한다면 모두가 행복한 정책이 될 수 있을 것"이라고 강조했다.

이재명 지사는 2017년 더불어민주당 대선후보 경선 당시에도 기본소득 도입을 주장하고, 재원 중 일부를 국토보유세로 충당하겠다고 발표했다. 국토보유세를 재원으로 기본소득을 만들어 국민에게 돌려주면 조세 저항 없이 기본소득을 도입할 수 있다는 것이다. 당시 이재명 지사가 제시한 기본소득 방안은 크게 일정 계층에게만 지급하는 생애주기별 배당과 특수배당, 그리고 전 국민에게 지급하는 토지배당으로 나뉜다. 토지배당은 조건 없이 전 국민에게 연간 30만 원을 지급하는 것이다. 국토보유세를 신설해서 토지에 세금을 매기면 약 15조 5000억 원을 거둬들일 수 있으니 이를 전 국민에게 똑같이 나눠주는 기본소득 재원으로 활용하겠다는 구상이다.

2018년 10월 국회에서 열린 국토보유세 토론회에서도 "국토보유세를 도입하면 연간 약 15조 5000억 원의 세금 수입이 증가한다"는 연구 결과가 발표되었다. 이날 토론회에서 '국토보유세 실행 방안'을 발표한 남기업 토지+자유연구소 소장은 2012년 과세 표준을 근거로 2018년도 국토보유세 수입을 17조 5460억 원으로 추산했다. 종합부동산세 폐지로 인한 세수 감소 2조 원가량을 빼고도 약 15조 5000억 원의 세수 증가가 발생하는 셈이다. 모든 국민에게 연간 30만 원가량을 토지배당으로 지급할 수 있는 규모다.

  남기업 소장은 토론회에서 "부동산 문제 해결의 핵심은 불로소득을 보유세로 환수하는 것이다. 낮은 보유세 부담으로 부동산 투기 억제 효과가 없는 종합부동산세를 폐지하고 국토보유세를 도입하는 것이 타당하다"고 밝혔다. 남 소장은 구체적인 실행 방안으로 "비과세와 세금 감면을 원칙적으로 폐지하고 국토보유세를 모든 토지에 과세해야 한다. 조세 저항을 줄이기 위해 국토보유세 세수를 모든 국민에게 'n분의 1'로 제공하는 토지배당이 효과적이다"라고 주장했다. 이재명 지사도 2019년 3월 더불어민주당과의 예산정책협의회에서 "세금이 100% 국민에게 돌아온다는 확신을 줄 수 있다면 조세 저항 없이 부동산 세제 개혁이 가능하다. 100% 특별회계나 기금으로 만들어서 모두에게 기본소득 형태로 지급한다면 조세 저항은 5% 이내일 것"이라며 기본소득형 국토보유세 도입의 필요성을 역설했다.

  주목할 만한 점은 국토보유세가 전 국민 중 5%의 토지 부유층을 겨냥하고 있다는 것이다. 이재명 지사의 기본소득 공약을 설계한 전강수 대구가톨릭대 경제통상학부 교수와 강남훈 한신대 경제학과 교수는 공동연구를 통해 "국토보유세를 도입할 경우 전체 가구의 95%가 수혜 가구가 된다"고 밝혔다. 나머지 5% 가구는 받는 것보다 내는 게 더 많아서 전체적으로 보면 소득재분배 효과가 크다는 의미다. 국토보유세와 토지배당을 동시에 시행할 경우에는 95%의 가구가 혜택을 누리고, 여타 기본소득까지 고려하면 97% 이상의 가구가 혜택을 본다. 배당은 소상공인과 자영업자 등 골목상권을 살려 지역경제를 활성화하기 위해 현금이 아닌 지역화폐로 발행한다. 아울러 기본소득형 국토보유세를 도입하면 개인과 기업이 투기를 목적으로 부동산을 보유하지 못하도록 유도하는 등 부동산 소유의 불평등을 완화하는 효과를 기대할 수 있다. 지가 안정 및 소득배분 개선을 통한 경제 활성화에도 도움이 될 것으로 전망된다. 이른바 '국토보유세＋기본소득＋지역화폐'의 3종 세트인 셈이다.

　　연간 30만 원의 토지배당 금액이 너무 적어서 기본소득의 정책적 효과가 거의 없을 것이라는 지적도 있다. 이에 대해 이재명 지사는 "기본소득 확대를 위한 실험으로 보고 시작하는 것"이라고 설명했다. 토지배당 금액이 초기에는 적을 수밖에 없지만, 국민이 혜택을 누리고 확대를 바라는 공감대가 형성되면 점진적으로 규모를 확대할 수 있다는 뜻이다. 당장 액수를 더 늘리지 못하는 아쉬움은 있지만 기본소득으로 향하는 첫걸음이라는 점에서는 의미가 있다.

토지공개념과 자산·소득 불평등

기본소득의 '권리'는 "모든 사람이 공유자산의 공동소유자"라는 개념에서 출발한다. 인류의 자연적 공유부인 토지는 개간한 사람이 아니라 원래 모든 사람의 소유라는 것이다. 따라서 토지로부터 발생하는 지대를 환수해 모두에게 배당금으로 지급하자는 것이 토지공유부 배당론이다. 이는 토머스 페인의 《토지 정의》에서 기원한다. 페인은 토지를 개간해서 가치를 증대시킨 사람들(인공적 소유자)로부터 수익의 일부를 거둬들여 원래 토지의 자연적 소유인인 모든 사람에게 배당해야 한다고 주장했다. 토지보유세, 개발이득 환수제 등을 통해 기본소득의 재원을 마련해야 한다는 논리도 이러한 페인의 관점에서 비롯되었다.

　　　　페인은 또 인공적 소유자가 농업생산성을 높이고 번영을 가져왔지만 이로 인해 다수의 대중은 토지를 사용할 권한을 박탈당해 빈곤에 빠지게 되었다고 지적했다. 조제프 샤를리에 Joseph Charlier 역시 1848년 《사회문제의 해법 혹은 인도적 헌법》에서 전체 부동산의 임대료에 기초해 의회가 매년 정하는 액수만큼을 모든 시민에게 조건 없이 분기별(나중에는 월별)로 주자고 제안했다. 진정한 의미의 기본소득을 최초로 정식화한 것이다. 나중에 샤를리에는 이것을 '토지배당'이라고 불렀다.

　　　　우리나라도 토지의 공공성에 대한 인식이 확산하면서 제도적 뒷받침을 위한 노력이 진행되고 있다. 2018년 3월 문재인 대통령이 발의한 헌법개정안의 핵심 내용은 국민기본권, 지방분권, 권력구조 개편이다. 이 중에서 토지공개념 규정 신설은 사회적으로나 정치적으로 가장 큰 쟁점이 되었다. 현행 헌법에 재산권의 내용과 한계를 명시한 규정(헌법 제23조 제2항, 헌법 제

122조)이 이미 있는데도 토지 재산권에 대해 특별한 제한과 의무를 명시적으로 규정하는 조항을 별도로 신설했기 때문이다. 문재인 대통령이 발의한 헌법개정안 제128조 2항은 "국가는 토지의 공공성과 합리적 사용을 위하여 필요한 경우에 한하여 특별한 제한을 하거나 의무를 부과할 수 있다"고 규정했다.

일찍이 헨리 조지 Henry George는 《진보와 빈곤》에서 토지 소유권의 사유화와 지주계급의 불로소득으로 인해 빈곤문제가 발생한다는 점을 분명히 했다. 헨리 조지가 그 해법으로 제시한 것은 토지가치세 land value tax였다. 2001년 노벨경제학상을 수상한 미국의 경제학자 조지프 스티글리츠 Joseph E. Stiglitz도 《경제 규칙 다시 쓰기》에서 "지대의 가치가 부를 형성한다. 따라서 지대가 증가하면 부도 증가한다. (중략) 이런 식으로 부가 늘어나면 경제의 생산성은 떨어질 것이고 (중략) 그로 말미암아 불평등도 심화하기 마련"이라고 지적했다.

한국도 이러한 부동산 불평등의 사회적 위험에서 벗어나 있지 않다. 토지가 소득 불평등에 얼마나 영향을 미치는지 파악하기 위해서는 우선 토지 소유 현황을 알아야 한다. 토지+자유연구소의 남기업 소장과 이진수 객원연구원은 2020년 3월 〈2019 '토지 소유 현황' 분석: 토지 소유는 얼마나 불평등한가?〉 보고서를 발표했다. 국토교통부와 통계청이 2019년 연말에 발표한 토지 소유 통계자료를 근거로 토지 소유 불평등을 다양한 각도에서 검토했다. 이 통계에 따르면, 2018년 12월 기준으로 우리나라의 토지 총면적은 10만 378제곱킬로미터이며 공시지가 기준 총 가액은 4835조 원(시가 기준 총 토지 가액은 8223조 원)이다. 전체 인구에서 토지를 소유하고 있는 개인은 전체의 33.4%이고, 평균 소유 가액은 1억 7000만 원, 평균 소유 면적은 2699제곱미터이다.

2018년 기준 전체 인구 중 상위 0.1%가 가액의 12.3%, 면적의 19.1%를, 상위 1%가 가액의 33.8%, 면적의 53.6%를, 그리고 상위 10%가 가액의 79.1%, 면적의 96.5%를 가지고 있다. 이를 세대로 구분하면 2018년 현재 총 2204만여 세대 중 토지를 소유한 세대는 약 1351만 세대다. 즉 전체 세대의 38.7%인 853만 세대는 토지를 단 1평도 소유하고 있지 못하다.

이 보고서는 토지를 소유하지 못한 세대까지 포함해서 100분위 자료를 이용해 전체 세대의 10분위 점유율을 계산했다. 그 결과 토지를 가장 많이 소유한 최상위 10%는 가액 기준으로 68.7%를, 상위 20%는 83.4%를, 상위 30%는 91.5%를 소유하고 있다. 하위 40%는 토지를 전혀 소유하고 있지 않으며 하위 50%는 전체 토지 중 0.9%를 소유하고 있다. 즉 상위 50%가 99.1%의 토지를 소유하고 있지만, 하위 50%는 0.9%의 토지만 소유하고 있다.

특히 토지 소유 세대의 지니계수는 토지를 소유하지 않은 세대까지 포함하면 2018년 현재 0.809였다. 지니계수는 0을 완전히 평등한 상태, 1을 완전히 불평등한 상태로 간주한다. 수치가 낮을수록 평등하게 분배된다고 해석하는데, 0.809는 굉장히 불평등하다는 것을 의미한다. 참고로 1960년 토지 소유 지니계수는 0.3에 가까웠다. 이렇게 토지 소유 구조가 불평등한 상황에서 부동산 투기가 일어나면 엄청난 불로소득이 발생한다. 민간 소유의 토지에서 발생하는 부동산 불로소득은 2007년부터 2016년까지 매년 265조 원에서 375조 원에 달했다. 이는 해당 기간 GDP의 4분의 1인 24.2%에 해당한다.

게다가 투기가 과열되면서 우리나라 부동산 가격은 계속 상승하고 있다. 경제정의실천시민연합이 '국민은행 아파트 시세 자료'를 바탕으로 분석해 2019년 11월 28일 발표한 자료에 따르면, 2017년 5월 서울 아파트값은 평(3.3제곱미터)당 3415만 원에서 2019년 11월 5051만 원을 기록했다. 30개월 만에 약 1600만 원이 오른 것이다. 강남권의 경우 2017년 5월 4623만 원이었던 평당 가격은 2019년 11월 6960만 원으로 2337만 원(34%) 증가했다. 25평짜리 아파트값으로 계산하면 11억 6000만 원에서 17억 4000만 원으로 5억 8000만 원이 오른 것이다. 비강남권도 같은 기간 평당 2206만 원에서 3143만 원으로 30% 올랐다.

우리나라 토지 가격은 세계 최고 수준이다. 2015년 기준 GDP 대비 지가는 OECD 가입국 가운데 가장 높은 4.2를 기록하고 있다. 옆 나라인 일본의 2.2에 비해 2배 가까이 높고, 인구밀도가 우리와 비슷한 네덜란드의 1.5와 비교해도 3배에 가깝다. 우리나라 땅을 다 팔면 우리나라 면적보다 100배 넓은 캐나다 땅을 2.7번이나 살 수 있다.

반면 불로소득을 사전에 차단하는 보유세 부담은 다

른 선진국에 비해 크게 낮은 실정이다. 2018년 6월 발표된 한국조세재정연구원의 자료에 따르면 우리나라 보유세 실효세율(건물과 토지를 합한 민간 부동산 총액 대비 보유세액 비중)은 0.16%로 OECD 평균 0.33%의 절반도 안 된다. 미국 1%, 캐나다 0.87%, 일본 0.54% 등 선진국에 비해 크게 미비하다. 상황이 이런데도 노무현 정부 때 종합부동산세를 도입하자 조선·중앙·동아일보 등 보수언론을 앞세운 기득권 세력은 '세금 폭탄'이라며 거세게 저항했다. 결국 종합부동산세는 보수정권인 이명박·박근혜 정부를 거치면서 대폭 축소되었다.

      부동산 문제가 심화하면서 '부동산 카스트', '영끌', '줍줍족', '몸테크', '신축불패' 등 다양한 신조어까지 등장했다. '부동산 카스트'는 인도의 카스트 제도에 빗댄 말로 15억 원 이상 주택 소유자, 9억~15억 원 소유자, 9억 원 이하 소유자, 무주택자로 등급을 구분한다는 의미다. '영끌'은 원래 '영혼까지 끌어모으다'의 줄임말인데 부동산 시장에서는 '가능한 돈줄을 모두 동원해 집을 사는 행위'를 의미한다. '줍줍족'은 '줍고 또 줍는다'의 줄임말이다. 무순위 청약 물량을 쓸어 담는 '현금 부자'를 지칭한다. '몸테크'는 몸과 재테크의 합성어인데, '재건축이나 재개발을 기대하면서 불편하지만 낡은 아파트에 사는 것'을 말한다. '강남불패'와 비슷한 '신축불패'는 '부동산 상한제로도 신축 집값은 내려가지 않는다'는 조롱의 의미다.

장래 희망이 '건물주'라는 청소년들

소득·자산 불평등과 양극화 역시 더욱 심화하고 있다. 우리나라는 2018년 기준 OECD 35개국 중에서 여덟 번째로 소득 불평등이 심각하다. 토지와 주택을 중심으로 한 자산 격차가 다른 사회경제적 요인을 압도하고 있다. 이우진 고려대학교 경제학과 교수는 2016년 국회예산정책처에 제출한 〈소득 불평등의 심화 원인과 재분배 정책에 관한 연구〉에서 "부동산 자산이 전체 불평등에 80% 정도 기여하는 것으로 나타났다"고 밝혔다. 이런 상황이 지속된다면 장래 희망이 과학자나 선생님이 아니라 '건물주'라는 청소년들이 계속 늘어날 수밖에 없다. JTBC가 2016년 서울 시내 초중고 830명의 학생들을 대상으로 장래 희망을 조사한 결과, 고등학생들이 가장 선망하는 직업 1위는 공무원(22.6%)이었고, 2위는 건물주와 임대업자(16.1%)였다.

    이재명 지사는 부동산 공화국을 혁파하기 위해 국토보유세뿐 아니라 건설원가 공개, 표준시장단가 도입 대상 확대, 후분양제 도입, 개발이익 도민환원제 등 각종 개혁 정책도 실행했거나 추진하고 있다. 물론 이러한 몇 가지 정책만으로 뿌리 깊게 박혀 있는 부동산 공화국 문제가 쉽게 해결되지는 않을 것이다. 무엇보다 국토보유세를 실현하기 위해서는 아직 넘어야 할 산이 많다. 토지공개념과 국토보유세가 헌법이 보장하고 있는 사유재산권(제23조)과 시장경제(제119조)를 침해할 수 있다는 저항이 만만치 않기 때문이다. 그래서 더욱 기본소득이라는 새로운 패러다임에 대한 사회·정치적인 이해와 합의가 절실하다.

이재명 지사는 기자 간담회나 여러 회의 자리에서 "이제껏 우리는 '저 세금이 날 위해 쓰인다'라고 느낀 적이 없다. 하지만 기본소득형 국토보유세가 도입되면 '세금을 내는 게 나에게 손해가 아니다'라는 경험을 처음으로 하게 될 것"이라고 말해왔다. 물론 당장 국토보유세 도입을 위한 입법이 쉽지 않은 것도 사실이다. 하지만 공감대를 형성하고 확대해나가면 그렇게 멀지 않은 시기에 가능할 수도 있다. 조선 시대의 대동법도 왕과 백성이 원하고 나라가 흥하는 길이라는 것을 알았지만, 양반 지주를 비롯한 기득권자들의 반대로 시행에 100년이나 걸렸다. 하지만 대동법 시행으로 당시 서민들의 삶은 완전히 달라졌고 조선은 흥하게 되었다. 새로운 세상은 쉽게 오지 않는다.

모두의 몫을 모두에게

SNS 중독인가? 영화가 끝나고 스마트폰에 있는 앱을 뒤적이는 나에게 질문한다. 그런 것 같기도 하고 아닌 것 같기도 하다. SNS의 어두운 면을 고발한 다큐멘터리영화 〈소셜 딜레마〉를 알게 된 것도 페이스북을 통해서였다. 넷플릭스가 직접 만들어 2020년 9월 공개한 〈소셜 딜레마〉는 소셜 네트워크 중독의 위험성을 다룬 이야기다. 영화에는 페이스북의 '좋아요' 버튼을 만든 사람도 출연하고, 유튜브의 '추천 동영상' 서비스를 개발한 사람도 등장한다. 페이스북, 트위터, 유튜브, 인스타그램, 구글의 전직 고위층 직원과 IT 기술자들이 인터뷰를 통해 자신들의 생산물이 지닌 위험성을 솔직하게 털어놓는다.

    이들이 공통적으로 지적하는 SNS의 어두운 면은 '중독'이다. SNS는 사용자가 1분 1초라도 더 SNS를 들여다보게 하려고 온갖 수단을 총동원한다. '좋아요' 버튼, 끊임없이 날아드는 알림, 자동 사진 태그, 추천 페이지와 추천 영상 등이 모두 '중독'을 위해 SNS가 설치한 덫이다. 심지어 별로 알고 싶지도 않은 내 '친구'의 사소한 행적까지 알림으로 알려준다. 한번 덫에 빠진 사용자들은 쉽게 헤어 나오지 못한 채 '좋아요' 버튼을 누르거나 자신도 모르게 나이, 이름, 성별, 사는 지역과 취향까지 내어준다. 이제 SNS 기업들은 사용자 정보를 활용한 타깃 광고(특정 고객을 겨냥해 정보를 제공하는 맞춤형 광고)를 비싼 가격에 팔아 돈을 쓸어 담는 일만 남았다. 영화 〈소셜 딜레마〉에서도 우리가 공짜로 이용하는 많은 SNS 서비스들이 사용자의 정보를 광고 회사에 팔아 돈을 번다고 친절하게 알려준다.

그들의 말대로 SNS는 광고로 둘러싸인 하나의 거대한 쇼핑몰 같다. 각종 추천 자료들도 그저 또 하나의 광고를 위한 미끼일 뿐이다. 일반적인 광고와 다른 점이 있다면, 사용자들이 어떤 자료에 얼마나 더 관심을 두고 오래 머무는지 자세히 분석해서 개개인의 성향에 맞게 노출시키고, 그럼으로써 점점 더 빠져들게 하는 것이다. 영화 〈소셜 딜레마〉는 "온라인에서 하는 모든 행위가 감시되고 추적되고 있다는 것, 모든 행동 하나하나가 조심스럽게 관찰되고 기록된다는 것을 사람들이 알아야 한다"고 경고한다.

우리가 SNS를 통해 보는 수많은 광고들은 그냥 나오는 게 아니다. 우리가 무심히 내보낸 각종 개인 데이터를 분석함으로써 사용자의 취향을 저격하는 가장 효과적인 광고가 배치된다. SNS 기업들이 천문학적인 액수의 광고 수익을 벌어들일 수 있는 것은 바로 사용자가 공짜로 제공하는 데이터 덕분이다. 영화는 미국의 통계학자이자 예술가인 에드워드 터프티(Edward Tufte) 예일대 교수의 말을 인용하며 "SNS는 마약과 같다"고 지적했다. 터프티 교수는 "자신들의 고객을 '사용자'라고 부르는 2개의 산업이 있다. 그것은 불법 약물과 소프트웨어 산업이다"라고 일갈했다. SNS를 사용하는 우리는 그들에게 '고객'이 아니라 '상품'인 셈이다. 영화는 "상품의 대가를 지급하지 않으면 네가 상품이다"라고 각성시킨다. 우리의 '관심'이 광고주에게 '상품'으로 팔린다는 의미다.

        SNS 중독은 이제 개인의 자제력만으로는 해결할 수 없는 수준까지 왔다. 〈소셜 딜레마〉가 제시하는 해결책은 함부로 사용자의 데이터를 수집하지 못하게 하라는 것이다. 특히 SNS 기업들의 변화를 이끌어내기 위해서는 데이터를 수집하는 양에 따라 세금을 매겨야 한다고 제안한다. 빅데이터를 이용한 '추천 기술'로 막대한 수익을 올리고 있는 넷플릭스가 이 다큐멘터리영화를 만들었고, 넷플릭스의 '추천'으로 본다는 점도 아이러니다.

데이터가 '새로운 석유'라면

"페이스북이 우리에게 기본소득을 지급해야 하는 이유." 영국의 비즈니스 일간지 파이낸셜타임스Financial Times의 혁신 담당 편집자 존 손힐John Thornhill이 2017년 8월에 쓴 칼럼의 제목이다. 손힐은 페이스북 최고경영자 마크 저커버그가 같은 해 5월 미국 하버드대학교 졸업식에서 한 연설에 주목했다. 당시 저커버그는 "우리는 새로운 것을 시도하려는 모든 사람에게 안전한 대비책을 제공하기 위해 보편적 기본소득과 같은 아이디어를 탐구해야 한다"고 말했다. 그런데 손힐은 오히려 보편적 기본소

득을 페이스북이 지급해야 한다고 저커버그의 제안을 되받아
쳤다. 데이터가 기본소득을 위한 재원이 될 수 있으며 페이스북
등 데이터 기업들이 기본소득 지급을 위한 기금을 창설해야 한
다는 것이다.

저커버그가 직접 "미국의 나머지 주들에 좋은 교훈을
제공하고 있다"고 칭찬한 알래스카의 사회보장 프로그램이 좋
은 예다. 1976년 알래스카는 주민투표를 통해 석유에서 나오는
수입으로 자금을 조달하는 알래스카 영구기금Alaska Permanent Fund을
만들었다. 석유 자원에 부과되는 로열티의 25%를 기금으로 조
성한 것이다. 알래스카는 이 기금에서 나오는 수익으로 1982년
부터 모든 거주자에게 매년 10월 배당금을 지급하고 있다. 적
을 때(2012년)는 1인당 878달러(약 99만 원)에 그쳤지만, 많을 때
(2008년)는 1인당 2069달러의 배당금에 예산잉여 1200달러를
더해 3269달러(약 316만 원)를 지급했다. 보편적 기본소득이 40
년 가까이 유지되고 있는 것이다. 일반적인 우려처럼 알래스카
에서 기본소득으로 인해 노동 의욕이 감소하는 등 집단적 나태
문제는 발생하지 않았다. 오히려 알래스카는 미국에서 가장 부
유한 주는 아니어도 경제적으로 평등하고 가장 빈곤율이 낮은
주로 꼽힌다.

만약 데이터가 '새로운 석유'라면 어떨까? 페이스북이
보유하고 있는 가장 중요한 자산은 페이스북 사용자가 종종 인
식하지도 못한 채 공짜로 페이스북에 건네는 데이터다. 전 세계
27억 명의 페이스북 사용자들은 서로 연결되어 교류하면서 끊

임없이 페이스북에 데이터를 제공한다. 누가 누구와 친구를 맺고, 누가 어떤 콘텐츠(글, 사진, 영상 등)를 올리고, 누가 어떤 콘텐츠를 좋아하고, 누가 어떤 콘텐츠를 공유하는지 등등 페이스북에서 이뤄지는 모든 활동이 데이터다. 페이스북은 그렇게 차곡차곡 쌓인 데이터를 광고와 맞바꾸면서 분기마다 20조 원가량의 매출을 올린다.

페이스북은 2020년 3분기 총매출이 214억 7000만 달러(약 25조 6200억 원)로 2019년 같은 기간보다 21.6% 증가했다고 밝혔다. 영업이익도 29% 성장한 78억 5000만 달러(약 9조 3700억 원)를 기록했다. 코로나19로 세계적인 경기침체가 심화될 것이라는 월가Wall Street의 부정적 전망과 달리 페이스북은 사상 최대의 분기 매출을 기록한 것이다. 코로나19의 확산으로 봉쇄 명령, 자가격리가 계속되면서 페이스북을 비롯해 SNS를 통한 '온라인 소통'이 늘어난 결과다. 실제 페이스북 월간활성이용자는 2019년 3분기 대비 12% 증가한 27억 4000만 명을 기록했다. 일간활성이용자도 같은 비율로 증가해 약 18억 2000만 명이다. 인스타그램, 왓츠앱, 페이스북 메신저 등 페이스북의 '패밀리앱' 서비스도 함께 성장했다. 페이스북에 따르면, 매달 약 32억 1000만 명 이상이 이 패밀리앱 서비스를 이용하고 있다. 이들 서비스 가운데 매일 하나라도 이용하는 사람은 평균 24억 명 이상이다.

특히 페이스북 매출의 약 98%를 차지한 것은 광고였다. 페이스북의 2020년 3분기 광고 매출은 2019년 같은 기간보다 22% 증가한 212억 2100만 달러(약 25조 3200억 원)를 기록했다. 광고 매출 증가 역시 코로나19의 영향이다. 기업들이 오프라인 사업을 줄이면서 온라인 사업을 확장하고 있기 때문이다. 페이스북의 최고경영자 마크 저커버그는 2020년 3분기 실적을 발표하면서 현재 1000만 곳의 광고주를 보유했다고 밝혔다. 그는 앞서 2020년 7월 2분기 실적 발표 당시에 "1억 8000개 이상의 사업체가 고객과 연결하는 도구로 페이스북을 사용하고 있고, 많은 사업체가 온라인으로 사업을 전환하면서 900만 곳 이상의 광고주를 확보했다"고 말했다. 3개월 만에 광고주 100만 곳이 늘어난 것이다. 페이스북의 실적 성장 배경에는 바로 페이스북 사용자들이 제공한 빅데이터가 있다.

손힐은 "데이터는 (기본소득을 위한) 21세기의 수익원"이라며 "석유가 알래스카를 위해 한 일을, 데이터는 세계 전체를 위해 할 수 있다"고 목소리를 높였다. 불특정 다수의 기여로 집단 생성된 데이터라는 자원을 통해 엄청난 이득을 얻고 있는 페이스북, 구글 등 데이터 기업들이 더 큰 사회적 공헌을 위해 불특정 다수에게 기본소득을 지급하라는 이야기다.

www는 공유자산

대량의 데이터를 모으는 일은 인터넷이 없었다면 불가능했을 것이다. 30년 전만 해도 정보를 찾으려면 도서관에 가거나 신문 더미를 뒤져야 했다. 하지만 지금은 책상 앞에 앉아 컴퓨터만 켜면 간단한 검색으로 원하는 정보를 얻을 수 있다. 인터넷이 빅데이터의 보고가 된 것은 그것 자체가 공유자산의 성격을 지녔기 때문이다. 우리가 사용하는 인터넷인 '월드 와이드 웹World Wide Web'을 만든 사람은 영국의 컴퓨터 과학자 팀 버너스리Tim Berners-Lee다.

버너스리는 연구소 직원들과의 정보교환을 위해 새로운 시스템을 만들었고, 여러 종류의 정보를 찾는 방법을 통일했다. www로 시작하는 주소를 통해 클릭 한 번으로 원하는 정보를 더욱 쉽게 찾을 수 있게 했다. 이리저리 흩어진 정보를 모으고 연결한 것이다. 버너스리는 '기술은 여러 사람이 나누어 써야 한다'는 생각으로 1991년 '월드 와이드 웹'을 무료로 공개했다. 특허권이나 특허료 등 일체의 이익을 취하지 않았다. 그는 누구든지 자유롭게 정보를 공유하길 원했고 그 덕분에 인터넷이 빠르게 발전할 수 있었다.

버너스리는 기본소득을 지지하는 과학자이기도 하다. 그는 2016년 5월 이코노미스트The Economist 등과의 인터뷰에서 "기본소득을 선호하는 기술자 그룹에 속하느냐"는 질문에 "효율적이고 단순하다는 점에서 기본소득을 지지한다"고 말했다. 그는 또 "기술의 발전이 가져온 지구적 불평등 문제를 감소시키는 데 기본소득이 도움될 수 있다"고 강조했다.

1978년 노벨경제학상을 받은 미국의 사회과학자이자 경영학자인 허버트 사이먼Herbert A. Simon도 기본소득 지지자다. 사이먼은 인간이 경제활동을 통해 벌어들이는 모든 소득의 90%는 다른 사람(앞선 세대)들의 지식을 활용한 대가라고 주장했다.

저커버그가 미국이 아닌 극빈 국가에서 태어났다면 과연 페이스북이라는 서비스를 만드는 게 가능했을까 생각해보면 이해가 쉽다. 저커버그는 치과 의사인 아버지와 정신과 의사인 어머니 사이에서 태어났다. 11세 때 486컴퓨터를 선물 받았고, 중학생 때부터 프로그래밍을 시작했다. 1990년대 중반 소프트웨어 개발자인 데이비드 뉴먼David Newman으로부터 개인 지도를 받았고, 집 근처 머시 칼리지Mercy College의 대학원에서 관련 강의를 청강했다. 그가 극빈 국가에서 태어났다면 받지 못했을 혜택들이다. 페이스북은 저커버그 혼자서 만든 게 아니다. 저커버그가 하버드대학교에 가지 못했다면, 대학 기숙사를 함께 쓴 룸메이트 3명이 문학, 경영학 등 인문사회학을 전공하지 않았다면, 컴퓨터과학을 전공한 저커버그가 그들과 수많은 토론과 시행착오를 함께하지 못했다면, 페이스북은 존재할 수 없었다.

사이먼은 기업이 벌어들인 수익의 90%도 그동안 축적된 지식, 기술, 정부 지원 등 외적인 요인에서 기인했다고 생각하기 때문에 기업에 90%의 소득세를 적용해도 된다고 생각했다. 하지만 기업가에게 약간의 인센티브를 주기 위해 70%의 세율을 일률적으로 과세하고, 그 조세 수입을 기본소득으로 나누자고 제안했다. 사이먼은 훌륭한 경제학자이기도 하지만 인공지능이라는 용어를 처음 사용한 1956년 다트머스대학 워크숍을 공동 주최하는 등 '인공지능의 아버지'로도 불린다.

인공지능의 핵심은 빅데이터

글로벌 IT 기업들의 핵심 기술은 인공지능이다. 인공지능은 우리가 의도했든 의도하지 않았든 아무런 대가 없이 매일 인터넷에 올린 수많은 정보(빅데이터)를 이용해 학습한 결과물이다. 인공지능은 인간의 지능을 컴퓨터로 구현하는 것을 의미한다. 인공지능을 만드는 머신러닝 machine learning(기계학습)은 컴퓨터를 학습시켜 데이터를 분류하거나 값을 예측하는 방법론이다. 머신러닝의 알고리즘은 크게 세 가지로 나뉜다.

우선 지도학습 supervised learning은 정답을 알려주며 학습시키는 것이다. 예를 들어 호랑이 사진 데이터를 입력하고 '이 사진은 호랑이야', 고양이 사진을 입력하고 '이 사진은 고양이야'라고 답을 알려주는 식이다. 비지도학습 unsupervised learning은 정답을 따로 알려주지 않고 비슷한 데이터들을 군집화하는 학습 방법이다. 예를 들어 고양이, 사자, 호랑이, 원숭이 등의 사진을 데이터로 입력하지만 각 사진이 무슨 동물인지 답을 알려주지 않기 때문에 그 동물이 '무엇'이라고 정의하지는 못한다. 대신 그 동물들을 비슷한 단위로 군집화해준다. 마지막으로 강화학습 reinforcement learning은 게임의 규칙을 가르쳐주고, 게임 결과에 따라 보상 reward을 준다. 상을 최대화하고 벌을 최소화하는 식으로 스스로 데이터를 만들어가면서 학습하는 것이다. 아이들이 잘못하면 벌을 주고, 잘하면 칭찬이나 사탕으로 보상을 주는 것과 같다. 아이들처럼 인공지능도 이런 과정을 통해 '옳은 결정'에 대해 스스로 배워나간다.

인공지능은 엄청난 양의 데이터, 즉 빅데이터 없이는 제대로 가동할 수 없다. 인공지능뿐만 아니라 사물인터넷, 스마트팩토리 등 4차 산업혁명의 주요한 동력이 바로 빅데이터다. 특히 인공지능은 데이터가 늘어남에 따라 성능이 지속적으로 증가하는 딥러닝Deep Learning을 통해 계속 진화하고 있다. 바둑의 '알파고', 의료 분야의 '왓슨', 금융업계의 '켄쇼' 등과 같은 인공지능은 이미 많은 영역에서 인간의 능력을 뛰어넘고 있다. 고도화된 알고리즘과 컴퓨팅 파워만으로는 인공지능이 만들어질 수 없다. 빅데이터가 결합해야만 인공지능이 가동된다.

인공지능은 우리가 제공한 빅데이터로 학습을 거쳤다. 우리가 인공지능 생산에 참여하고 있는 셈이다. 개별 데이터의 가치는 크지 않다. 데이터는 모여야만 비로소 본연의 가치가 발생한다. 데이터를 모으는 데 사용하는 인터넷은 개발자 버너스 리가 우리에게 무상으로 줬기 때문에 우리 모두의 공동자산이다. 다시 말해 인공지능도 우리의 공동자산인 인터넷을 통해서 우리가 제공한 데이터로 만들어지기 때문에 우리 모두의 공동자산이다. '인공지능의 아버지'로 불리는 사이먼의 말대로 인공지능이 생산한 이익의 90%는 우리 덕분에 만들어졌으니 그 이익에 대한 권리도 우리 모두에게 있다. 인공지능으로 인해 일자리를 잃게 되면 인공지능이 만든 물건을 살 수가 없다. 인공지능으로 얻은 이익을 모두에게 기본소득으로 돌려주는 것은 경제 선순환을 위해서도 필요한 일이다.

글로벌 IT 기업에 디지털세 부과해야

공유자산인 데이터로 막대한 수익을 올리고 있는 글로벌 IT 기업에 대해 디지털세digital tax를 물려야 한다는 움직임은 오래전부터 전 세계적으로 제기되어왔다. 2019년 8월 24일부터 사흘간 프랑스 남서부의 대표적인 휴양도시 비아리츠Biarritz에서 미국·영국·캐나다·프랑스·독일·이탈리아·일본 등 주요 7개국(G7) 회담이 열렸다. 디지털세에 대한 국제적 합의 여부가 주요 관심사였다. 이미 한 달여 전 파리 근교 샹티이Chantilly에서 7개국 재무부 장관들이 모여 구글, 애플 등 세계적인 IT 대기업에 대한 디지털세 부과 원칙에 합의한 뒤였다.

회담 참가국들은 디지털 경제에 부합하는 새로운 과세권 배분 원칙을 도출해 소비지국(디지털 상품을 소비하는 국가) 과세권을 강화하기로 했다. 인터넷을 기반으로 소프트웨어, 콘텐츠 등 무형 지적재산권을 판매하는 글로벌 IT 기업들은 소비지국에 공장이나 지점 등 물리적 사업장을 두지 않아도 사업을 할 수 있다. 반면 현행 조세조약 국제기준은 외국 법인의 국내 원천 사업소득의 경우 원천지국에 물리적 고정사업장이 있어야 법인세를 물릴 수 있다. 이 때문에 실제 소비와 매출이 일어나는 국가에서 글로벌 IT 기업에 법인세를 제대로 매기지 못하고 있다. 이른바 '가치창출과 과세권 배분의 불일치' 현상이 벌어지는 것이다. G7은 이 문제를 해결하기 위해 고정 사업장이 있어야 과세할 수 있다는 기본 원칙을 깨고 새로운 과세권 배분 규칙을 만들기로 했다. 100여 년 동안 지속되던 국제조세 원칙의 근간이 바뀌는 엄청난 변화였다.

또한 글로벌 IT 기업의 조세회피를 방지하기 위해 글로벌 총매출과 이익을 계산해 최소한의 세금 비율을 정하는 글로벌 최저한세도 도입하기로 했다. 글로벌 IT 기업들은 세율이 낮거나 없는 아일랜드 등 조세회피국에 지사나 유령회사를 만들고, 여러 국가의 매출과 이익을 이곳에 몰아주는 방식으로 과세를 피했다. 글로벌 최저한세는 이러한 공격적 조세회피 문제를 해결하기 위한 대책인 셈이다. 공격적 조세회피란 세법의 정책적 의도와 취지에 반하여 조세 부담을 부당하게 회피하는 세금탈루 행위를 말한다. 이는 세수 손실을 초래함으로써 성실한 납세자에게 피해를 주고 궁극적으로 국가재정 기반을 와해시킬 수도 있는 심각한 문제다.

OECD와 주요 20개국(G20)은 디지털세 최종 방안을 2021년 중반에 결정하기로 했다. OECD·G20 포괄적 이행체계IF·Inclusive Framework는 2020년 10월 8~9일 총회를 열고 디지털세 장기대책인 '필라 1·2 블루프린트blueprint(청사진)'를 승인하고 중간 보고서를 공개했다. OECD·G20 IF는 이 보고서에서 구글, 페이스북 등 자동화된 디지털 서비스 사업과 삼성전자, 엘지전자 등 일반 재화·서비스를 판매하는 소비자 대상 사업에 디지털세를 부과하되 소비자 대상 기업에 대해서는 차등 적용하기로 방향을 잡았다.

프랑스의 가파세

이에 앞서 2019년 7월 11일 프랑스 상원은 유럽 최초로 디지털세 법안을 승인했다. IT업계의 대표 주자인 구글, 아마존, 페이스북, 애플의 첫 글자를 따서 '가파GAFA세'라고도 불린다. 이들 글로벌 IT 기업에 영업매출의 3%를 세금으로 부과하는 것이 법안의 핵심 내용이다. 조세회피국인 아일랜드 등의 반대로 유럽연합 차원의 디지털세 부과 논의가 무산되자 독자적으로 디지털세 도입에 나선 것이다. 전 세계에서 연간 수익이 7억 5000만 유로 이상이면서 프랑스에서 2500만 유로 이상의 수익을 내는 글로벌 IT 기업이 대상이다. 프랑스 정부는 "세계적으로 가장 큰 기업들이 프랑스와 유럽에서 활동하면서 본사도 두지 않고 세금도 내지 않고 있다"고 비판했다. 과세 대상은 온라인에서 이뤄지는 중개 수수료, 광고 및 데이터 판매에 따른 수익 등이다. 법안은 2019년 1월 1일분부터 소급 적용되었다. 프랑스는 이미 2017년부터 인터넷 동영상 서비스OTT 업체를 상대로 프랑스 내 광고 수입 중 2%를 분담금 형태로 징수하고 있다. 이른바 '유튜브세'로 불리는 이 분담금은 프랑스 국립영상센터CNC의 영상창작지원금으로 사용되고 있다.

저항도 만만치 않았다. 미국 최대 온라인 쇼핑몰인 아마존이 먼저 깃발을 들었다. 프랑스에서 디지털세 법안이 통과된 지 3주도 지나지 않아 아마존은 홈페이지에 "아마존의 온라인 마켓 플랫폼을 이용하는 프랑스 판매업자들의 수수료를 3% 인상하겠다"고 밝혔다. 프랑스 상원이 통과시킨 디지털세 세율 3%와 정확히 일치하는 수치다. 프랑스 정부가 부과한 세금을 고스란히 프랑스 생산자(유통사업자)들의 몫으로 돌려버린 셈이다. 아마존의 반격에 구글, 페이스북, 애플 등 다른 IT 기업도 가세했다. 이른바 '가파'의 주요 책임자들은 2019년 8월 20일 워싱턴에서 열린 미국 재무부 공청회에 참석했다. 이들은 이 자리에서 "기술 발전을 저해하는 비이성적인 조치"라며 프랑스의 디지털세 조치에 반발했다.

이들 4개 IT업체는 모두 미국 실리콘밸리에서 출발한 미국계 기업들이다. 프랑스의 디지털세는 사실상 미국의 'IT 공룡'들이 주요 표적이었다. 게다가 디지털세 부과 대상으로 추산되는 전 세계 약 150개 기업 가운데 미국 기업이 절반을 차지했다. 도널드 트럼프 미국 대통령도 그냥 넘어가지 않았다. 프랑스의 디지털세를 비판하며 "미국도 프랑스산 포도주에 세금을 부과하겠다"고 엄포를 놓았다. 에마뉘엘 마크롱 프랑스 대통령을 겨냥해서는 '바보 같은 짓'이라며 원색적인 비난을 쏟아 냈다.

실제로 2020년 7월 10일 트럼프 행정부는 프랑스의 디지털세에 대응하기 위해 약 13억 달러(약 1조 5600억 원) 규모의 프랑스산 제품에 25%의 관세를 부과할 계획이라고 발표했다. 징벌적 세금 부과를 통해 프랑스의 디지털세에 대한 보복에 나선 것이다. 미국 무역대표부USTR의 발표에 따르면 관세 부과 대상은 화장품과 비누, 핸드백 등이다. 애초 프랑스산 스파클링와인과 치즈도 관세 대상에 포함했으나 미국 내 와인 소매상과 관런 노동자들에게도 피해를 줄 것이라는 우려 때문에 제외했다. 다만 미국 무역대표부는 OECD를 통해 다각적인 해결 방안을 논의할 시간을 주겠다며 즉시 관세를 부과하지 않았고, 2021년 1월까지 유예했다. 프랑스 정부가 디지털세를 폐지하면 관세 부과 결정도 철회하겠다는 압박인 셈이다.

반면 프랑스와 조세회피 분쟁을 벌이던 일부 IT 기업들은 속속 백기를 들었다. 2019년 9월 12일 구글이 조세회피 분쟁과 관련해 프랑스 당국에 약 10억 유로(약 1조 3200억 원)의 합의금을 내기로 했다. 합의금 중 5억 유로는 벌금이고, 4억 6500만 유로는 세금이다. 구글은 그동안 법인세율이 낮은 아일랜드 더블린에 유럽 본사를 두고 여기에 유럽 지역 수익을 신고하는 방식으로 과세 부담을 줄였다는 비판을 받아왔다. 이에 프랑스 조세 당국은 2016년부터 구글 파리 지사를 압수수색하는 등 프랑스에서 벌어들인 수익에 대한 조세회피 의혹을 조사해왔다. 앞서 애플 역시 2019년 2월 추징금 5억 유로를 내고 10년간 이어온 프랑스 정부와의 조세 분쟁을 끝냈다. 페이스북 프랑스 법인도 2020년 8월 24일 성명을 내고 프랑스 정부와 협상 끝에 2009년부터 2018년까지 체납한 법인소득세 1억 600만 유로(약 1500억 원)를 내기로 했다고 밝혔다. 페이스북은 2020년 프랑스에 법인소득세 846만 유로(약 113억 9000만 원)를 내게 되는데 이는 전년 대비 50% 오른 금액이다.

구글의 세금 회피

우리나라에서는 어떨까? 글로벌 IT 기업들은 우리나라에서도 막대한 수익을 올리고 있지만 세금은 거의 내지 않고 있다. 우리나라에 고정사업장(서버)이 없다는 이유를 대며 법인세를 제대로 내지 않고 있는데, 이에 대해 이른바 '구글세(디지털세)'를 부과해야 한다는 목소리가 커지고 있다.

구글과 애플은 우리나라에서 빠른 속도로 매출을 늘리고 있다. 한국모바일산업연합회의 〈모바일 콘텐츠 산업〉 보고서에 따르면 구글 플레이스토어와 애플 앱스토어의 2019년 매출 합계는 8조 3082억 원으로 2017년의 6조 8207억 원보다 21% 늘었다. 구글 플레이스토어는 5조 9996억 원, 애플 앱스토어는 2조 3086억 원을 각각 벌어들였다. 우리나라 전체 앱스토어 매출에서 구글과 애플이 차지하는 비중은 87.8%에 이른다. 반면 이동통신 3사와 네이버의 통합 앱스토어인 원스토어는 2019년 1조 561억 원으로 12.3%의 점유율에 그쳤다. 우리나라에서 매년 10~11%씩 성장하는 구글 플레이스토어는 2020년 처음으로 매출 6조 원을 돌파할 것으로 전망된다.

문제는 글로벌 IT 기업의 경우 법인세 부과 근거가 되는 고정사업장이 우리나라에 없어 정부 과세가 쉽지 않다는 점이다. 국회 예산정책처는 2020년 6월 10일 〈4차 산업혁명에 따른 조세환경 변화와 정책 과제〉 보고서를 통해 "구글과 애플은 저세율국에 서버를 두고 앱스토어에 대한 권리 및 판매를 담당하는 법인을 설립했다. 실제 매출이 발생하는 국내에선 과세를 하는 데 한계가 존재한다"고 지적했다. 실제로 2017년 구글코리아가 신고한 매출액은 2600억 원이었고 이에 따라 200억 원 정도의 세금을 납부했다. 그러나 한국무선인터넷산업협회에 따르면 구글플레이의 2016년 국내 매출 추정치는 4조 1131억 원이며 2017년은 4조 8810억 원이다.

    이와 관련해 한성숙 네이버 대표는 2017년 11월 공식 입장을 내고 "네이버는 2016년 연결기준(모회사와 자회사 간 거래실적을 뺀 매출액)으로 국내에서 2조 5920억 원의 매출을 기록했고, 2746억 원을 법인세로 납부했다"며 "구글은 몇 년 전부터 영국에서의 매출 규모를 공개하는 등 다른 나라에서의 매출 규모를 밝히고 있다. 하지만 한국에서의 매출과 수익에 대해서는 공개하지 않으면서 세금을 정당하게 내고 있다고 주장하는데, 이를 그대로 받아들이기 어렵다"고 지적했다.

    2019년 9월 18일 한국미디어경영학회가 '국내 플랫폼 시장의 공정경쟁 환경 조성 방안'을 주제로 토론회를 개최했다. 토론회에 참석한 전문가들은 "한국 정부도 '구글세' 논의에 적극적으로 참여해야 한다"고 입을 모았다. 정윤혁 고려대 미디어학부 교수는 "세금을 제대로 못 걷고 있는 상황에서 추진되는 규제는 실효성이 낮다. 과세에 대해 국제적으로 공조하는 게 솔루션이라 본다"고 주장했다. 모정훈 연세대 산업공학과 교수는 "글로벌 ICT 기업의 조세회피에 대해 여러 나라에서 대응 방안이 나오고 있다. 물론 우리나라는 국내 포털기업과의 형평성을 고려해야겠지만 디지털 세금을 강화하는 쪽으로 갈 수밖에 없다"고 강조했다.

구글은 실제로 한국에서는 광고 등에 대해서만 일부 세금을 낼 뿐이고, 구글플레이 매출은 싱가포르 법인으로 돌린다. 싱가포르의 법인세율(17%)이 한국의 법인세율(25%)보다 훨씬 낮기 때문이다. 한국 세금에 대한 구글의 회피 규모는 무려 매년 2000억 원에 달하는 것으로 추정된다. 이태희 국민대 교수가 구글 싱가포르 법인의 회계자료를 기반으로 추정한 자료에 따르면, 2017년 기준 구글의 국내 세금 회피 규모가 최소 1068억 원에서 최대 1891억 원인 것으로 나타났다. 2018년 우리나라 법인세 세수가 약 70조 원 정도라는 점을 고려하면, 구글을 비롯해 글로벌 플랫폼 기업들의 세금 회피 규모는 절대 작지 않다. 이태희 교수는 "구글세 논의가 전 세계에서 산발적으로 이뤄지고 있지만, 구글의 법인세 규모를 실제로 추정한 적은 없다. 많게는 연간 2000여억 원의 세금을 회피해 비용을 절감하는 구글과 우리의 국내 플랫폼 기업이 공정한 환경에서 경쟁할 수 있는 현실적인 방안이 시급하다"고 강조했다.

구글·넷플릭스의 무임승차

세금만 문제가 되는 것이 아니다. 구글(유튜브), 페이스북, 넷플릭스 등 글로벌 IT 기업들은 급증하는 트래픽을 앞세워 막대한 광고 수익을 올리면서도 정작 망 사용료는 거의 내지 않고 있다. 무임승차인 셈이다. 과학기술정보통신부가 이동통신 3사(SK텔레콤, KT, LG유플러스)로부터 제출받은 2020년 2분기 일평균 트래픽 자료에 따르면, 트래픽 발생량 상위 10개 사업자 중 유튜브(구글), 넷플릭스 등 해외 콘텐츠 기업CP이 차지하는 비중이 73.1%에 달했다. 반면 네이버, 카카오 등 우리나라 콘텐츠 제공사업자가 차지하는 비중은 26.9%였다.

    이동통신 3사가 2019년 8월 한 달 동안 직접 측정한 데이터 트래픽을 주요 콘텐츠 기업별로 분류한 자료에 따르면, 구글(유튜브)이 전체 트래픽의 25.8%를 유발했다. 2위는 페이스북 4.7%, 3위는 네이버 2.5%, 4위는 넷플릭스 2.3%, 5위는 카카오 1.8% 순이었다. 구글 데이터 트래픽이 네이버의 10배가 넘는 것은 유튜브 등 고화질 동영상 콘텐츠 이용률이 급상승했기 때문이다. LTE보다 2배가량 속도가 빠른 5G(5세대 이동통신)가 도입되면서 이런 양상은 더 심화되었다.

    디지털 미디어랩 나스미디어의 '2020 인터넷 이용자 조사'에 따르면, 온라인 동영상을 시청할 때 93.7%가 유튜브를, 28.6%가 넷플릭스를 이용한다고 답했다. 유튜브 이용률이 거의 절대적인 상황에서 넷플릭스 이용률도 2019년의 11.9%에 비해 2배 이상 급성장했다. 이처럼 글로벌 콘텐츠 기업들의 망 사용량이 폭발적으로 늘고 있지만 이들이 내는 망 사용료는 '0' 원이다. 네이버가 연간 약 700억 원의 망 사용료를 내는 것과 대조적이다. 2016년 기준 네이버는 734억 원, 카카오는 300억 원가량의 망 사용료를 냈다고 밝혔다. 그나마 페이스북이 2019년부터 우리나라 통신업계에 망 사용료를 일부 내고 있지만, 네이버나 카카오에 비하면 턱없이 부족한 수준이다.

세계 최초 '지역화폐 데이터 배당'

우리 정부도 글로벌 IT 기업에 대한 데이터 과세 필요성을 인정하고 있다. 우리나라의 경우 이르면 2022년 디지털세 과제가 가능할 전망이다. 기획재정부는 2019년 7월 "아주 빠르게 논의가 진행된다고 가정하면, 이르면 2022년쯤 구글세 과세가 시작될 수 있을 것"이라고 말했다. 정부는 디지털세에 대한 국제적 추진 계획에 맞춰 고정사업장 기준을 바꾸기 위한 법인세법과 소득세법 개정을 추진하고 있다. 국제조세 조정에 관한 법률 등 국내법 개정도 계획하고 있다.

조세의 제1원칙은 '소득 있는 곳에 세금 있다'이다. 글로벌 IT 기업의 세금 회피는 이 원칙을 정면으로 위배하는 것이다. 버는 만큼 세금을 내는 것은 당연한 일이다. 문제는 그렇게 거둬들인 세금을 어디에 쓸 것이냐다. 그 해법을 찾는 데 경기도의 '데이터 배당'이 좋은 사례가 될 수 있다.

경기도는 2020년 2월 20일 세계 최초로 지역화폐 사용으로 발생한 데이터 판매 수익을 지역화폐 이용자들에게 되돌려주는 '데이터 배당'을 시행했다. 데이터 배당이란 소비자들의 데이터를 수집·활용해 기업이 수익을 창출할 경우 데이터 생산에 기여한 소비자들에게 수익 일부를 되돌려준다는 개념이다. 개인정보가 제거된 통계성 데이터를 연구소, 학교, 기업 등 데이터를 필요로 하는 기관에 제공함으로써 새로운 수익을 창출하고, 이를 도민들에게 환원하는 '데이터 선순환체계'가 마련된 것이다. 경기도 측은 "데이터 배당은 사용자가 생산한 데이터가 수익으로 되돌아오는 '세계 최초의 데이터 주권 실천 사례'"라면서 "데이터 경제로의 패러다임 전환을 위한 첫 시작점이라는 점에서 의미가 크다"고 평가했다.

배당에 동의한 20개 시·군의 지역화폐카드 중 2019년 4월 1일부터 12월 31일 사이에 사용 실적이 있는 카드 36만 782개가 대상이며 경기도는 카드 한 개당 120원을 자동 지급했다. 비록 금액은 적지만 데이터 생산자의 권리를 인정하고 수익을 모두 돌려줌으로써 '데이터 주권 보호'와 지역경제 활성화라는 '데이터 선순환체계'의 첫 시험대가 되었다.

데이터 배당을 시행한 날 국회에서는 데이터 배당의 활성화 전략을 모색하고 데이터 주권의 사회적 논의를 확산하기 위한 토론회도 열렸다. 이 자리에서 이재명 경기도지사는 "전 세계에서 데이터를 '4차 산업혁명 시대의 쌀'이라고 표현한다. 실제로 거대 IT 기업들이 막대한 이익을 남기고 있지만, 데이터 생산의 주체인 개인들은 그에 상응하는 보상을 받지 못하고 있다"고 지적했다. 그러면서 이 지사는 "경기 데이터 배당은 데이터 주권을 실행하는 일종의 실험이자 새로운 출발을 알리는 신호다. 앞으로 다른 민간 영역으로, 경기도에서 전국으로, 지방정부에서 중앙정부로 확산하는 첫 출발지가 되기를 기대한다"고 덧붙였다.

토론회에서는 호주의 정치철학가이자 《노동 없는 미래》의 저자 팀 던롭Tim Dunlop 박사의 발제가 진행되었다. '데이터 기본소득론'을 주장하는 던롭 박사는 "미래 일자리에 대한 논점은 단순히 로봇이 일자리를 빼앗는 것이 아니라 기술 변화가 노동력을 덜 필요로 하는 경제를 창출하면서 경제의 기본 속성을 바꿀 것이라는 점이다. 부를 축적할 수 있는 새롭고 실질적이고 혁신적인 방법의 하나가 데이터 배당이다. 데이터 배당을 통해 데이터 추출 수익금을 공정하게 재분배하는 것이야말로 활기찬 경제와 번영하는 사회를 보장하는 중요한 방법"이라고 강조했다. 데이터에서 나오는 이익을 기본소득으로 연결해야 한다는 것이다.

던롭 박사는 데이터를 석유나 철광석 같은 지하자원처럼 많은 사람이 공유하는 공유재에 비유했다. 그의 말대로 모두가 참여해 만드는 데이터는 모두에게 권리가 있고, 모두가 소유해야 한다. 던롭 박사는 데이터 생산자 개인이 기업과 개별 협상을 통해 몫을 받아내기보다는 국가가 나서서 모든 생산자의 몫을 받아내 이를 다시 기본소득 형태로 모두에게 재분배해야 한다고 주장했다. 국가가 나서서 기업을 상대로 데이터세와 같은 세금 징수에 나서야 한다는 뜻이다. 하지만 기업을 상대로 세금을 올리거나 걷는 일은 쉬운 문제가 아니다. 결국 경제의 문제가 아니라 정치의 문제로 귀결된다. 정치적으로 어렵다고 해서 회피하거나 논쟁하지 않으면 세상은 아무것도 달라지지 않는다. 그 논쟁은 끝이 아니라 출발점이다. '모두의 몫을 모두에게 돌려줘야 한다'는 철학을 기반으로 하는 기본소득은 '필요'가 아니라 우리 모두의 '권리'다.

99%를 위한 새로운 사회계약을 꿈꾸다

기본소득을 실현하는 데 정해진 길은 없다. 이것은 매우 정치적인 문제다. 정치적이라는 말은 의제와 상관없다는 의미다. 우리나라 국민의 의식, 사회·문화, 정치 제도와 세력 등을 고려해서 가장 적절한 방법을 찾아야 한다. 전 세계적으로 완전 기본소득을 실시한 나라는 없으며, 앞으로 그렇게 하겠다는 나라도 아직 나타나지 않았다. 대체로 부분 시행이나 실험 수준이다. 경기도 청년기본소득과 같은 지역화폐형 기본소득도 완전 기본소득보다는 완화된 형태지만 선례가 없는 완전히 새로운 정책이다.

석유배당과 생태배당

앞서 언급한 미국 알래스카의 영구기금 배당은 기본소득의 대표적인 사례로 꼽힌다. 하지만 알래스카 주민들이 처음부터 기본소득이라는 개념을 알고 이 제도를 시행한 것은 아니다. 오일머니로 재정이 갑자기 넘쳐나자 주 정부는 이 돈을 잘 쓸 방도를 궁리한 끝에 '유전은 언젠가 고갈될 것이니 미래 세대를 위해 돈을 비축하자'는 생각에 이르렀다. 그래서 석유를 팔아 번 돈으로 영구기금을 만들었다. 주민들에게 주는 배당금은 이 기금을 투자 재원으로 운용해서 창출된 이자와 수익이다. 주민 수가 약 70만 명 정도이고, 석유라는 엄청난 부가 있다는 점에서 이 사례는 우리나라에 바로 적용할 수 있는 모델은 아니다. 하지만 공유자원은 공동체 구성원 모두의 것이므로 구성원 모두에게 권리가 있다는 기본소득 철학과 부합한다.

자연환경을 오염시키는 화석연료와 휘발성 물질에 환경부담금을 부과해 그 수입금을 모든 국민에게 균등하게 배분하는 스위스의 생태배당도 참고할 만한 좋은 사례다. 스위스는 2008년부터 난방용 화석연료에 대해 이산화탄소(CO_2) 탄소부담금(탄소세)을 징수하고 있다. 2000년부터 부과했던 휘발성유기화합물질(VOC)에 대한 환경부담금에 탄소부담금을 추가한 것이다. 정부의 탄소감축 목표치를 달성하지 못한 경우에 이 세금을 부과했다. 2008년 도입 첫해에 이산화탄소 1톤당 12프랑으로 시작해서 매년 부담금이 올라가더니 2018년 1월에는 96프랑까지 상승했다. 스위스는 이 부과금으로 자금을 조성한 뒤 모든 국민에게 균등하게 다시 돌려줬다. 2018년 기준 스위스 국민 1인당 76.8프랑(약 8만 6400원)을 배당받았다.

무엇보다 스위스 생태배당은 기초건강보험제도와 연금보험제도의 지급 채널을 활용하기 때문에 별도의 배당 시스템이 필요 없고, 운영 비용도 들지 않는다. 스위스의 건강보험제도는 피부양자 개념인 우리와 달리 개인 가입으로 운영된다. 그래서 개인이 내야 할 건강보험료에서 생태배당금만큼의 금액을 차감하는 방식으로 생태배당을 지급한다. 우리와 다른 행정시스템의 차이도 있지만, 개별로 가입하는 건강보험제도의 차이도 크다.

　　스위스는 탄소 배출량 감축을 통한 생태적 전환 사회를 만들기 위해 기본소득 원리에 기반한 생태배당을 시작했다. 스위스의 생태배당은 인간이 숨 쉬는 공기 등 생태환경이 토지, 지식, 데이터, 금융 등과 마찬가지로 사회 구성원의 공유부라는 사실로부터 출발한다. 또 공유부로부터 발생한 수익은 모두의 몫이라는 기본소득의 원리에 따라 탄소부담금으로 조성한 자금을 모든 시민에게 아무 조건 없이 평등하게 배분했다. 이러한 과정에서 기본소득이 에너지 저소비 사회로의 이행과 자원 절감 기술의 발전을 촉진하는 중요한 수단이라는 점을 확인할 수 있었다.

　　만약 스위스가 탄소부담금만 과세하고 생태배당을 하지 않았다면 어땠을까? 탄소부담금의 목적은 온실가스 배출산업에 더 큰 비용을 지급하도록 강제함으로써 지금 당장은 금지할 수 없지만 생태환경에 부담을 주는 생산을 간접적으로 규제하는 것이다. 그런데 문제는 탄소부담금이 대단히 역진적이라는 사실이다. 고소득층이나 저소득층이나 개인적 에너지 소비량은 큰 차이가 없는데, 동시에 높은 탄소부담금을 과세하면 상대적으로 저소득층은 에너지 사용에 부담을 느껴 에너지 평등권을 침해받게 된다.

　　2018년 프랑스 정부가 '생태세' 인상 계획을 발표하자 시민들이 이에 반발하면서 '노란 조끼' 시위를 벌인 것이 대표적인 사례다. 이러한 사회적 저항을 해결할 수 있는 방법이 바로 기본소득이다. 탄소부담금을 거둬 자금을 조성한 뒤 사회 구성원 모두에게 조건 없이 분배하면 저소득층도 그 돈으로 큰 부담 없이 에너지를 사용할 수 있다는 점에서 에너지 평등권(기본권)을 누릴 수 있게 된다. 동시에 정부는 탄소 배출량 감축을 위해 지속적으로 탄소부담금을 인상해나갈 수 있다. 탄소부담금이 더 올라가도 생태배당금이 함께 올라가기 때문에 저소득층의 에너지 평등권은 늘 보장된다. 대신 화석에너지 소비는 갈수록 줄어들고, 자연재생 에너지 기술이나 온실가스 감축 기술의 발전을 이끌어냄으로써 생태주의적 사회로의 전환이 가능해진다.

스위스의 생태배당이 우리에게 주는 시사점은 무엇일까. 기본소득을 실현해가는 과정이 한국 사회가 더 민주적이고 더 진보적이고 더 친환경적인 사회로 가는 과정과 함께 맞물려야 한다는 것이다. 기본소득을 주장하는 사람들은 기본소득 자체를 위해서가 아니라 더 나은 세상을 위해서 기본소득이 필요하다고 믿고 있다.

여전히 지나치게 많은 재원이 필요하다는 이유로 기본소득이 실현 가능하지 않다는 우려가 제기된다. 하지만 증세를 하지 않아도 지금 당장 가능한 재원으로 지급 수준을 낮춰서 시작해볼 수 있다. 기존 재정의 지출구조를 조정해서 재원을 마련하는 것이다. 기본소득의 원칙 중 보편성이나 무조건성을 유연하게 적용할 수도 있다. 연령별로 차등 지급하거나 생애별로 나눠서 지급하는 방안도 실제로 논의되고 있다. 기본소득의 축소가 아니라 기본소득의 확장이다.

기본소득만이 절대 선이라고 말하고 싶은 게 아니다. 우리 사회안전망의 구멍을 메꾸고 불평등을 완화하기 위해 소득재분배가 가능한 다른 대안이 있다면 충분히 논의할 수 있다. 형식이 중요한 게 아니라 내용이 중요하다. 우리는 지금 한 번도 가보지 않은 길을 가고 있다. 중국의 문학가이자 사상가였던 루쉰은 단편소설 〈고향〉의 마지막에 "희망이란 원래, 있다고도 할 수 없고 없다고도 할 수 없다. (중략) 가는 사람이 많아지면 길이 되는 것이다"라고 썼다.

'13월의 월급' 대신 기본소득

새로운 세원 없이 소득공제, 세액공제 같은 세금감면 제도를 없애는 것만으로도 1인당 월 30만~65만 원의 기본소득이 가능하다는 연구 결과가 있다. 민간 독립연구소인 LAB2050은 2019년 10월 국민기본소득제를 발표했다. 핵심은 세목 신설 없이 현재 세금제도의 틀 안에서 재원 확보 방안을 찾았다는 점이다. 법인세 인상이나 국토보유세 신설, 기술보유세나 환경세 과세 등에서 재원을 찾는 기존의 기본소득 방안은 이해관계자의 반대 때문에 당장 실행이 어렵다고 판단한 것이다. 하지만 기본소득이 그 정신에 맞게 제대로 실현되려면 토지, 데이터 등 자연적·인공적 공유부를 분배할 방법까지 재원 마련 방안에 포함되어 있어야 한다는 지적이 나올 수 있다. 물론 가계와 기업의 소득에 이미 공유부로 인한 불로소득이 포함되어 있어서 소득세를 정상화하면 된다는 반론도 가능하다.

　LAB2050이 제시한 국민기본소득제의 중요한 특징 중 하나는 일부 고소득층이 세금을 더 내도록 세금제도의 누진성을 강화했다는 점이다. 이것은 비과세나 감면 제도의 대대적인 폐지를 전제로 한다. 이렇게 되면 '13월의 월급'이라 불리던 연말정산 공제가 거의 사라지게 된다. 환급액이 많은 고소득자에게는 손해지만, 환급액이 적거나 오히려 추징당하는 중·저소득자는 기본소득을 받기 때문에 더 이익이다.

　비과세나 감면 제도의 대대적인 폐지는 국민기본소득제의 재원 확보 방안 가운데 가장 큰 비중을 차지한다. 특히 연소득 4700만 원 이하(개인 기준)의 소득 계층은 모두 이익을 얻도록 설계했다. 가구원 수가 많을수록 기본소득 수입도 늘기 때문에 총가구소득이 2인 가구는 9400만 원, 3인 가구는 1억 4100만 원, 4인 가구는 1억 8800만 원을 넘지 않으면 기존보다 총소득이 늘어난다.

　기본소득 지급 금액을 월 30만~65만 원으로 설정한 것은 재정적인 실현 가능성을 최우선으로 고려했기 때문이다. 국민기본소득제는 기존 복지제도 가운데 기초생활보장제도의 생계급여를 대체하려고 한다. 생계급여는 국민이 생존할 수 있는 최소한의 수입을 국가가 정해둔 것이며, 금액은 중위소득의 30%로 책정한다. 2019년 지급 기준선은 1인 가구 기준 월 51만 2102원이었다. 국민기본소득제의 최대 지급액이 월 65만 원인 이유는 2028년 기준 중위소득 추정액(208만 3399원)을 기준으로 산정한 1인당 생계급여가 62만 5075원이기 때문이다.

당장 2021년부터 모든 국민에게 월 30만 원씩 기본소득을 지급하려면 모두 187조 원의 재원이 필요하다. 연구팀은 기존 소득세제의 비과세·감면 제도를 정비하면 명목 세율을 3%포인트 낮추고도 56조 2000억 원 정도의 재원을 마련할 수 있다고 추산했다. 이는 전체 필요 재원의 약 30%에 해당하는 규모다. 이외에도 기본소득으로 대체되는 복지정책과 세금제도의 정비를 통해 약 50조 2000억 원, 기금·특별회계 정비 등 정부 재정 구조조정으로 약 29조 원을 재원으로 확보할 수 있다고 밝혔다. 또 탈루소득(납세자가 신고하지 않은 소득)에 대해 과세를 하는 등 세금제도를 공정하게 운영해서 생기는 약 11조 6000억 원, 재정증가분(약 9조 원)을 포함해 새로운 재원 발굴 등으로 약 25조 원을 재원으로 확보하는 것이 가능하다고 했다.

지급액 다른 생애맞춤형 기본소득

LAB2050은 2020년 7~8월 온라인으로 '한국 사회 기본소득 도입 전략 세미나'를 개최했다. 이 세미나에서는 기본소득을 모든 국민에게 반드시 똑같은 금액으로 지급할 필요가 없다는 주장도 나왔다. 연령에 따른 필요와 사회적 위험성의 차이를 고려해서 지급액을 달리하는 '생애맞춤형 전 국민 기본소득'이 그것이다.

'생애맞춤형 전 국민 기본소득'은 기존 복지제도의 원

리와 기본소득의 몇 가지 특성이 조합되어 있는 형태라고 볼 수 있다. 필요·욕구(빈곤, 장애 등)와 사회적 위험(실직, 질병, 산재, 은퇴 등)에 따른 보장 급여를 기조로 하는 복지국가의 원리에 자산 규모나 노동 여부에 관계없이 모든 국민에게 지급하는 기본소득의 무조건성·보편성을 결합했기 때문이다.

예를 들어 GDP 10% 규모의 전 국민 기본소득을 시행할 경우, 아동부터 노인까지 모든 개인에게 월 30만 원을 일률적으로 지급하지 않고 연령대에 따라 차등 지급을 할 수 있다. 아동보다는 성인, 성인보다는 노인이 일반적으로 더 많은 필요와 위험성이 인정된다고 보기 때문이다. 유종성 가천대 교수가 제시한 '연령대별 차등 지급 방안'에 따르면, 6~18세의 아동과 30~59세의 성인에게는 월 20만 원, 0~5세 유아와 19~29세 청년과 60~64세는 월 30만 원, 65~74세는 월 40만 원, 75세 이상은 월 50만 원(2020년 기준)으로 차등을 둔다. 이때 소요되는 재정은 2023년 기준 167조 5000억 원으로 GDP 9% 이내이며 이는 전 국민에게 월 30만 원을 지급할 때 필요한 186조 7000억 원보다 적은 규모다. 물론 경제 성장과 물가 상승에 따라 지급액은 점차 인상될 수 있다.

유종성 교수는 GDP 10~15%의 기본소득 재원 마련을 위한 구체적 방안으로 기존 재정 지출구조 개혁, 보편적 증세 및 부자 증세, 소득세의 비과세·공제·감면 폐지와 국민소득세 도입을 제시했다. 모든 소득에 15%를 원천과세하고, 종합소득 신고를 할 때 기본소득과 사회보장급여를 받도록 하자는 것이다. 종합소득 신고를 해야 기본소득을 받을 수 있도록 한 것은 세금을 낸 사람만 기본소득을 받을 수 있도록 해서 기본소득 무임승차를 막겠다는 취지다.

원하는 시기에 받는 생애선택형 기본소득

'생애선택 기본소득'은 생애의 일정 기간만 지급하고, 수급 시기는 각자에게 맡기는 방안이다. 가령 근로연령기인 19~64세 기간에는 필요할 때 신청해서 매달 50만 원씩 받을 수 있지만 전체 수급 기간은 5년으로 제한하는 것이다. 19~64세의 기간에 모두 수급하지 않고, 남은 액수만큼을 65세 때 일시금으로 수급하거나 혹은 연금에 얹어서 수급할 수도 있다. 노후 대비에 충분치 않은 국민연금을 보완하는 수단인 셈이다. 김태일 고려대 행정학과 교수는 '한국 사회 기본소득 도입 전략 세미나'에서 "생애선택 기본소득은 기존 복지제도에서 제공하지 못하는, 그러나 사회적 지원이 필요한 다양한 경우에 대비할 수 있다"고 주장했다. 고용보험에서 배제된 실직자나 취업 준비생에게는 실업급여 역할을 할 수 있다. 폐업 등으로 소득을 상실한 영세 자영업자에게는 재기할 수 있게 도와주는 사회안전망 역할을 할 수도 있다. 가족 돌봄을 위한 휴직이나 단축 근무, 교육훈련이나 자기계발, 재충전 등을 위한 소득 지원 역할도 가능하다. 김태일 교수는 "어떤 이유로든 근로연령기에 일시적으로 경제적 도움이 필요한 경우가 발생했을 때 '생애선택 기본소득'은 유용한 대안이 될 수 있다"고 말했다.

생애선택 기본소득의 가장 큰 특징은 기존 복지제도를 그대로 유지하더라도 추가적으로 필요한 재원 규모가 연평균 20조 원 정도라는 점이다. 이는 대략 GDP의 1%, 현행 복지재정 규모의 10%에 불과하기 때문에 재정적인 부담이 적다. 물론 제도 시행 초기에 지급 요청이 몰릴 우려가 있다. 김 교수에 따르면, 시행 초기에 지급이 몰려 재원이 부족해지면 국채를 발행하면 된다. 초기에 국채를 발행해도 매년 평균 20조 원의 예산이 투입될 것이기 때문에 지속적인 채무가 남지는 않을 것으로 전망했다. 또 기본소득 금액을 경제성장률에 연동해 매년 높아지도록 설계하면, 사람들이 초기에 신청하지 않고 노후를 대비해 늦게 신청할 가능성이 커진다. 경제적 위험에 처하지 않았거나 필요하지 않은데도 미리 기본소득을 받았다가 정작 필요할 때 받지 못하는 경우를 줄일 수 있다.

이 방식은 전 국민에게 주는 것이 아니라 근로연령층만 대상으로 하거나 수급 기간을 제한한다는 점에서 완전 기본소득과는 차이가 있다. 김 교수는 "우리 사회에 기본소득을 도입하려면 '기간 제한'이나 세금을 부담하는 고소득층도 혜택을 보는 방식이어야 가능할 것이라고 생각한다"며 "일단 이런 방식으로 도입한 뒤 경과를 보면서 국민의 수용 정도에 따라 확대 여부를 결정할 수 있을 것"이라고 설명했다.

기본공제를 활용한 기본소득

연말정산을 위한 소득공제 항목을 보면 '기본공제'라는 세금 감면 혜택이 있다. 종합소득이 있는 근로자 본인과 부양가족 1명당 연 150만 원씩 종합소득 금액에서 공제받는 제도다. 즉 소득 전체에 세금이 부과되는 것이 아니라 기본공제 이후에 세금을 계산하는 것이다. 예를 들어 내 소득이 1000만 원이고 1명의 부양가족이 있으면, 300만 원을 소득에서 공제받는다. 실제 소득은 1000만 원이지만 세금이 부과되는 소득은 700만 원인 셈이다. 형식적으로는 모든 소득세 납세자가 일률적으로 150만 원의 기본공제를 받으니 공평해 보인다. 과연 그럴까?

우선 기본공제는 세금 납부자에게만 한정된다. 근로소득자 가운데 40%는 면세점 이하로 어차피 세금이 없으므로 상위 60%의 중산층 이상 근로자만 세금 감면 혜택을 받는 것이다. 문제는 고소득자일수록 세금 감면 혜택이 크고, 저소득자는 전혀 혜택을 받지 못하는 매우 역진적인 제도라는 점이다.

한계세율이란 초과수익에 대해 세금으로 지급해야 할 비율을 말한다. 기본공제액은 초과수익에 해당하기 때문에 한계세율을 적용할 수 있다. 같은 금액의 소득공제를 받으면, 누진적 소득세제에서는 고소득층일수록 한계세율이 높아져 세금 감면액이 증가한다. 예를 들어보자. 보통 연봉 3000만 원대 근로소득자에게 적용되는 한계세율은 6%다. 이 근로소득자가 150만 원의 기본공제를 받으면, 6% 세율을 적용해 9만 원(150만 원×6%)의 세금을 감면받는다. 반면 연봉 5억 원이 넘는 초고소득자는 소득세법에 따라 한계세율이 42%다. 따라서 150만 원의 기본공제를 받으면, 42% 세율을 적용해 63만 원의 세금을 감면받는다. 반대로 150만 원의 기본공제를 받지 않는다면, 연봉 3000만 원대 근로소득자는 9만 원의 세금을 더 내야 하고, 연봉 5억 원대 초고소득자는 63만 원의 세금을 더 내야 한다.

그런데 기본공제를 적용하니 상황이 역전된다. 초고소득자의 부양가족이 3명이라고 하면 무려 252만 원(63만 원×4)의 세금을 절약하게 되는 것이다. 즉 기본공제를 해도 소득 하위 40%는 단 한 푼도 세금 감면 혜택을 받지 못하지만 연봉 5억 원 이상 초고소득층은 1인당 63만 원의 세금 감면 혜택을 받는다.

이상민 나라살림연구소 수석연구위원은 '한국 사회 기본소득 도입 전략 세미나'에서 기본공제를 없애는 대신 모든 국민에게 연 30만 원의 기본소득을 지급하자고 제안했다. 그렇게 되면 연봉 5억 원을 초과하는 초고소득자는 우선 63만 원의 기본공제 혜택이 사라진다. 여기에 30만 원의 기본소득을 받으니 최종적으로 33만 원의 손해가 발생한다. 그런데 기본소득 연 30만 원도 소득세 과세 대상이어서 12만 6000원(30만 원×42%)의 소득세를 추가로 내야 한다. 결국 초고소득층은 45만 6000원의 소득이 감소하게 된다.

연봉 3000만 원대 근로소득자도 9만 원의 세금 감면 혜택이 사라진다. 기본소득 연 30만 원은 1만 8000원(30만 원×6%)의 소득세를 내야 하므로 총 10만 8000원의 소득이 감소한다. 하지만 30만 원의 기본소득을 이미 받았으니 19만 2000원이 이득인 셈이다. 특히 기존 기본공제에서 전혀 혜택을 받지 못했던 면세점 이하 40% 저소득층은 연 30만 원의 기본소득이 생긴다. 기본공제의 의미를 살리면서 역진성도 피할 수 있는 것이다. 이상민 연구위원은 "기본공제를 기본소득으로 전환하는 것은 비정상을 정상으로 돌리는 과정이라고 이해할 수 있다. 소득이 높다는 이유로 더 많은 세금을 감면해주는 현재의 제도는 좀 더 효율적인 제도로 개선될 필요가 있다"고 강조했다.

새로운 사회계약을 준비하자

LAB2050이 제안한 국민기본소득제는 가장 빠른 시기에 현실적으로 지급 가능한 모델이 필요하다는 점에서 최소 지급액을 월 30만 원으로 정했다. 이는 현재 우리나라에서 특정 연령대의 인구에 지급되는 기초연금, 아동수당과 비슷한 수준이다. 지금까지 알아본 다양한 기본소득 실현 방안들의 지급 규모도 여기서 크게 벗어나지 않는다. 생애맞춤형 기본소득은 연령별로 최소 월 20만 원에서 최대 월 50만 원을 받는다. 생애선택형 기본소득도 매달 50만 원씩 받지만 통산 수급 기간을 5년으로 제한했다. 기본공제를 활용하는 방안은 기본소득으로 받는 금액이 연간 30만 원에 불과하다.

사실 이 정도의 지급 규모로 '인간의 존엄성과 실질적 자유를 보장한다'는 기본소득의 기본 취지를 충분히 살리기는 어렵다. 학생도 아닌 성인이 월 20만 원으로 무엇을 할 수 있을까 하는 의구심이 들 수도 있다. 하지만 사회보장 사각지대에 있는 빈곤층은 사정이 다르다. 비록 적은 규모라고 해도 정기적으로 받는 소득이 있다는 것은 생계를 유지할 수 있다는 의미다. 기존 사회보장제도에서 모두 밀려났던 송파 세 모녀가 월 60만 원(3인×20만 원)의 기본소득을 받았다면 극단적인 선택까지는 하지 않았을 것이다. 일자리를 잃은 후에도 고용보험 실업급여나 실업부조를 받지 못해 절망의 나락으로 떨어지는 것을 막고, 재기의 발판을 마련할 수 있다.

코로나19로 심화된 경제위기를 극복하기 위해 정부가 지급한 1차 긴급재난지원금은 100만 원(4인 이상 가구)이었고, 경기도가 지급한 재난기본소득은 1인당 10만 원이었다. 일시적이지만 그로 인한 경제 활성화 효과는 충분히 입증되었다. 따라서 이 돈을 일회성이 아니라 정기적으로 지급한다면 새로운 소비 창출이 가능해지고 경제도 선순환하게 될 것이다. 한 사람에게 매달 정기적으로 주는 '20만 원'은 그냥 단순히 돈 '20만 원'이 아니다. 기본소득은 빈곤을 낮추고 소비를 늘린다는 점에서 '비용'이 아닌 '투자'다.

사회안전망의 구멍이 작아서 배제되는 사람이 극소수라면 그래도 다행이다. 굳이 기본소득을 도입하지 않더라도 기존 복지제도를 조금 보완하는 수준에서 해결할 수 있다. 하지만 코로나19를 겪으면서 우리 사회안전망의 뚫린 구멍이 너무나 크다는 것을 확인했다. 급여를 받으려면 일정 조건을 충족해야 하는 현 사회안전망으로는 모든 상황을 고려할 수 없다. 일하는 사람의 절반 정도만 책임지는 고용보험은 주로 정규직 임금근로자를 위해 존재했다. 이번 사태로 경제적 어려움을 더 겪을 수밖에 없었던 소상공인, 자영업자, 프리랜서, 일용직 불안정 노동자, 창업가, 시간제 근무자 등 정작 도움이 필요한 사람들은 대부분 배제되었다. 더구나 4차 산업혁명 시대에 산업 구조와 기술 환경이 변화하면서 기존 고용 구조에서 벗어나는 '자유노동'이 더 확대될 것이다. 기본소득은 이런 상황에서 모든 국민에게 소득 불안을 줄여주는 '소득안전망' 역할을 할 수가 있다.

전 국민은 긴급재난지원금이나 재난기본소득을 통해 비록 단발성이지만 기본소득의 가치를 경험했다. 그 덕분에 기본소득이 대안으로 급부상했다. 우리 사회가 새로운 제도를 받아들일 때, 한 번도 경험해보지 못한 것과 이미 경험해본 것은 공감이나 이해에 있어 차이가 크다. 게다가 코로나19 사태라는 힘든 시기를 함께 겪으면서 연대 의식이 높아진 사람들은 더욱 강력하게 이전과 다른 체계를 지지할 것이다.

보통 사람들에게 자유의 수단과 조건을 제공해서 우리가 누려야 할 자유를 실질적인 것으로 만들자는 것이 기본소득의 취지다. 기본소득은 불평등을 완화하고 사회혁신을 촉진할 수 있다. 첨단기술이 인간을 위해 복무하게 함으로써 인간적인 자본주의를 실현하고, 우리의 삶은 물론 우리 아이들의 미래까지 충실히 대비할 수 있게 할 것이다.

기본소득은 우리 곁에 다가온 미래다. 기본소득에 찬성할 수도 있고 반대할 수도 있겠지만 우리는 이미 기본소득을 무시할 수 없는 시대를 살아가고 있다. 정치, 경제, 사회 등 모든 영역에서 기본소득은 커다란 관심과 논쟁을 불러일으키고 있다. 이제 좌냐 우가 아니라 미래로 가기 위한 새로운 사회계약을 준비해야 할 때다.

코로나19로 전 세계가 미증유의 상황을 겪고 있다. 이후의 사회는 이전과 같을 수 없을 것이다. 직장 근무의 형태, 각종 모임과 여가활동 등 우리의 모든 일상이 달라질 것이다. 무엇보다 교육, 의료, 복지 등 사회를 떠받치는 다양한 공적 제도의 변화는 불가피하다. 이전과 같은 대응으로는 우리 앞에 놓인 위기를 넘어설 수 없다. 그동안 해왔던 것처럼 기존의 것을 보완하고 수정하는 차원으로는 해결할 수 없다는 것을 잊지 말아야 한다. 실현 가능한 대안을 찾아 나서되 그 본질은 완전히 새로운 것이어야 한다. 코로나19 위기를 겪으면서 변화의 필요성과 공감대가 형성되고 있다. 전화위복이다. 우리 모두의 실질적 자유를 위해서 목표를 분명히 세우고 해결 가능한 대안을 찾기 위해 머리를 맞대야 한다.

인터뷰

기본소득, 이재명이 답하다

새로운 삶의 방식을
보여주고 싶다

4차 산업혁명, 기술 진보로 인한 실업과 소득 불평등 문제를 해결할 방안으로 기본소득이 주목받고 있다. 해외에서는 기본소득에 대한 논의가 이미 오래전부터 진행되었지만 우리나라에서는 그 논의의 역사가 길지 않다. 2009년 국내 기본소득 논의를 촉진하기 위해 기본소득한국네트워크가 출범했지만 학술적인 연구가 주를 이뤘고, 여전히 대중에게 기본소득은 낯선 개념이었다.

기본소득을 일반 대중 속으로 확산시키는 데 결정적인 역할을 한 사람은 이재명 경기도지사다. 그래서 이 지사는 '기본소득 전도사'로 불린다. 2016년 1월 성남시장 재임 시절에는 전국에서 처음으로 기본소득 개념의 청년배당을 도입했고, 경기도지사에 취임한 뒤인 2019년에는 청년기본소득으로 이름을 바꿔 경기도 전역으로 확대했다. 특히 코로나19 사태로 소비가 급속도로 위축되자 모든 경기도민에게 재난기본소득을 지급함으로써 정부의 보편적 1차 긴급재난지원금 시행을 촉발했다. 이를 계기로 야당 등 정치권에서도 기본소득에 관심을 보이기 시작했고 우리 사회에서도 본격적으로 관련 논의가 시작되었다.

기본소득을 화두로 이재명 지사와 처음 마주 앉은 것은 2020년 5월 28일이었다. 지역화폐형 재난기본소득을 지급한 지 두 달이 지나면서 각종 통계에서 지역경제가 살아나고 있다는 것이 증명되고 있었다. 그는 복지와 경제 활성화라는 두 마리 토끼를 동시에 잡았다는 점을 강조하면서 잔뜩 상기된 표정이었다. 우리나라 모든 국민이 일시적으로나마 기본소득을 경험해본 것은 적지 않은 의미가 있다.

그로부터 5개월 뒤인 2020년 11월 2일 이 지사와 다시 만났다. 그사이 정부는 모든 국민에게 지급했던 1차 긴급재난지원금과 달리, 어려움을 겪는 자영업자를 중심으로 2차 긴급재난지원금을 선별 지급했다. 기본소득 개념의 보편적 지급을 주장하며 끝까지 반대했던 이재명 지사는 이에 실망하지 않고 다시 기본소득 도입을 위해 동분서주했다. 그는 4차 산업혁명 시대에 자본주의 체제의 유지를 위해서도, 인간의 행복한 삶을 위해서도 기본소득은 피할 수 없는 정책이 될 것이라고 여전히 확신하고 있었다.

이재명 지사가 생각하는 기본소득의 정신과 필요성, 기본소득을 둘러싼 각종 논쟁에 대한 견해, 기본소득 실현을 위한 재원 마련 방안은 무엇일까? 그는 대화를 할 때마다 기본소득에 대한 본인의 생각을 거리낌 없이 쏟아냈다. 이 책을 마무리하면서 이 지사와 나눈 대화 전문을 공개한다.

한국 사회에 기본소득이 필요한 이유는 무엇인가?

자본주의 시장경제 시스템의 발전 상태와 관계가 있다. 왜 구조적 경제 침체가 오는가? 기술도, 자본도, 노동의 숙련도와 질도 다 좋아지고 있지 않나? 그런데 왜 경제 침체가 우연히도 아니고 구조적으로 오는 것일까? 누가 뭘 잘못해서 그럴까? 대책이 뭘까? 고민하지 않을 수가 없다. 우리는 정치적 자유와 권리, 즉 정치적 기본권을 위해서 많은 투쟁을 했다. 더 이상 고문당하지 않고, 집회와 단체를 마음대로 조직하고, 자유롭게 말할 수 있는 정치적 자유를 획득했다. 그다음으로 우리가 주력했던 것은, 헌법적으로 보면 사회적 기본권이다. 투쟁을 통해 최소한의 인간적 삶을 위한 복지와 사회적 안전망을 확대해왔고, 어느 정도 이룩한 측면이 있다.

그런데 이것만으로 충분한가? 그다음으로 필요한 것은 경제적 기본권이다. 기술이나 생산력이 충분히 발달해서 모든 사람이 다 노동하지 않고도 인간에게 필요한 것을 충분히 생산할 수 있는 상태에 왔다. 그러면 오히려 더 많은 사람들이 더 잘 살아야 하지 않나? 그런데 더 많은 사람들이 더 못살고 있다. 그렇다면 구조적 원인이 무엇일까? 결국은 불평등의 문제라고 생각한다. 구조적인 불평등의 문제이고, 격차의 문제이고, 독점의 문제다. 경제 현실로 축약해서 보면, 쓸 돈이 없고 돈 쓸 사람이 없다. 돈을 많이 가진 사람은 쓸 데가 없고, 돈을 써야 할 사람은 돈이 없다.

불평등 문제를 해결하기 위해서 수요를 늘려야 한다는 의미인가?

경제는 공급과 수요가 선순환하면서 굴러간다. 빠르면 고도성장, 느리면 저성장, 멈추면 대공황이다. 우리는 대체로 공급역량 확대에 신경을 써왔다. 기술개발 지원, 투자 지원, 대출 지원, 시장개척 지원. 그런데 이 모든 게 한계에 도달했다. 가장 큰 문제는 총생산에서 노동이 기여하는 비중이 점점 줄어든다는 점이다. 특히 기술혁명을 통한 디지털 온라인 경제가 대세로 자리 잡으면서 노동이 필요 없어지고 있다. 초기에는 어느 정도의 노동만 있으면 되고, 나중에는 서버만 늘리면 된다. 한계생산비(생산량을 한 단위 증가시키는 데 필요한 생산비의 증가분)가 거의 없다. 전혀 새로운 수익 원천이 발생하는 것이다.

과거에는 기업들이 파는 상품의 생산비 중 상당 부분을 인건비가 차지했다. 그리고 영업이익의 비율이 10%를 넘지 못했다. 영업이익률이 8%라고 하면 엄청나게 성과를 내는 기업이었다. 그런데 지금 글로벌 디지털 기업들의 영업이익률은 보통 40~60% 이상이다. 시장이 늘어나도 비용이 들지 않는다. 넷플릭스의 이용자가 많아진다고 해서 비용이 더 들겠는가? 서버를 늘리는 비용밖에 들지 않는다. 그러니 매출이 곧 수익이다. 엄청난 초과이윤이 발생하고 있지만 (노동력이 필요 없으니) 노동자에게 임금을 줄 필요가 없게 되고, 결국 노동자의 소득이 줄어들거나 사라지니 시장에서 소비가 발생하지 않는다.

결국 노동이 기여하는 몫이 적어지면서 노동의 1차 분배 몫이 줄어들고, 다시 소비 축소로 이어진다. 그렇게 공급과 투자의 필요 없는 악순환이 계속된다. 단순한 이 원리를 경제학적으로 세밀하게 보거나 거시적으로 심각하게 분석하는 기획재정부 관료들은 희한한 숫자를 동원해 이상한 결론을 내린다. 공급과 수요를 조정하는 게 정부 재정이다. 수요가 부족하면 수요를 확충하는 방식으로 재정 지출을 해야 한다. 너무 당연한 것 아닌가? 고등학교 교과서에도 나오는 내용이다.

수요를 늘리기 위해 기본소득이 필요하다는 말인가?

수요는 세 가지로 이루어진다. 수출, 투자, 소비. 우선 지금 투자가 안 된다. 투자할 곳은 많은데 투자할 돈이 없었던 예전에는 개인에게 복지로 쓰면 낭비이고, 기업에 주면 투자라는 말이 맞았다. 그런데 지금은 돈이 남아도 투자할 곳이 없어서 난리다. 기준 금리 0.5%로 시중에 통화를 공급해도 아무도 은행에서 돈을 빌리지 않는다. 그러니 시중에 돈이 없다. 기껏 돈을 빌려도 자산(부동산, 주식 등)을 취득하는 데 쓸 뿐이다. 그래서 자산 가격이 폭등하는 것 아닌가. 투자로 수요를 늘릴 방법은 없고, 수출은 우리 마음대로 안 된다. 지금 전 세계적으로 시장이 고착화되면서 확대하지 못하고 있는데, 앞으로는 더 줄어들 전망이다. 이런 상황에서 결국 수요를 늘릴 수 있는 방법이 무엇일까? 소비밖에 없다. 소비를 못 하니까 경기침체가 오는 것이다. 그래서 이 문제를 구조적으로 해결하는 방안이 바로 기본소득인 것이다.

"특정 기업들이 과도하게 얻고 있는 초과이익에서 일부를 떼어 모두에게 기본소득으로 주자." 이것은 이재명이 한 말이 아니라 마이크로소프트 설립자인 빌 게이츠, 페이스북의 마크 저커버그, 테슬라의 일론 머스크, 이런 사람들이 한 말이다. 자신들은 얼마든지 생산할 수 있는데 소비가 줄어들고 있으니 아무리 생산을 해도 수요 없는 사회가 오는 것 아닌가. 일자리가 없는 사회에서는 기본소득을 통해서라도 소비가 유지되어야 자신들의 생산활동과 경제활동이 가능하다고 본 것이다.

코로나19 경제위기 극복을 위해 경기도 재난기본소득을 지급한 뒤 지역경제가 일시적으로 회복되었다. 하지만 말 그대로 일시적인 효과가 아닌가?

당연하다. 재난기본소득은 기본소득이 아니라 재난 시에 일회적으로 지급하는 소득이다. 감기약과 같다. 일시적이지만 효과가 있다는 게 통계적으로나 현장에서나 분명하게 증명되었다. 한두 달 효과가 있었는데, 필요하면 또 하면 된다.

과거 일본에서는 현금을 뿌렸지만 아무 효과가 없었다. 현금으로 주면 사람들이 최대한 아껴서 저축하기 때문이다. 그런데 재난기본소득은 3개월 안에 쓰지 않으면 소멸하는 지역화폐로 지급했다. 동네에서 안 쓸 수가 없다. 이 효과는 경제학 교과서가 일반적으로 예측하는 재정지출 효과의 몇 배가 될 것이다. 이번 소멸성 지역화폐 지급은 세계 경제사에 남을 일이라고 장담한다. 저는 5년 전 성남시에서 지역화폐를 처음 지급하기 시작했다. 사람들은 이렇게 적은 비용으로 경기 활성화 효과를 낼 것이라고는 상상하지 못했을 것이다.

정부의 긴급재난지원금을 모든 국민에게 보편적으로 지급하기 위해 국가부채(국채)를 늘려야 한다고 주장했다. 이를 둘러싸고 찬반 논쟁이 벌어지기도 했다.

사람들은 국가부채 비율과 대외부채 비율을 동일시한다. 외환위기를 겪었기 때문에 국채 비율을 늘리면 당장 부도가 나는 줄 안다. 그런데 외환위기 때 국채 비율은 20%밖에 되지 않았다. 국채는 국내에서 국민과 국가 간에 누가 빚을 낼 것인가, 즉 왼쪽 주머니와 오른쪽 주머니가 있는데 왼쪽 주머니를 불룩하게 할 것인가 아니면 오른쪽 주머니를 불룩하게 할 것인가의 문제다. 대외관계에는 아무런 영향이 없다.

예를 들어 국가가 100조 원의 빚을 지면 국채 비율이 5% 늘고, 국민에게 그 100조 원을 이전소득으로 지원하면 가계부채가 100조 원 줄어든다. 그런데 늘어난 국채는 숫자에 불과하다. 국채는 대체상환이 허용된다. 100조 원을 발행하고 10년이 지났다고 해서 갚아야 하는 것이 아니라 10년을 다시 연장하면 된다. 반면 개인 부채는 어떠한가? 기한 내에 갚지 않으면 당장 부도가 나고 파산하게 된다. 동시에 그 사람은 개인파산, 신용불량 등의 이유로 경제 흐름에서 배제된다. 국가가 빚을 질 것인가, 아니면 개인이 빚을 질 것인가는 상보적 관계에 있다. 우리나라 이전소득은 OECD 회원국 가운데 가장 낮다. OECD 평균의 3분의 2밖에 안 된다. 정부가 개인에게 돈을 안 준다. 그래서 개인이 빚을 지는 것이다.

일본은 어떻게 버티고 있을까. 일본은 가계 부채가 적고 자산이 많다. 국가가 부채를 지는 대신 가계에 소비하라면서 돈을 준 것이다. 문제는 소비하라고 줬는데 이 돈을 쓰지 않았다. 현금으로 주니까 다시 은행에 쌓아놓았다. 그래도 일본은 가계가 매우 부유하기 때문에 견디고 있다. 일본은 국채가 230%를 넘어가지만 아무도 걱정하지 않는다. 국가에 100조 엔의 빚이 있다면 그 100조 엔의 국채 채권을 국민과 기업이 갖고 있기 때문이다. 이쪽 주머니에서 저쪽 주머니로 넣었다 뺐다 하는 것이다. 우리는 국채 비율이 낮다고 자랑하지만, 국민은 낮은 이전소득 때문에 세계 최고의 엄청난 가계 부채로 신음하고 있다. 이런 상황인데 소비가 되겠는가?

가난한 사람, 도움이 필요한 사람을 먼저 더 많이 도와줘야 한다는 복지론자들은 선별 지급을 주장한다. 보편적 기본소득으로 인해 기존 복지정책이 훼손되거나 축소될 것을 우려하고 있다.

기본소득을 도입해도 기존 복지에는 손대지 않는다. 기존 복지 가운데 필요한 것은 계속해나가면서 새로운 추가 재원으로 기본소득을 도입하는 것이다. 또 기본소득을 도입할 때 한꺼번에 하는 것이 아니라 조금씩 그 맛을 경험하면서 차례대로 천천히 하면 기존 복지정책에 미칠 피해는 없다.

기본소득을 지급하면 가계 이전소득이 늘어난다. 그러면 국채가 늘어날 수 있는데, 이때 부채만 늘어나게 하는 방법도 있고, 기존의 예산을 조정하는 방법도 있고, 세금을 더 늘려서 부채를 늘리지 않는 방법도 있다. 이 세 가지 방법을 차례대로 조금씩 선택해서 확대해나가면 재정 문제는 사실 해결된다. 그래서 기본소득을 복지정책이라고 보면 안 된다. 기본소득은 복지정책과 경제정책을 겸하고 있는 복지적 경제정책이다. 기본소득의 복지적 성격과 경제적 성격, 이 두 가지를 저울에 올려놓고 어느 것이 더 무겁냐고 묻는다면, 저는 경제 쪽이 더 무겁다고 말하겠다.

기존의 복지를 줄이자는 게 아니다. 기존의 복지를 늘려가면서 기본소득을 도입하자는 것이다. 우리의 복지 지출은 지금도 OECD 회원국 평균의 절반에 불과하기 때문에 고부담 고복지로 가야 한다. 그런데 고부담 고복지로 가기 위해서 "우리가 마음대로 쓸 테니 그냥 세금을 내라"고 하면 국민이 내겠는가? 증세 저항에 부딪힌다. 따라서 국민에게 기본소득의 경제적 효과를 보여줘야 한다. 코로나19 경제위기 극복을 위한 경기도 재난기본소득을 지역화폐로 지급했더니 그 13조 원으로 온 동네가 두 달 동안 호황이었다. 경제 활성화 효과를 직접 실감한 것이다. 개인소득을 지원하는 효과뿐만 아니라 전액을 일정 기간 내 소비하도록 강제함으로써 경제가 순환되는 효과도 얻었다. 경제는 순환이다. 총량이 많은 것은 중요하지 않다. 총량은 많은데 순환이 멈추면 대공황이다. 액수가 좀 적어도 순환이 잘되면 고성장 사회다. 따라서 일정 기간 내 해당 지역에서만 사용하는 지역화폐는 시장을 강제로 순환시킨다는 측면에서 아주 유용하다고 할 수 있다.

사실 기본소득은 모든 사회 구성원의 '적절한 삶'을 보장하기 위한 보편적 복지 또는 그 이상이라고 할 수 있다. 구성원의 안녕과 행복을 추구하기 위한 도구인 셈이다. 그런데 이재명 지사는 기본소득을 복지가 아닌 경제정책으로 접근한다. 그렇다면 복지 체계의 효율화를 추구하는 우파의 접근 인식과 같은 것 아닌가?

그래서 저를 실용주의자라고 하는 것이다. 저는 현실에 참여하는 행동가, 실천가다. 사상가가 아니라 일을 해야 하는 고용된 대리인이다. 그러면 일을 잘해야 하지 않나. 그 측면에서 보면 무조건 세상 사람에게 이득이 되는 방향으로 가야 한다.
기본소득은 인간에 대한 애정에서 출발한다. 처음에는

어떻게 해야 도민들에게 좀 더 도움이 될까 고민하며 복지 차원에서 접근했다. 기본소득을 지급하려면 증세는 불가피하다. 그런데 복지적 개념만 강조하면 세금을 많이 내는 고소득자들을 설득하기 어렵기 때문에 기본소득의 실현 가능성이 점점 낮아진다. 과감하게 발상을 전환해서 세금을 많이 내는 사람들도 기본소득을 받아들일 수밖에 없도록 경제적 효과 등을 강조한 논리를 만들고 설계해야 한다. 그래서 기본소득은 경제정책이다. 청년기본소득을 지역화폐로 지급했더니 자영업자에게 훨씬 이득이 되고 효과가 있지 않았나. 내용이 바뀐 게 아니라 포장이 조금 바뀐 것이다.

가난한 사람에게 더 줘야지, 왜 부자에게도 주느냐는 반론이 있다.

가난한 사람만 준다면, 부자가 무슨 이유로 세금을 내겠는가. 조세 저항이 생긴다. 기본소득은 불쌍한 사람을 돕는 정책이 아니다. 그건 복지정책으로 하면 된다. 기본소득은 새로운 재원을 만들어서 경제정책으로 가져가야 한다. 수요와 공급의 균형이 무너진 지금과 같은 상황에서는 질적으로 전혀 새로운 경제정책이 필요하다. 그 방법은 세금을 많이 내는 부자들도 만족하는 기본소득밖에 없다.

기본소득을 주면 사람들이 일하지 않을 것이라는 우려가 있다.

모든 사람에게 기본소득으로 매달 수백만 원씩 줄 수는 없다. 기껏해야 한 달에 지급할 수 있는 최대치가 50만 원이다. 이 돈을 받고 일을 안 할까? 노동에 대한 우리의 생각도 바뀌어야 한다. 생산이 부족하던 시대에는 생산을 위해 노동이 꼭 필요했고 높은 수익이 보장되었다. 그런데 이제는 생산 과잉 시대다. 인간이 하는 노동보다 기술, 로봇, 인공지능이 하는 일이 더 많아졌다. 그러면 일자리가 줄어든다. 사람들에게 더 이상 과거의 전통적인 노동을 요구하면 안 된다. 이제 노동은 먹고살기 위한 생산의 수단이 아니라 행복한 삶을 위한 자기실현의 수단이어야 한다.

그런데 모든 사람들에게 한 달에 50만 원을 지급하면 엄청난 일이 벌어진다. 과거에는 오로지 생존을 위해서 무조건 200만 원 이상 받는 일을 해야 했다. 그런데 50만 원을 고정적으로 받으면 150만 원만 받아도 되는 일자리가 생긴다. 보수는 낮아도 삶의 만족도가 높은 일자리들이 있다. 인간은 그런 일을 원한다. 평생 그림을 그리면서 살고 싶다, 평생 시골에서 좋은 공기를 마시면서 살고 싶다, 평생 사회봉사 하면서 살고 싶다······. 지금은 목구멍이 포도청이라 그럴 수가 없다. 하지만 기본소득이 있으면 보수를 적게 받더라도 하고 싶은 일을 할 수 있게 된다. 그래서 기본소득은 노동 의욕을 떨어뜨리는 게 아니라 기계가 대체할 수 없는 새로운 유형의 일자리를 만들어냄으로써 결국 실업문제 해결에 도움이 되는 것이다.

예를 들어 1인당 월 50만 원의 기본소득을 지급하면, 아이 둘을 키우는 사람은 월 200만 원(4인 가구 기준)을 받는다. 월 300만 원을 벌기 위해 치열한 고용노동 시장에서 일자리를 찾아 헤매지 않아도 되는 것이다. 월 100만 원만 벌어도 온 가족이 시골에서 행복하게 마음껏 즐기며 살 수 있다. 100만 원 정도 벌 수 있는 일자리는 많다. 한 달에 한 사람이 300만 원을 받고 하던 업무를 세 사람이 나눠서 하면 그 수입도 쪼개서 100만 원씩 받을 수가 있다. 4시간씩만 일하면 8시간 일하는 한 사람의 일자리를 두 사람의 일자리로 만들 수 있다. 두 사람에게 보수를 절반씩 나눠서 지급하기 때문에 기업도 손해가 아니다. 그러면 일자리는 2배로 늘어난다. 정말 혁명적인 조치다. 일단 이렇게 발상만 바꾸어도 충분히 문제를 해결할 수 있고, 전혀 다른 길로도 갈 수 있다.

기본소득을 반대하거나 선별 지급을 주장하는 세력을 향해 '부자들을 옹호하기 위한 논리'라고 비판했는데, 어떤 의미인가?

정치는 프레임이다. 정치는 합의 과정 같지만 사실은 투쟁 과정이다. 전쟁이 좀 우아하게 변한 게 정치다. 정치는 '가용자원의 배분 권한을 누가 가질 것인가'라고도 할 수 있다. 이 사회가 가지고 있는 기회, 이 사회가 가지고 있는 역량, 이 사회가 만들어내는 부, 이런 것들을 누구에게 얼마나 배분할 것인가를 결정하는 것이 정치이고, 그 권한을 가진 사람이 정치인이다.

'가난한 사람들을 선별해서 주는 게 효과적'이라는 주장은 현재 상황에서는 맞는 말이다. 재원이 정해져 있기 때문이다. 그런데 새로운 재원은 부자들이 내는 세금이다. 새로운 재원으로 가난한 사람만 골라서 기본소득을 주면 부자들은 세금을 절대 내지 않는다. 돈 버는 사람이 세금을 안 내겠다고 하면 주위의 비난을 받는다. 그래서 우아하게 반대하는 방법이 바로 새로운 정책을 못 하게 하는 것이다. 모두가 반대하게 만들면 된다. 기본소득을 반대하는 방법이 바로 이 '골라서 주자'는 것이다.

조선일보 등은 가난한 사람을 골라서 주자고 주장한다. 조선일보가 정말 가난한 사람들을 사랑해서 그런 것일까? 아니라고 본다. 골라서 주면, 세금을 내는 사람은 혜택을 못 받는다. 심지어 세금을 내는 사람과 안 내는 사람 사이에 싸움이 난다. 조세 저항의 힘으로 세금을 내는 쪽이 이긴다. 하지만 모든 국민이 동의하면, 세금을 내는 소수가 거절할 수 없게 된다. 그래서 반대하는 쪽에서는 소수만 혜택을 보는 선별 지급을 계속 주장하는 것이다. 모두가 동의하는 정책을 만들어야 실현 가능성이 있다. 기본소득이야말로 모두가 동의하는 정책이 될 수 있다.

기본소득의 구체적인 실행 방안은 무엇인가?

한꺼번에 할 필요가 없다. 2020년에 재난기본소득, 긴급재난지원금 등으로 시작을 했다. 경기도에서 재난기본소득으로 20만 원가량, 정부에서 18만 원가량을 지급했다. 이렇게 한 번 했는데도 효과가 크다. 이것을 두 번, 세 번 하면서 조금씩 늘려나가면 된다. 20년을 장기 목표로 잡고 최종적으로 1인당 매달 50만 원씩 지급하자. 더 많이 버는 사람들이 그만큼 더 내면 된다. 국민 전체를 기준으로 그렇게 하자는 것이다. 부의 재분배가 가능하고, 자본주의 시스템의 지속발전이 가능하고, 새로운 일자리가 만들어지니 사람들이 고통스럽지 않고, 노동은 생존수단이 아닌 자기실현의 수단이 된다. 이처럼 기본소득이 실행되면 인류의 질 높은 새로운 삶이 가능해진다. 기술혁명과 디지털 경제로 인간이 원하는 것은 기계와 인공지능이 얼마든지 대체할 수 있는 사회가 되기 때문이다.

기본소득에 필요한 재정 마련의 단계별 구상은 구체적으로 어떤 것인가?

당장 증세를 하자고 하면 부담이 클 수밖에 없으니 우선 감면세 혜택을 줄이자고 제안하는 것이다. 우리나라 감면세는 보통 연간 50조~60조 원 정도다. 이것을 반만 줄이자. 세금 감면을 받는 사람은 세금을 내는 사람이다.

세금을 많이 내는 사람이 많이 감면받는다. 그래서 감면세를 줄이는 것은 재분배 효과를 동반한다. 감면은 원래 내기로 한 세금을 이런저런 명목으로 깎아주는 것이기 때문에 그것을 줄이는 데는 큰 저항이 없다.

감면세를 줄이는 등의 방식으로 연간 25조 원 정도를 마련하면 1년에 1인당 25만 원씩 네 번에 걸쳐 모든 국민에게 기본소득을 지급할 수 있다. 그다음은 증세를 해야 하는데, 증세는 국민에게 득이 되어야만 동의를 얻을 수 있다. 그러지 않으면 진짜 어렵다. 물론 이 문제에 대해서는 국민을 설득할 자신이 있고 실제 경기도에서 시행도 해봤다. 2020년 9월 도민참여단 216명을 대상으로 기본소득 정책에 대한 '공론화 조사'(정책 사안에 관해 충분한 토론과 숙의 과정을 거친 뒤 설문에 응답하도록 하는 조사)를 진행했는데, 기본소득을 도입하면 득이 된다는 점을 잘 설명한 뒤 기본소득 도입을 위한 증세에 동의하느냐고 물었더니 67%가 찬성했다.

세금을 내는 사람들에게 "선별 지원하자. 불쌍한 사람 도와주게 세금을 좀 더 내자"고 하면 별로 내고 싶지 않을 것이다. 사람이 나빠서 그런 생각이 드는 게 아니라 당연한 것이다. 그런데 세금을 내는 사람도 똑같이 혜택을 본다고 하면 어떨까. 증세에 대한 저항 강도가 떨어진다. 더구나 우리나라의 소득구조는 90 대 10 또는 99 대 1의 사회다. 따라서 세금으로 내는 돈보다 기본소득으로 돌려받는 돈이 더 많은 경우가 최소 90% 이상이다. 기본소득토지세(기본소득 목적의 국토보유세)로 시뮬레이션을 했을 때도 똑같은 결과가 나온다. 토지 소유 분포도가 소득 분포도와 비슷하기 때문이다. 이처럼 압도적 다수가 혜택을 받기 때문에 반대하는 사람보다 찬성하는 사람이 많아질 것이다.

처음에 이 문제를 구상으로만 들으면 체감이 어렵기 때문에 찬성 강도는 떨어지고 반대 강도는 엄청나게 높다. 뺏기는 쪽은 '현실'이고 받는 쪽은 '이상'인 것이다. 그런데 4인 가구가 증세 없이 감면세 축소를 통해서만 전반기 200만 원, 후반기 200만 원을 기본소득으로 받는다고 해보자. 4개월 동안 지역의 골목경제가 들썩들썩할 것이다. 이 방식을 몇 년 동안 해본 다음에 "세금을 올려서 똑같이 100% 다 돌려주겠다"고 하면 압도적 다수가 찬성할 것이다. 그래서 체감이 필요하다. 사람들의 인식은 고정관념으로 작동하기 때문에 설득으로는 쉽게 깨지지 않는다. 경험을 해봐야 한다. 백문이 불여일견이다.

고액 납세자들의 증세에 대한 반발에는 어떻게 대응할 것인가?

고액 납세자들은 자산이 많거나 수익이 많은 사람들이고 시장의 성장에 따라 혜택을 보는 사람들이다. 사실 저소득자들은 경기가 활성화되어도 별로 득이 없다. 경제 활성화가 되었을 때 집중적으로 혜택을 받는 사람들은 고

소득자들이다. 고소득자들은 이렇게 설득할 수 있다. "그냥 기본소득으로 나눠주고 끝나는 것이 아니라 100% 다 소비하게 하기 때문에 생산으로 연결되는 것이다. 그러면 경제가 활성화되고 당신들의 사업과 수익 활동에 도움이 된다. 시장경제가 다 망가져서 수익 활동을 하지 못하고 살 것인가 아니면 경제가 1~2%라도 성장해서 잘 흘러갈 수 있게 할 것인가." 이러면 그들이 증세를 거부할 이유가 없다.

우리 사회와 경제가 지금처럼 가면 모두 죽는다. 빌 게이츠, 마크 저커버그, 일론 머스크가 기본소득의 필요성을 주장하고 있다. 그들이 착해서 그런 게 아니다. 이른바 최첨단 디지털 글로벌 플랫폼 기업들이 운영을 해보니 돈 버는 건 일도 아닌데, 판이 깨지게 생긴 거다. 돈은 쫙쫙 긁어모으는데 이렇게 하다가는 시장이 고갈되게 생긴 거다. 저수지 물을 양수기로 막 폈는데 저수지가 통째로 말라 죽게 생긴 거다. 그러니 '안 되겠다. 일정한 양의 물을 줘가면서 푸자. 그래야 저수지가 안 마르고 풀밭이 생겨서 살아난다'는 결론을 낸 것이다.

특정 기업, 특정 계층만 부담하면 손실이지만 모두가 똑같이 부담하면 공정한 경쟁의 장이 열린다. 그러면 실력 있고 열정 있는 기업들이 더 많은 기회를 얻는다. 빌 게이츠는 기부도 많이 한다. 몇조 원씩 내지 않나. 그런데 굳이 기본소득을 도입해서 같이 세금을 내자고 하는 것이다. 사실은 '같이 부담해서 시장을 키우자. 그러지 않으면 시장이 없어진다'고 생각한 것이다. 그래서 지역화폐가 정말 중요하다. 기본소득으로 지급된 돈이 시장에서 반드시 쓰일 수 있는 장치가 필요하다. 그러지 않으면 일본처럼 된다. 인간의 생산력이 이만큼 발전했으면 그 성과도 모든 국민이 조금이나마 누려야 하지 않겠는가.

증세에 대한 국민의 저항감을 해소하는 일이 중요할 것 같다.

우리의 복지 지출은 유럽의 절반밖에 안 된다. OECD 평균의 절반이다. 창피한 일이다. 평균치라도 가려면 지금 복지 지출의 2배가 되어야 한다. 세금 납부도 OECD 회원국 가운데 제일 낮다. 세금을 내도 전혀 엉뚱한 데 쓰이니까 내기 싫은 거다. 4대강 사업에 천문학적인 예산을 낭비하고, 잠수 안 되는 잠수함 만들고……. 국가에서 비용을 제대로 아껴 쓰고 국민에게 돌려준다는 확신이 들면 국민이 왜 세금 내는 것을 거부하겠나. 실현할 수 있게 설계하면 국민도 동의한다.

기본소득토지세(국토보유세)의 경우 토지를 많이 소유한 사람만 대상으로 한다면 모르겠지만, 사실 조금밖에 안 가진 사람들의 반발이 더 크다. 퇴직하고 집 한 채, 땅 조금 있는 사람에게 세금을 내라고 하면 동의할 수 있을까?

체험과 이론의 차이다. 국가에 대한 불신 때문이다. 40%의 사람은 땅이 아예 없으니 이익이고, 60% 중 90%는 (세금으로) 내는 돈보다 (기본소득으로) 받는 돈이 더 많다고 수없이 설명해도, 사람들은 앞에서 듣고 돌아서는 순간 '또 세금을 내라고?' 이렇게 된다. 이 체화된 불신, 잘못된 불신, 국가와 세금에 대한 불신을 깨는 방법은 겪어 보는 수밖에 없다. 설명만으로는 안 된다.

먼저 맛을 보기 위해 조금씩 부담 없는 수준으로 시작해 보자는 것이다. 경기도에 법적 근거가 생기면, 예를 들어 국토보유세로 마련한 재원으로 1인당 연간 1만 원, 한 집에 3명이면 3만 원, 4명이면 4만 원을 주는 방식이다. 1년에 한 번씩 3~4만 원이 해마다 우리 집에 들어온다면 적은 금액이지만 내가 낸 세금을 돌려받는다는 생각에 기분이 좋아질 것이고, 또 지역화폐로 지급하면 자영업자들도 좋아할 것이다.

그런데 1만 원 정도면 세금 부담이 별로 없다. '아이들은 세금 안 내고, 나는 세금으로 8000원을 냈는데, 네 식구라서 4만 원이 들어왔네?' 대부분 이렇게 될 거라는 말이다. '아니, 이 좋은 걸 왜 안 했지? 이런 거라면 증세를 해야겠네'라고 지지할 가능성이 크다. 그래서 국토보유세를 위한 세금은 오로지 기본소득에만 쓰는 목적세로 만들자는 것이다. 손해를 보는 사람은 집을 많이 갖고 있는 5%의 소수다. 압도적 다수가 찬성하는, 정의에 부합하는 정책을 일단 맛보게 되면 동의를 안 할 수가 없다.

국민의 2%만 내는 종합부동산세(종부세)에 대해서도 저항이 크다. 현재 주택을 소유하지 않은 사람도 언젠가는 소유할 것이고 그러면 자신도 세금을 낼 것이라는 막연한 심리 때문이다.

그것이 바로 '희망 과세'다. 언젠가는 내 집을 갖고, 그 집값이 폭등해서 부자가 된다면……. 이런 꿈은 작은 집을 가진 사람들, 집을 사려고 마음먹은 사람들까지 모두 마찬가지다. 이런 상황에서 모두가 가진 그 꿈이 짓밟히는데 왜 가만히 있겠나? 이 상태를 해제하지 않으면, 종부세 내는 사람이 되고 싶은 모든 이들이 반발할 수밖에 없다.

종부세에 대한 저항을 해소하는 방법은 종부세에 손대지 않는 것이다. 주택을 주거 수단으로 쓰는 사람은 일단 놔두고, 투자 수단으로 쓰는 사람에게만 증세해야 한다. 그러면 집을 팔 테고, 그러면 집값이 내려간다. 임대주택을 많이 지으면 또 집값이 내려간다. 그때 가서 과세를 해야 한다.

기본소득의 신규 재원으로 제시한 국토보유세(기본소득토지세) 외에 어떤 방법이 더 있을까?

기후 위기 대응의 핵심은 화석연료를 사용하지 못하게 하고 재생에너지로 전환하는 것이다. 그런데 강제로 한다고 되겠는가. 제일 좋은 방법은 화석에너지 가격을 비싸게 만드는 것이다. 가격이 비싸면 다른 대체재를 쓴다. 바로 탄소세다. 화석연료에 탄소세를 다 붙여서 걷은 다음에 모두에게 똑같이 기본소득으로 줘야 한다. 스위스에서 하고 있는 탄소배당이 그런 것이다. 이른바 기본소득 탄소세를 도입하면 다양한 효과가 동시에 발생한다.
일단 탄소가 발생하는 화석연료 사용이 줄어들 수밖에 없다. 그리고 많은 국가들이 탄소를 많이 쓰는 제품에 대해 수입을 못 하게 하거나 관세를 엄청나게 부과할 것이다. 화석연료 사용이 줄어들면 이러한 탄소관세 등을 넘을 수 있다. 세 번째로 소득격차를 완화할 수 있다. 기본소득 탄소세는 소득재분배의 효과가 있기 때문이다. 많이 쓰는 쪽은 많이 부담하고 적게 쓰는 쪽은 이익을 본다. 이것 역시 압도적 다수가 이익을 본다. 지역화폐로 지급할 것이기 때문에 지역경제와 경제 선순환에도 도움이 된다. 우리 정부는 2050년까지 탄소 중립(온실가스 배출량과 제거량이 상쇄되어 순배출량이 0이 되는 상태)을 이루겠다고 선언했다. 탄소 중립으로 가기 위해서는 기본소득 탄소세가 최고의 정책이다. 지금이 절호의 기회다.

이재명 지사가 제시한 장기적인 계획에 따르면 기본소득으로 매달 50만 원을 받게 된다. 매달 50만 원으로 우리 삶이 어떻게 바뀌게 될까?

일단 매달 지급되는 기본소득 50만 원이 노동을 아예 회피할 만큼의 수준은 될 수 없다. 또 그렇게 되는 것도 바람직하지 않다. 최소한의 경제적 삶이 가능하도록 지원하자는 취지다. 그 정도의 지원은 기술혁명의 길로 가고 있는 우리 모두의 것이기도 하다. 기업이 혼자서 그 기술을 만든 게 아니며 우리 인류가 축적해온 문화 자산의 일부를 활용한 것이다. 그리고 그 정도를 떼서 모든 국민에게 골고루 나눠줘도 기업에는 별로 손해가 없다.

그러면 매달 50만 원을 기본소득으로 줄 경우 지금과 어떤 차이가 있을까. 우선 우리 사회는 복지를 확대해나가야 하는데 기존의 선별적 복지로 확대하는 것은 좋은 방법이 아니라는 게 이미 증명되었다. 선별 복지는 경제정책으로도 효과가 크지 않다. 그래서 경제정책 효과가 큰 기본소득 방식이 바람직하다. 어차피 늘려야 할 복지 지출의 일부는 고용안전망 확충 등 전통적인 복지를 보완하는 데 사용하고, 일부만 기본소득 형태로 지급해서 두 정책을 경쟁시켜보는 것이다. 그러면서 비중을 조정해나가면 된다. 그래야 자원을 효율적으로 쓸 수 있다. 두 번째는 지금보다 국민의 가처분소득이 늘어난다. 세 번째는 기본소득을 지역화폐로 지급하기 때문에 경기 활성화 효과가 있고, 네 번째는 노동의 성격에 관한 것이다.

노동에 대한 발상의 전환이 필요하다. '일하지 않는 자여, 먹지도 말라'라는 노래 가사가 있다. 완전고용을 전제로 한 것이다. 인간이 노동을 하면 그만큼 생산물이 생긴다는 대전제가 있었다. 그런데 기술혁명 때문에 노동에 대한 수요가 줄었다. 노동에 대한 수요가 상대적으로 줄어들면 결국 노동 총량이 줄어든다. 일부는 노동시간 단축으로 해결이 되겠지만, 노동시간 단축만으로 해결되지 못할 만큼 노동에 대한 총수요가 줄어든다. 기계와 인공지능 로봇의 성능이 과거와 비교할 수 없을 정도로 좋아졌다. 그러면 사람들에게 "너 일해야 먹고 살아. 일 안 하면 안 돼"라고 할 수 있을까. 우리의 모든 복지제도는 재취업과 고용을 전제로 만들어져 있다. 실업수당도 '반드시 일을 해야 한다'라고 전제하면서 일을 안 하거나 못 하는 동안 잠깐 도와주는 것이다. 교육도 마찬가지다. 자신이 하고 싶은 일을 찾아서 잘할 수 있게 도와주는 교육이 아니라 취업을 하기 위한 직업적 능력개발 위주로 되어 있다.

지금까지 우리에게 노동은 살아남기 위해 불가피하게 치러야 하는 고통이었다. 그런데 왜 그래야 하나? 노동에 대한 생각을 바꿔볼 수 있다. 노동은 내 삶의 실현 과정, 자아실현의 과정이다. 기본소득을 지급하면 지금은 비정상으로 보이는, 생산성은 낮지만 삶의 만족도가 높은 일도 본격적인 직업으로 가능해진다.

1인당 월 50만 원을 지급하면 부부는 월 100만 원의 기본소득을 받는다. 아이가 하나면 150만 원, 둘을 키우면 200만 원이 들어온다. 월 200만 원을 기본소득으로 받으면 100만 원만 더 벌어도 행복하게 살 수 있다. 그림을 그리거나 길거리에서 공연을 하면서도 먹고살 수 있다. 공익적인 일자리, 문화예술 일자리, 창의적인 일자리 등이 진짜 직업이 되는 것이다. 생존하기 위한 고통이 아니라 더 나은 삶, 자기실현을 위한 품격 높은 수단을 갖게 되는 것이다. 문명이 발전하면 인간도 좀 더 행복해져야 하는 것 아닐까? 그 결과를 왜 특정 소수가 다 가져가고, 나머지는 전부 우리 할아버지의 할아버지가 겪은 고통스러운 과정을 반복해야 할까? 그런 관념을 바꿔야 한다. 그래서 매달 50만 원의 기본소득으로도 노동에 대한 인식이 바뀌고 삶도 완전히 바뀔 수 있다.

기본소득을 국가 정책으로 도입한 나라가 아직 없다는 점에서 우리나라가 기본소득을 처음 도입하는 것에 대한 우려가 크다.

우리는 그 열패감이나 사대주의적 사고를 버려야 한다. 남들이 한 적 없으니까 우리는 못 한다? 왜 우리가 1등을 하면 안 되는가. 우리도 새로운 길을 갈 수 있다. K-방역도 그랬고, K팝이나 한류도 비슷하다. 하다 보니 1등이 되었다. 그런데 왜 그런 열패감을 갖느냐 말이다. 경제 문제에서도 저는 확신하고 있다. 인간이 만든 문제에 대한 해법 역시 인간이 다 만들 수 있다. 역사적으로 보면 혁명으로 해결해왔다. 체제를 붕괴시키고 개국한 뒤 제일 먼저 한 일이 생산수단의 공유다. 균전제, 대동법 등은 부담을 공평하게 하려고 생산수단인 토지를 공평하게 나눈 제도였다. 농사짓는 사람에게 땅을 주고, 열심히 농사지으라고 하니 나라가 흥하지 않았나. 그러다 어떤 놈이 땅을 막 사 모으고, 심지어 나중에는 정치권력과 결탁해서 빼앗는다. 그러면 나중에 어떻게 될까? 자작농이 소작농으로, 소작농이 머슴으로, 머슴이 유민이나 노예로 전락한다. 노예가 일을 열심히 할까? 내 것도 아닌데? 그래서 체제 붕괴가 오는 것이다. 그럼 또 혁명을 통해 토지를 독점하던 세력을 싹 없애고 다시 토지를 공평하게 나누어서 또 몇백 년 흥하게 된다. 그러다가 또 정치권력과 야합해서 뺏고 훔치다가 결국 또 망하고……. 이게 역사다. 우리도 지금 그 과정을 밟고 있다. 이 자본 시스템 전체도 마찬가지다. 그래서 우리가 가진 이 엄청난 역량과 그 효율을 제대로 발휘할 수 있도록 자원을 재배치하면 기회가 있다. 그것이 혁신이다. 혁명이라고 말하면 또 빨갱이라고 할 테니(웃음) 혁신이다. 그런데 이 혁신은 용기와 결단의 문제다. 방법은 이미 있다. 실행할 힘도 된다.

그래서 제가 국가 단위로 하면 부담스러울 수 있으니 지방 단위에서 소규모로 할 기회를 달라고 제안하는 것이다. 기본소득토지세(국토보유세)를 경기도가 할 수 있게 법적 근거를 만들어달라고 요구했다. 제가 경기도민을 설득해서 시범적으로 만들어가겠다는 것이다. 기본소득토지세를 도입해 기본소득을 시행할 것인지의 판단은 저와 경기도민의 몫이지 않나. 그런데 왜 원천적으로 막는가. 기본소득토지세를 위한 법적 근거를 마련하고, 할지 말지는 각 지방정부가 알아서 선택하게 해야 한다. 그러면 제가 경기도민을 설득하고 의회와 합의해서 할 수가 있다. 책임은 제가 진다. 두려움을 가질 필요가 없는 것이다. 남들이 안 해도 우리가 먼저 할 수 있다. 정책이란 용기와 결단의 문제다. 해결책이 없는 게 아니다. 지금도 0.5%든 1%든 기본소득토지세 항목을 만들고, 구체적 세율과 시행 여부는 조례로 위임하면 된다.

기본소득이 도입되려면 정치권의 역할도 중요하다.

기본소득은 야당에서 치고 나올 것이다. 피할 수 없다. 여당은 스스로 주도해서 할 것이냐, 끌려가서 어쩔 수 없이 할 것이냐, 두 가지 선택 중 하나밖에 없다. 이번에 재난기본소득을 지역화폐로 지급하면서 국민이 그 맛을 봤다. 자영업자들이 무척 좋아한다. 지금처럼 특정 대기업이나 특정 영역이 아니라 다수에게 대량 지원하는 것이 훨씬 유용하다는 사실을 국민들이 깨달았다. 경제정책 결정자들이 세목을 바꾸는 계기가 되었고, 특정 집단만이 아니라 자신도 안정적인 삶을 살고 싶다는 국민의 욕구가 커지게 되었다.

기본소득은 실현 가능성도 중요하지만 방향도 중요하다. 국민의힘이 정강·정책 1호로 기본소득을 내걸었고, 서초구청장이 청년기본소득을 실험하겠다고 했다. 최근 정치권을 비롯한 국내 기본소득 논의에 대해 어떻게 평가하나?

짝퉁이든 사이비든 기본소득을 하나의 개념으로 받아들이는 것, 왜곡된 형태라고 하더라도 논의를 하고 시행을 하는 것 자체는 하지도 않고 반대하는 것보다 낫다. 하지만 국민의힘은 과거의 구태적인 사고와 행태에서 못 벗어나는 측면이 있는데 바로 기본소득이 그렇다. 기본소득을 정강·정책 제1원칙으로 정했는데 내용을 들여다보니 소득 하위 50%만 주는 안이다. 이것은 기본소득이 아니다. 기본소득에 대한 국민의 호감도를 활용해서 지지를 얻되 실제로는 기본소득을 하지 않겠다는 뜻이다. 그러니 국민의 지지를 못 받는 것이다. 국민에게 제대로 된 정책을 설명하고 실행할 생각을 해야지 국민을 속이려고 하면 되겠나. 말은 기본소득이라고 해놓고 선별 복지를 억지로 채워 넣은 것 아닌가. 그래도 결사반대하면서 기본소득을 안 하겠다고 하는 것보다는 낫다고 생각한다.

농민기본소득과 함께 농촌기본소득에 대한 실험을 준비하고 있는데 농촌기본소득 실험은 무엇이고 어떤 목적을 갖는가?

농업은 전략산업이다. 농업의 공익적 가치를 존중해야

한다. 그래서 전 세계 국가가 농가에 직불금(정부가 농산물 가격 등락으로부터 농업인 소득을 보장하고 논·밭 생산기반을 유지하기 위해 지급하는 일종의 보조금), 농가 보조금 등을 지원하고 있다. 우리나라에서도 농가에 지원금을 주거나 농업보호 정책을 펴고 있지만 턱없이 부족하다. 그나마 직불금 제도가 제일 큰 지원인데 가구당 주지 않고 면적당 주기 때문에 대농만 이익을 보는 구조다. 우리나라는 대부분 소농이기 때문에 농가 가구당으로 지원해주자고 하는 것이다. 정부가 하지 않으니까 각 지방정부가 농민수당이라는 이름으로 농가당 보조금을 주고 있다. 보통 가구당 연간 50만 원에서 60만 원 정도다.

농업의 공익적 가치 외에도 농민이 희생된 측면을 봐야 한다. 귀농한 사람들이 농촌에서 먹고살 수 있다면 실업에 대한 압박을 크게 줄일 수 있다고 생각한다. 새로운 일자리가 생기는 것이다. 시골에 농사지으러 온 사람들이 최대한 농사를 잘 지을 수 있도록 지원해야 한다. 그런 측면에서 경기도는 농민기본수당을 지급하려고 한다. 농민수당은 가구 단위로 주기 때문에 기본소득적인 요소는 부족하다. 그래서 경기도는 농민 개인에게 주려는 것이다. 한 달에 1인당 10만 원씩 주면, 부부의 경우 월 20만 원씩 연간 240만 원을 받게 된다. 여기에다 농사를 지어서 돈을 더 벌면 풍족하지는 않아도 농촌에서 살 수 있다. 농민기본소득에 반대하는 사람들은 왜 농민만 혜택을 주느냐고 한다. 이는 농업의 공익적 가치를 이해하지 못하는 것이다.

농촌에는 농민뿐만 아니라 일용직 노동자 등 다양한 직업의 사람들이 살고 있다. 그래서 한 지역이 국가로부터 일정한 이전소득을 지원받을 때 어떤 변화가 생기는지 한번 살펴보자는 게 농촌기본소득 실험이다. 1인당 10만~20만 원을 가구원 기준으로 주면, 망해가는 면 단위 지역도 다시 부흥할 것이라고 본다. 저는 자신 있다. 현재 군 단위 국민 1인당 예산이 보통 2000만~3000만 원씩이다. 그런데 그 예산을 기반시설에 쓰고 있다. 산에 길을 내고 개천에 쓸데없는 다리를 놓는 식이다. 그러지 말고 지역 주민에게 지역화폐 형태로 직접 지원해주면 농촌에서 (도시로) 나온 사람이 도로 농촌으로 들어가게 될 것이다. 그 효과를 제가 실험을 해서 보여주고 싶다.

농민기본소득이 영역 중심이라면 농촌기본소득은 지역 중심이고 농촌 공동체 회복을 위한 것이다. 그 정도만 안정적으로 지급된다면 자연 속에서 행복하게 살겠다는 사람들이 꽤 생길 것 같다. 그 길을 한번 열어보려고 한다. 기본소득을 통해 새로운 삶의 방식이 가능하다는 것을 보여주고 싶다.

기본소득을 도입하기 위해 우리 사회가 나아가야 할 방향은 궁극적으로 무엇이라고 생각하나?

발상의 전환이 필요하다. 저는 길이 있다고 생각한다. 성남시 시정도 해보고, 경기도 도정도 2년째 하면서 느낀 것이 있다. 정말 마음먹기에 따라서 전혀 다른 세상을 만들 수 있겠다는 생각이 들었다. 지금 우리 사회는 돈이 부족해서가 아니라 돈이 너무 편재되어 있어서 여러 문제가 생기는 것이다. 돈을 많이 가진 소수조차도 불안한 시대다. 미래가 너무나 불확실하다. 미래에 희망이 있는 그런 사회가 되어야 하는데……. 그래서 기본소득은 피할 수 없는 길이라고 생각한다.

디지털 기업으로 성공한 사람들이 왜 기본소득을 주장할까? 우선 복지 확대 차원에서 하는 주장이다. 그냥 골고루 나눠주자는 것이다. 반면 복지 체계가 너무 복잡하고 낭비도 많으니까 뭉뚱그려서 현금으로 지급하는 게 효율적이라는 주장이 있다. 우파들이 만들어낸 기본소득 전략이다. 또 다른 주장은 경제적 입장에서 나온 경제 성장론이다. 빌 게이츠 같은 사람들은 복지론자도 아니고 우파 경제학자도 아니다. 어떻게 해야 자본주의 시스템이 지속 가능하게 성장할 수 있을지 고민한다. 저도 그 지점에서 아이디어를 얻었다.

글로벌 디지털 기업들 입장에서 자본주의 시스템이 유지되고 존속하고 성장·발전하려면 풀밭이 골고루 유지되어야 한다. 가뭄 때문에 풀밭이 다 말라 죽어도 지금 당장 토끼나 사자는 아무 상관이 없다. 사자는 풀이 없어도 토끼를 잡아먹으면 된다. 하지만 궁극적으로는 토끼도

죽고 사자도 죽게 될 것이다. 이 지점을 인식해야 한다. 그래서 풀밭에 물은 주고 살자는 것이다. 풀밭은 유지하면서 그 안에서 경쟁을 하자는 것이다. 풀밭이 사라지는 방식으로 경쟁이 계속되면 어떻게 되겠는가. 그래서 풀밭을 유지하는 비용을 내자는 게 기본소득이다. '기본소득은 우리 모두에게 도움이 된다'는 공감이 더욱 필요한 때다.

참고문헌

단행본과 정기 간행물

《경제 규칙 다시 쓰기》, 조지프 스티글리츠 지음, 김홍식 옮김, 열린책들, 2018.
《기본소득》, 기본소득한국네트워크, 2019 여름~2020 가을.
《기본소득의 경제학》, 강남훈 지음, 박종철출판사, 2019.
《기본소득이란 무엇인가》, 다니엘 라벤토스 지음, 이재명·이한주 옮김, 책담, 2016.
《기본소득이 온다》, 김교성·백승호·서정희·이승윤 지음, 사회평론아카데미, 2018.
《리얼리스트를 위한 유토피아 플랜》, 뤼트허르 브레흐만 지음, 안기순 옮김, 김영사, 2017.
《보통 사람들의 전쟁》, 앤드루 양 지음, 장용원 옮김, 흐름출판, 2019.
《분배정치의 시대》, 제임스 퍼거슨 지음, 조문영 옮김, 여문책, 2017.
《4차 산업혁명 시대 기본소득이 노동시장에 미치는 효과 연구》, 정원호·이상준·강남훈, 한국직업능력개발원, 2016.
《영혼 있는 노동》, 이철수·이다혜 지음, 스리체어스, 2019.
《2030 고용절벽 시대가 온다》, 이노우에 도모히로 지음, 김정환 옮김, 다온북스, 2017.
《진보와 빈곤》, 헨리 조지 지음, 김윤상 옮김, 비봉출판사, 1997.
《카이스트 미래전략 2019》, KAIST 문술미래전략대학원·미래전략연구센터 지음, 김영사, 2018.
《클라우스 슈밥의 제4차 산업혁명》, 클라우스 슈밥 지음, 송경진 옮김, 새로운현재, 2016.
《클라우스 슈밥의 제4차 산업혁명 더 넥스트》, 클라우스 슈밥 지음, 김민주·이엽 옮김, 새로운현재, 2018.
《헨리 조지와 지대개혁》, 강남훈 외 8명 지음, 경북대학교출판부, 2018.

논문, 보고서, 자료집

〈경기도 데이터 배당의 사회·경제적 의미〉, 팀 던롭, '경기도 데이터 배당' 국회 토론회 자료집, 2020.

〈경기도 청년기본소득 실행 1년의 성과, 교훈 그리고 과제〉, 유영성, '2019년 한국 기본소득 포럼' 자료집, 기본소득한국네트워크, 2019.

〈경기도 청년기본소득 정책효과 분석〉, 유영성·정원호·이관형, 경기연구원 연구보고서, 경기연구원, 2019.

〈경기도 청년기본소득, 청년의 반응과 시사점〉, 유영성·김병조·마주영,《이슈&진단》제384호, 경기연구원, 2019.

〈국민기본소득제: 2021년부터 재정적으로 실현 가능한 모델 제안〉, 이원재·윤형중·이상민·이승주, '국민기본소득제 연구결과 보고회' 자료집, LAB2050, 2019.

〈국토보유세 실행 방안〉, 남기업, '기본소득형 국토보유세' 국회 토론회 자료집, 2018.

〈권리로서의 기본소득: 쟁점과 이해〉, 강남훈, 화우공익재단 제3회 공익세미나 '기본소득의 도입가능성 및 한계에 대한 쟁점' 토론회 자료집, 2017.

〈기본공제를 활용한 기본소득 도입〉, 이상민, '한국 사회 기본소득 도입 전략' 연속 세미나, LAB2050, 2020.

〈기본소득과 국토보유세: 등장 배경, 도입 방안, 그리고 예상 효과〉, 전강수·강남훈,《역사비평》제120호, 역사비평사, 2017.

〈기본소득에 대한 노동법적 고찰: 근로권의 재구성을 위한 시론적 검토〉, 이다혜,《서울대학교 법학》제190호, 서울대학교 법학연구소, 2019.

〈기본소득의 점진적 확대 방안: 경기도 기본소득 로드맵〉, 유영성, '한국 사회 기본소득 도입 전략' 연속 세미나, LAB2050, 2020.

〈기본소득의 한국적 적용을 위한 대안: 생애선택 기본소득〉, 김태일, '한국 사회 기본소득 도입 전략' 연속 세미나, LAB2050, 2020.

〈부동산과 불평등 그리고 국토보유세〉, 남기업·전강수·강남훈·이진수,《사회경제평론》제30-3호, 한국사회경제학회, 2017.

〈생애맞춤형 전 국민 기본소득과 조세-급여 개혁〉, 유종성, '한국 사회 기본소득 도입 전략' 연속 세미나, LAB2050, 2020.

〈소득불평등의 심화 원인과 재분배 정책에 관한 연구〉, 이우진, 국회예산정책처 연구용역 보고서, 2016.
〈2019 '토지소유현황' 분석: 토지 소유는 얼마나 불평등한가?〉, 남기업·이진수, 《토지+자유 리포트》 제17호, 토지+자유연구소, 2020.
〈제1회 경기도 기본소득 국제컨퍼런스〉, 경기도, 2019.
〈지역화폐의 경기도 소상공인 매출액 영향 분석(2019년 1~4분기 종합)〉, 유영성·윤성진·김태영·김병조·마주영, 《GRI 정책 브리프》 제2020-10호, 경기연구원, 2020.
〈청년배당 대상자 FGI 및 설문조사 결과〉, 녹색전환연구소·기본소득청'소'년네트워크, '청년들, 청년배당에 답하다!' 토론회 자료집, 2016.

단체와 프로젝트 사이트

기본소득당
basicincomeparty.kr
기본소득지구네트워크(BIEN)
basicincome.org
기본소득지구네트워크 소식지(BIEN | News)
basicincome.org/news
기본소득한국네트워크(BIKN)
basicincomekorea.org
기본소득한국네트워크(BIKN) 블로그
blog.naver.com/basicincomekorea
레베카 파니안의 스위스 기본소득 실험 웹페이지 '마을이 미래를 시험하다'
dorftestetzukunft.ch
민간독립연구소 '다음 세대 정책실험실 LAB2050'
lab2050.org
스위스 기본소득 홍보 프로젝트 '조건 없는 기본소득을 위하여'
startnext.com/groesstefrage
정치경제연구소 '대안'
alternative.house

이재명과 기본소득

초판 1쇄 펴낸날 | 2021년 2월 3일

지은이 최경준
펴낸이 오연호
편집장 서정은 편집 김초희 관리 문미정

펴낸곳 오마이북
등록 제2010-000094호 2010년 3월 29일
주소 서울시 마포구 월드컵로14길 42-5 (04003)
전화 02-733-5505(내선 271) 팩스 02-3142-5078
홈페이지 book.ohmynews.com 이메일 book@ohmynews.com
페이스북 www.facebook.com/Omybook

책임편집 서정은
교정 김인숙, 김초희
디자인 여상우
인쇄 천일문화사

ⓒ 최경준, 2021

ISBN 978-89-97780-43-3   03330

이 책은 저작권법에 의해 보호받는 저작물이므로 내용의 전부 또는 일부를 재사용하려면 반드시 지은이와 출판사의 동의를 받아야 합니다.

오마이북은 오마이뉴스에서 만드는 책입니다.